青年研究与融合发展

唐桦 主编

台湾研究集刊精选丛书第一辑

台湾研究系列

九州出版社
JIUZHOUPRESS

图书在版编目（CIP）数据

青年研究与融合发展 / 唐桦主编. -- 北京 : 九州出版社, 2021.7

ISBN 978-7-5225-0296-0

Ⅰ. ①青… Ⅱ. ①唐… Ⅲ. ①青年—研究—台湾—文集 Ⅳ. ①D669.5-53

中国版本图书馆CIP数据核字(2021)第154396号

青年研究与融合发展

作　者	唐桦　主编
责任编辑	肖润楷
出版发行	九州出版社
地　址	北京市西城区阜外大街甲 35 号（100037）
发行电话	(010)68992190/3/5/6
网　址	www.jiuzhoupress.com
印　刷	北京九州迅驰传媒文化有限公司
开　本	720 毫米 ×1020 毫米　16 开
印　张	19
字　数	290 千字
版　次	2021 年 8 月第 1 版
印　次	2021 年 8 月第 1 次印刷
书　号	ISBN 978-7-5225-0296-0
定　价	52.00 元

序：新时代下的青年交流与融合发展

唐　桦

1980年7月9日，厦门大学台湾研究所成立，至1982年初步建立起一支研究台湾经济、历史、文学、政治社会等的科研队伍，取得了广受瞩目的一批学术成果。时任所长陈在正教授建议编辑出版《台湾研究集刊》，推动台湾问题的学术研究。他以“一要出人才，二要出成果”的高度认识到办一份专业学术刊物的重要性。《台湾研究集刊》是全国最早创办的研究台湾的学术刊物，自1983年创刊以来，集中刊载有关台湾政治、经济、法律、历史、文学、宗教、社会、教育以及两岸关系等方面的研究论文，主要面向高等院校、科研机构研究人员，统战、对台工作和政策研究部门工作人员，以及关心台湾问题的人士。刊物坚持“历史地、全面地、实事求是地认识台湾”，是大陆学界开展台湾研究和展开两岸学术对话的重要平台，在促进海峡两岸相互了解和学术交流，推动祖国统一事业方面发挥了积极的作用。《台湾研究集刊》的创办与发展，是与台湾研究的不断扩展深入密不可分的。面对当前及今后两岸关系复杂严峻的局面，涉台学术刊物需要加强理论研究、趋势研究、风险研究及对策研究，也需要强化基础性、规律性、战略性课题的研究。《台湾研究集刊》此次准备出版一套台湾研究集刊专题丛书，陆续将集刊中议题相对聚焦且质量较高的文章结集出版，以此激发更多相关议题的持续发酵与深入思考，以此为阵地形成涉台研究领域的学术共同体，在思想的碰撞中共同进步。第一辑是《台湾研究集刊》编辑部连同厦门大学台湾研究院的两岸青年研究中心，以“青年研究与融合发展”为专题遴选出以下20篇论文，希望以此激发更多相关研究的回应与思考，带动此类议题的持续深入研究。青年是促进两岸走向统一的希望力量之所在，融合发展着眼于中华民族的整体利益、长远利益，为处理两岸关系提供了新思路，在发展成果的分配上，强调树立共享发展理念，让两岸青年共享国家改革发展和现代化建设的成果，才能使两岸青年重拾共同的文化记忆、传承共同的文化基因，在新时代的奋斗洪流中共同融入实现中华民族伟大复兴中国梦的伟大实践之中。

十九大报告提出了今后一个时期对台工作的指导思想、重要理念、目标任务、原则方针和主要措施，体现出“以我为主”“以人为本”“刚柔并济”“多管齐下”的工作思路，彰显了进入新时代的新使命、新思想，也赋予了新时代加强两岸青年交流的崭新意义。习近平总书记在《告台湾同胞书》发表40周年纪念会上提出：“国家的希望、民族的未来在青年。两岸青年要勇担重任、团结友爱、携手打拼。热忱欢迎台湾青年来祖国大陆追梦、筑梦、圆梦。”

一、加强两岸青年交流，是培养参与国际竞争的生力军。随着我国面临的国际形势愈发严峻，国际竞争更加激烈，要想实现中华民族伟大复兴就必须要逐步提升我国的综合国力，提升国际话语权，这些都有赖于两岸青年主动承担时代所赋予的使命，坚持不懈的奋斗，直面困难与挑战。两岸青年交流可以实现人才的交流和合作，我国要在新一轮国际综合国力竞争中保持优势，就要抓紧抓早对两岸优秀青年人才的选拔和培养工作。当今人才竞争已经成为综合国力竞争的核心，谁拥有人才，谁能培养和吸引更多优秀人才，就意味着谁将拥有先进的技术和管理，那么谁就会在竞争中占据制高点。青年是国家的未来，也是世界的未来。在完善青年发展环境和培养青年全面素质的实践中，不仅需要青年对国际竞争的参与，更需要有一个清晰的世界定位，通过全域的青年交流培育青年的世界视野，以提升青年交流的水平。随着“一带一路”倡议的推动，两岸青年人才可以投身到世界各地的工作中去。世界欠发达国家教育水平普遍落后，这为两岸青年学子，特别是高职学生海外就业提供了很大的空间。在开放的交流过程中，通过对国际不同制度的了解比较中，可以增加两岸青年对大陆制度的科学性和先进性的了解和学习。

二、加强两岸青年交流，是培养促进两岸经济社会发展的创新者。两岸关系特殊语境下，吸引台湾青年赴大陆就业创业不仅具有显著的政治和社会意义，也与大陆区域经济发展有密切关系。台湾青年到大陆就业创业在当前并不必然带动台湾产业技术及资金要素与大陆区域产业相结合，但台湾青年所拥有的创意、技术、产业意识与活力对于大陆各区域发展而言是另一种要素，必将对大陆区域经济发展产生深远影响。从另一个角度看，该项政策所承载的“国家意义”只有依靠大陆各层级区域的精准实施才能得到贯彻和体现。探究台湾青年大陆就业创业的区域选择意愿及其影响因素，有利于在尊重台湾青年意愿的基础上为其提供适宜的政策支持，在大陆相应区域创造吸引台湾青年就业创业的政策。青年是促进两岸经济社会发展的创新者，积极实施“三中一青”政策，有利于消除台湾青年的“恐中”心理，对两岸关系发展有着不可估量的作用。

三、加强两岸青年交流，是培养实现中华民族伟大复兴的开拓者。2015年以来，“太阳花学运”之后青年学生群体已经成为台湾岛内政治重要的参与主体。台湾青年相对于台商，不仅更为活跃，而且青年学生这一群体逐渐成为台湾社会的中流砥柱。两岸关系发展中，台湾青年作为台湾社会的主要群体，他们具有更客观、更理性的思想。尽管当局推行“去中国化”教育和“台独”理论，导致部分台湾青年不理性，还是有很多抱持对“中国人”身份的认同和不断提升的“一国两制”的接受度，印证了当代台湾青年的主流价值观。大陆要为两岸青年提供实现中国梦的机会，并在融合发展中逐渐将青年打造成实现中国梦的核心支撑力量。青年的未来与国家的命运紧密相系，所以做好台湾青年群体工作关系未来的国家统一大业。要开创中华民族伟大复兴新局面，需要两岸青年顺应历史大势、共担民族大义、聆听时代声音，推动两岸关系和平发展、推进祖国和平统一进程，共圆中华民族伟大复兴的中国梦，并为之贡献青春力量。

青年回归理性的这一天，也是两岸关系走向理性的历史时刻。青年的觉悟和成长，意味着两岸关系发展的水到渠成。生长于两岸交流日益热络、社会意识多元化、互联网普及和全球化时代的台湾青年有着很强的可塑性，具有更多的开放性和包容性，有些对参与两岸各种形式的交流非常有热情，这些都是我们开展岛内青年工作的重要基础和支持依靠力量。台湾青年在岛内受到各种扭曲的教育，思维越来越禁锢，两岸青年交流是为了台湾保留住希望的火种。要透过两岸青年交流培养出一批勇担重任，承先启后的两岸代言人，改变岛内的下一代，甚至下下一代，让每一位台湾青年从“我”、从掌握发展机遇实践自身发展，进而引导更多人成为“我们”。两岸青年必须主动承担起历史所赋予的使命，在时代发展的浪潮中贡献自己的聪明才智，逐渐成为建设中国特色社会主义伟大事业的中坚力量。中国梦为两岸青年带来了更强劲的精神力量，两岸青年价值的发挥必须要深植于中华民族伟大复兴的中国梦中。

代序：台湾研究与学术期刊建设

——《台湾研究集刊》创刊35周年研讨会侧记

陈勤奋*

2018年4月8日，“第三届高校涉台研究机构协同工作会暨《台湾研究集刊》创刊35周年研讨会”在厦门召开。会议由两岸关系和平发展协同创新中心（以下简称“两岸协创中心”）、海峡交流文化中心、厦门大学台湾研究院共同主办。两岸协创中心执行主任、厦门大学台湾研究院刘国深教授主持开幕式，并宣读了南京大学中国社会科学研究评价中心致《台湾研究集刊》（以下简称“《集刊》”）编辑部的贺函。贺函称：“《台湾研究集刊》创刊以来，秉持‘全面地、历史地、实事求是地认识台湾’的态度，刊发了大量关于台湾问题的前沿研究成果，是海内外学者尤其是大陆学者展示对台研究成果的重要阵地，是大陆学界开展台湾研究和展开两岸学术对话的重要平台，有力地推动了两岸人民相互了解、相互交流的融合工作。”并对《集刊》作为CSSCI来源期刊，对南京大学中国社会科学研究评价中心数据库研发工作的支持表示感谢。

两岸协创中心主任、厦门大学党委副书记、副校长李建发教授在致开幕辞时高度肯定《集刊》“经过35年的发展，得到学界的广泛肯定，成为海内外台湾研究学者发表成果的重要阵地，成为两岸对话、交流以致互相了解的一个重要平台”。香港海峡两岸青少年文化交流基金会会长姚志胜先生祝贺《集刊》创刊35周年，并表示：作为民间组织的海峡交流文化中心愿意同两岸关系和平发展协同创新中心、厦门大学台湾研究院加强合作，共同为两岸关系的和平发展、

---

* 作者简介：陈勤奋，女，厦门大学台湾研究院《台湾研究集刊》责任编辑。

祖国的统一和进步努力奋斗。

本次会议围绕“台湾研究与学术期刊建设”“台湾研究与高端智库建设”“台湾研究与一流学科建设”三个主题展开。来自大陆50余所高校涉台机构主要负责人、台湾问题专家，以及近40家重要人文社科期刊、出版社负责人齐聚鹭岛，回顾了《集刊》办刊历程，总结了35年来的编辑出版经验，围绕学术期刊建设与台湾研究、学术研究、学术评价等方面的关系展开深入细致的讨论。

一、《台湾研究集刊》办刊回顾

1980年7月9日，厦门大学台湾研究所成立，至1982年，初步建立起一支研究台湾经济、历史、文学、政治社会等的科研队伍，取得了广受瞩目的一批学术成果。时任所长陈在正教授建议编辑出版《台湾研究集刊》，推动台湾问题的学术研究。他以“一要出人才，二要出成果”的高度认识到办一份专业学术刊物的重要性，刊名中的“集”，即为收集研究成果，“刊”即“将成果刊发出来”。1982年12月，中共福建省委宣传部同意内部出版发行《台湾研究集刊》（闽委宣新〔1982〕029号），不定期，发行范围为中央及省委有关领导、科研单位、学术团体及对台工作者。1983年7月，《集刊》第1期出版。经过四年摸索尝试，1985年，编辑部再次向上级机关申请准予公开发行，并于次年11月，得到中共福建省委宣传部同意（闽委宣综〔1986〕112号），自1987年第1期开始，《台湾研究集刊》向国内外公开出版发行，16开本，季刊。

1997年，台湾研究所的台湾研究项目列入国家“211工程”重点建设学科，2001年台湾研究中心入选“教育部人文社会科学百所重点研究基地”。2003年，台湾研究中心增列为《集刊》协办单位。2010年，经福建省新闻出版局批准，《台湾研究集刊》由季刊改为双月刊。2014年10月，教育部、财政部联合发文确认由厦门大学牵头的“两岸关系和平发展协同创新中心”成立。协创中心给《台湾研究集刊》提供了更大更高的发展平台。

《台湾研究集刊》坚持“历史地、全面地、实事求是地认识台湾”，重视刊物的学术质量，被海内外学术界誉为在台湾研究领域具有广泛影响的重要刊物。《集刊》也确立了办刊宗旨：“贯彻党的对台方针政策，推动台湾研究深入开展，沟通海峡两岸相互了解和学术交流，促进祖国和平统一。”刊物集中刊载有关台湾政治、经济、法律、历史、文学、宗教、社会、教育以及两岸关系等方面的研究论文，主要面向高等院校、科研机构研究人员，统战、对台工作和政策研究部门工作人员，以及关心台湾问题的人士。《集刊》被北京大学中文核心期刊要目总览、南京大学中文社会科学引文索引、社科院中国人文社会科学核心期刊要览、武汉大学中国学术期刊评价研究报告全文收录，也是新闻出版广电总局首批认定的学术期刊。正如集刊第一任主编（1984—1996）陈孔立教授所言："《集刊》的成长，伴随着台湾研究所、台湾研究院的发展，确实实现了'出人才、出成果'的办刊初衷。"1996 年陈孔立教授卸任主编后，历任主编都由台湾研究资深专家兼任，依次为林劲教授（任职时间 1996.8—2008）、刘国深教授（任职时间 2009—2012）、张文生教授（2013 年至今）。

梳理《集刊》的发展历程，可以得出两个结论：

（一）《集刊》的成长是与台湾研究的扩展深入、与台湾研究院的发展同步的

《集刊》创刊之始，即与学术研究紧密相联，与主办单位台湾研究所（后升格为院）密不可分。《集刊》依托的机构有台湾研究院、台湾研究中心以及两岸关系和平发展协同创新中心，也得力于台湾研究领域众多的专家学者。

台湾研究的发展，是《集刊》以及其他涉台学术刊物发展的基础。伴随两岸局势的变化发展，台湾研究在广度、深度、厚度上不断发展。从早期的对台湾历史、文化方面的研究，不断向台湾政治、法律、经济、社会、教育、宗教信仰、两岸交流等领域扩展，体现出鲜明的多学科、跨学科、综合性研究特色。

完成祖国统一是新时代的三大历史任务之一。台湾问题既是重大理论问题，也是现实政治问题。台湾研究的重点，在于将学术与政治融为一体，聚焦深层次、结构性难点问题，为推动两岸关系和平发展、推进祖国统一进程提供理论的支撑与战略、策略的选择。《台湾研究》主编刘佳雁就指出："学术期刊与台湾研究是相互促进、相辅相成的关系。……台湾研究提供了学术资源和智力支撑，反哺刊物。"

（二）学术刊物对台湾研究的发展也起了积极的促进作用

就《集刊》而言，在台湾研究领域具有一定品牌效应，刊发了大量涉台研究成果，极大地促进了全国对台学术研究、学术团队建设。广而言之，"涉台学

术期刊作为科学、独特和高度思想性、理论性的传播媒介，既能够为台湾研究提供成果发表的平台、提升学术机构的影响力，也可以通过成果展现、发现和培养、储备人才，可以说是一个天然的‘蓄水池’。”“涉台期刊服务于其依托的机构，尤其是要服务于对台工作。这两方面不是分离的，而是交叉互动、互利共生的。学术期刊办得好，履职尽责，对机构本身具有提升影响力的作用，更重要是它可以通过优秀稿件发挥社会效益，扮演舆论平台作用，引导舆论方向。”（摘自刘佳雁大会发言）

换言之，涉台学术期刊汇聚了国内外台湾研究学者，奠定了台湾研究的基本格局，清晰展现了台湾研究的基本框架，使其成为横跨多学科的区域研究。

二、综合性学术期刊评价问题

涉台学术期刊的评价问题是相关刊物主编、副主编关注的焦点，学术期刊的评价往往影响了相关刊物的办刊方向。与会学者提出涉台学术期刊的评价应当重视学术评价，要办出特色，克服扁平化问题。

（一）学术期刊的评价必须与学术评价结合在一起，而不能单纯看学术期刊评价指标

对于学术期刊影响力评价，目前主要的参考指标如南京大学中国社会科学评价中心（即 CSSCI）C 刊目录，中国科学文献计量评价研究中心、《中国学术期刊（光盘版）》电子杂志社有限公司所作的中国学术期刊影响因子报告，人大《复印报刊资料》全文转载率，等等。

台湾研究是区域研究，近年来虽然规模不断壮大，但涉台研究学术共同体体量有限，专门性刊物不多，造成涉台学术期刊在上述评价体系中影响力偏弱的问题。

《南亚研究》编辑部副主任毛悦提到，2011 年之前，《南亚研究》以刊发南亚地区宗教、文化类论文为主，全国从事该领域研究的学者不过两百多人，互引少、转引率不高。2011 年刊物对办刊方针进行了改革，一是从注重南亚历史文化宗教，转向政治研究领域。换言之，不以地域（南亚、多学科）而以学科（政治学）来指引刊物发展、确立风格。二是跳出南亚，从世界格局看南亚，比如关注印度崛起之路。三是保留部分传统内容。刊物忍痛放弃宗教领域版块后，

保留了新中国外交史、涉藏问题研究等内容。这类研究虽然转引率低，但生命力强，半衰期长，从长远看，可以作为学科积累，是南亚研究不可缺少的重要部分。《南亚研究》办刊编辑方针的改变，正折射了学术刊物在现有学术评价体系中左右为难的困境。刊物要保持在C刊目录中，就不得不顾及影响因子数值；顾及影响因子，则必然以它为标准调整编辑方针；而影响因子计算本身有其合理及不甚合理之处。

曾长期担任《集刊》副主编的朱双一教授，提出办好一个涉台学术刊物，需要处理好三类稿件。第一类：时政类稿件。它们受关注度高，转载率高，缺点是时效性较短。第二类是对现实关注度少的基础性研究论文，优点是学术性强，半衰期长，缺点是转载率相对较低，比如一些文史类稿件。第三类是问题意识明确，既有学术性，又与现实问题紧密联系的稿件。如果说第一类稿件研究的是台湾问题的表象，第三类就是探讨表象后的深层原因。朱双一教授举例说："台湾地区的选举，投票的是手，指挥手的，是脑子。统一关键在民心民意，'台独'根源在反共意识形态。要研究指挥投票的脑子，就离不开研究文史。"如果把握好这三类稿件的比例，就能既保证刊物学术质量，又符合评价标准。

纵观涉台学术刊物近年来发展，确实程度不同地存在重政经类研究，轻文史类研究的问题。究其原因，与台湾研究自身的高度政治性、现实性有关，也与学术期刊评价方式有关。我们需要认识到，涉台学术期刊既要重视评价体系和标准，也不能囿于单纯的评价体系和标准。台湾研究的最高和最终目的，是提供国家完全统一的智力支持、理论建设、路径探索。在此前提下对提高涉台期刊评价指标的讨论才是有意义的。《台海研究》主编倪永杰研究员提出建立台湾研究的策略联盟。他说："台湾研究是政治性、政策性、学术性非常强的领域，但在社科评价、中文核心期刊评价中处于弱势地位，相关涉台研究期刊应加强协作，抱团取暖，相互支持，良性竞争，做大蛋糕，扩大影响。"具体而言，"一是形成机制化的合作体系。北、中、南多家、公开与内部刊物、专业与综合性的刊物、学术性与新闻性期刊应定期交流会商，形成共建、共享、共荣机制。二是建立涉台研究的专业评价体系，反映涉台研究的成果、影响，摆脱现有中文评价体系唯转载率、唯影响力的不利因素。三是建立共同的奖励机制，设立奖项，鼓励作者。"

《集刊》创刊30周年时，陈孔立教授曾发表《〈台湾研究集刊〉中的预测与检验——纪念本刊创刊30周年》一文（《集刊》2013年第1期），提出"检验刊物水平的方法是多样的，可以使用量化的方法，例如从发表论文的数量、论文被引用或转载的次数、得奖论文的数量、获得各项基金资助的论文数量、篇均引用文献数量、进入 CSSCI 的论文数量，即所谓‘文摘率、获奖率、被引率、基金率’等等进行检验，也可以从理论意义与现实意义、经济效益与社会效益等方面检验，有兴趣的学者不妨可以试试。但笔者认为作为学术刊物最重要的是它的影响力，是论文的学术生命力”。他以《集刊》刊发的政治类论文为分析对象，以实践来检验当时的预测。经过检验可以看出，《集刊》所发论文中的一些预测，“基本上符合客观发展的实际，有助于认识台湾政局与两岸关系，这说明我们的研究与本刊的质量达到相当的水平”。在大会发言中，陈孔立教授提出检验涉台刊物学术水平的三种方法，首先是预测检验，其次是从文献计量学角度做统计分析，但不完全可信，数字有时会骗人，最后是每年从所刊论文中选 1 至 2 篇标志性成果，长时段逐年进行比较，可以看出刊物发展轨迹。

（二）涉台学术期刊要办出特色，克服扁平化问题

台湾研究界目前最重要的专业性学术期刊主要有《台湾研究集刊》《台湾研究》《台海研究》《现代台湾研究》四种，都是多学科综合性刊物，较难避免学科拼盘、扁平化的问题，在目前学科评价体系中难以找到自己的定位。那么，涉台刊物如何形成自身特色，克服扁平化问题？

《台湾研究》主编刘佳雁研究员认为，一是重视学术性与前瞻性。学术研究主要是为了发现问题、解决问题服务的，所以在鼓励纯粹学术研究的同时，还是应该将重点放在现实研究上。高要求是要走在政策前面，如果做不到这一点，至少应该以较专业的角度对政策做精准的阐释，并提出前瞻性的政策思考。对涉台期刊而言，要善于从对台工作的客观背景和现实问题入手，发现和组织稿源，实现宗旨。二是注重特色。涉台期刊既有共同点，也要发展出个性。比如《台湾研究集刊》偏重学术性，《台湾研究》重动态观察和热点问题分析，而《台海研究》在努力营造其“海派特色”。这些特色，有的是刊物传统特色，有的还在摸索形成期，尚待加强成熟。三是话语建构。这是目前比较弱的部分。加强政治意识，提高政治敏感度，建构台湾研究的理论体系与方法论，形成具有特色的台湾研究话语体系，引导研究的方向，最终建立起拥有自己学术话语的“台湾学”，应当是台湾研究的发展方向。在“台湾学”的建设中，学术期刊将发挥提供学术平台、凝聚学术同仁、规范学术话语的重要作用。

《厦门大学学报（哲学社会科学版）》编辑部主任洪峻峰也提到了学术话语建构问题，认为倡导建构“台湾学”很有意义。《中国社会经济史研究》主编、厦大历史系杨国桢教授认为办刊特色与学科建设有关，强化学科建设与推进办刊特色并行不悖。

厦大人文学院历史系张侃教授从编辑出版《中国社会经济史研究》《历史人类学研究》的经验得失，认为不少学术刊物，包括涉台类学术期刊同质化明显。要避免此种扁平化趋势，需要思考如何培养学术共同体，培养研究者，如何定位学科立场，在学理性脉络里树立刊物特征。由于台湾问题的特殊性导致的涉台刊物智库导向，加上外部影响因子考评，可能会压缩文史领域研究成果的发表空间。他以境外相关学术刊物的编辑方针、风格为例，建议像《集刊》这样的综合性涉台学术刊物，在刊发文史类论文时，宜放宽篇幅限制，可以组织观点对立的论文同时发表，并且要重视书评的刊发，引导问题，引发讨论，提高刊物标识度。

《统一战线学研究》编辑部主任林华山提出“专业期刊再专业化”来应对“千刊一面，千文一面”的问题，有三点思路：（1）涉台学术期刊内部进一步细分，差异化发展，避免刊物之间的高度重合；（2）有条件的机构，可以尝试改刊或申办新刊，在新的期刊上有所作为；（3）涉台期刊编辑出版单位要培养专家型主编、学者型编辑。

《台湾历史研究》主编李细珠提出创办《台湾历史研究》期刊的设想。他认为民进党“去中国化”“文化台独”的主要表现是坚持“台独”史观，强调所谓“台湾主体性”，把“台湾史”与“中国史”对立起来，割裂台湾与大陆的历史联系，使台湾民众在“国家认同”上背离正道。问题的关键，是台湾历史教育的话语权问题。台湾学术界的台湾史研究是“显学”，研究机构很多，学术论文发表园地也多，但大都具有明显“台独”倾向。在大陆，台湾史研究一直是中国史研究中的地方史分支学科，只是因为两岸长期分隔而突显其特别意义。虽然涉台研究机构不少，多数并不做台湾历史研究。目前真正进行台湾史研究的专门机构主要有两个：厦门大学台湾研究院历史研究所与中国社会科学院台湾史研究中心（实体依托中国社会科学院近代史研究所台湾史研究室）。因为没有专门的台湾史学术期刊，研究成果只能发表在历史类期刊或人文社会科学类综合性期刊，有如散落在汪洋大海的露珠，难以形成重拳出击的合力，也难以及时回应各种“台独”史观的挑战。对此，学术层面的应对之策，首先必须明确问题的紧迫性，然后就是加强台湾历史研究。而要掌握台湾历史研究学术话语权，就是建议在中国社会科学院创办《台湾历史研究》期刊。目前的《台湾历史研究》，一年一辑，可作为创办正式学术期刊《台湾历史研究》的基础。

三、学术期刊建设与学术研究

学术期刊建设与学术研究的发展相伴相随，共荣共生。涉台学术期刊是两岸学术交流的重要平台，是引领研究、团结学者、推动两岸关系发展的重要载体。

涉台学术期刊建设与台湾研究发展，需要做好以下工作：

（一）面对当前及今后两岸关系严峻局面，台湾研究、涉台学术刊物承担重大任务，也面临重大机遇

倪永杰主编认为：（1）应当深入学习领会习近平对台工作重要思想，把握政治方向。以习近平新时代中国特色社会主义思想、习近平对台工作重要思想、对台基本方略为指导，围绕三大历史任务，深入研究对台工作的理论与实践，丰富国家统一的理论。（2）跨学科整合与科学方法的指引。台湾研究具有跨学科、多学科交叉的特征，需要引入、运用现代社会科学，特别是政治学、国际政治、国际关系学、法学、经济学、社会学、历史学等学科的成果与方法，借用现代科技成果、大数据的方法，从宏观上把握研究的框架，完善研究论证的结构、内涵。（3）需要汇聚两岸力量，集成中华智慧，特别需要借重台湾一批学术人才、学术成果，需要大师引领、名家加持，中青年专家加盟，各界力量关怀支持，需要培养一大批专家骨干，特别需要领军人物的支撑。（4）需要做好学术成果转换工作，扩大政策影响力与社会影响力。互联网、新媒体时代，要发挥、加强学术期刊影响，需要与新闻媒体、舆论、公众之间联系互动，达到教育公众、阐释政策、引导舆论、凝聚民心的目的。

（二）推动涉台学术期刊的国际化

《外交评论》执行主编陈志瑞提出，在全球化背景下，各国各地区相互竞争与合作均日益深化，国内政治国际化趋势明显。台湾研究是区域研究，但区域研究不能画地为牢。台湾问题是中国内政问题，但存在国内问题国际化趋势，

所以台湾研究要打开视野，国内问题国际化视角有助于扩大涉台学术刊物影响力。

中国国际关系期刊研究会会长、《国际安全研究》主编谭秀英从期刊国际化角度谈及期刊发展。期刊国际化是指一国主办的学术期刊以国际通行的语言和规范在国际范围内出版和发行的现象和过程。学术期刊国际化内涵包括：期刊的学术层次已达到国际先进水平，与国际较为前沿的期刊形成信息交流，不断提升自身的期刊质量及服务水平，在国际上形成一定的声誉和影响，立足本土面向世界，实现本土与世界的交流，提升期刊的核心竞争力。“选题本土化、理论前沿化、学术规范化、作者国际化”，才能使期刊成为与世界对话的窗口、国内外学者交流的平台。学术期刊国际化还要彰显中国特色，将国际化和中国化结合起来，讲好中国故事。这对涉台学术期刊，当有可资借鉴之处。

（三）学术期刊引领学术研究走向，建设学术共同体

台湾研究需要加强理论研究、趋势研究、风险研究及对策研究，也需要强化基础性、规律性、战略性课题的研究。倪永杰主编提出了未来台湾研究十大领域：习近平对台工作重要思想研究，国家统一理论研究，两岸经济社会融合机制、路径研究，台海风险及其防范、应对研究，台湾政局变迁、台湾政党政治规律研究，民进党、蔡英文当局大陆政策研究，台湾选举研究，台湾经济、社会研究，社情民意、认同问题研究，美台、日台关系及台湾涉外活动研究，台湾战略安全、军事研究等。

目 录

【融合发展】

两岸融合发展的理论价值与实践意义 *

刘国深　芮　鹏 **

2016 年 5 月 20 日民进党再度取得台湾执政权，两岸关系因民进党当局拒不接受“九二共识”再次陷入困境。为维护一个中国原则，大陆方面暂停两岸两会协商对话机制和国台办与陆委会的直接往来。值得注意的是，大陆方面不但没有采取激进的对抗政策，反而在两岸民间关系领域出台了更多惠及两岸民生的措施，两岸局势总体稳定，海内外舆论高度评价中国政府负责任的态度。2018 年 11 月 24 日，民进党在台湾地区“九合一”选举中惨败，台湾民众用选票对民进党当局的“台独”倾向进行制衡。这一结果让人们再次体认到，台湾当局在两岸关系领域可以发挥的政治选择空间相当有限。大陆方面在继续增强遏制“台独”分裂活动能力的同时，逐步形成了“以人民为中心”的两岸关系理念，不拘泥于台湾内部政局变动，而是更加积极有效地推动和落实惠台利民措施。两岸关系已经进入融合发展新时代，如何更加全面、深入地理解两岸融合发展的理论依据和现实意义，关系到两岸关系和平发展的前进方向。

一、两岸融合发展与国家统一理论创新

两岸融合发展是新时代两岸关系的新政治话语，蕴含着大陆方面在国家统一领域中的认知体系和治理体系的创新。2014 年 11 月 1 日，习近平在宸鸿科

* 本文发表于《台湾研究集刊》2019 年第 4 期。基金项目：中宣部“文化名家”项目“海峡两岸‘系统桥接’研究”(1080/K1416001)。

** 作者简介：刘国深，男，两岸关系和平发展协同创新中心主任，厦门大学台湾研究中心、台湾研究院教授、博士生导师；芮鹏，男，厦门大学台湾研究院博士研究生。

技（平潭）有限公司会见部分台资企业负责人时，第一次公开提出两岸融合发展的政策主张。他说：“两岸同胞同祖同根，血脉相连，文化相通，没有任何理由不携手发展、融合发展。大陆人口多，市场大，产业广，完全容得下来自台湾的商品，完全容得下来自台湾的企业。欢迎更多台湾企业到大陆发展。”[①]融合发展涉台新话语一提出，就受到海内外的关注。2019 年 1 月 2 日，在北京举行的《告台湾同胞书》发表 40 周年纪念大会上，习近平总书记就推动两岸关系和平发展、实现祖国统一提出了五点主张，第一次比较系统地论述了两岸融合发展的思想内涵。在五点主张的第四点“深化两岸融合发展，夯实和平统一基础”中，习近平提出：“两岸同胞血脉相连。亲望亲好，中国人要帮中国人。我们对台湾同胞一视同仁，将继续率先同台湾同胞分享大陆发展机遇，为台湾同胞台湾企业提供同等待遇，让大家有更多获得感。和平统一之后，台湾将永保太平，民众将安居乐业。有强大祖国做依靠，台湾同胞的民生福祉会更好，发展空间会更大，在国际上腰杆会更硬、底气会更足，更加安全、更有尊严。”[②]这一讲话明确界定了两岸中国人的同胞亲情关系，同时承诺大陆方面将为台胞和台企提供两岸同等待遇，增加台湾同胞的实际获得感，以具体行动落实两岸同胞一视同仁的施政理念。

长期以来，两岸关系研究偏重于统一的必然性、重要性、正当性等议题论述，对于两岸统一的内涵以及推进统一的政策实践方面的研究比较缺乏。海内外中华儿女对于早日解决台湾问题，实现国家统一有着迫切心情，对此大家完全理解和赞同。随着两岸关系内外环境发生深刻变化，中国政府维护国家主权、领土和人民统一现状的能力已非 50 年前可以想象，但国人对于“台湾问题”和“国家统一”的理解还普遍停留在 30 年前甚至 50 年前的水平，严重影响涉台战略和策略的创新发展。人民群众对新时代国家统一的内涵和形式的认知和理解，需要与时俱进，只有全民更加准确地了解两岸综合实力变化后的对台工作新格局，党和政府才能够更加高效地推进国家统一进程，更好地维护国家和民族的长远利益和根本利益，也才能以更小的代价更早地实现国家统一的目标。值得注意的是，在 2019 年 1 月 2 日的讲话中，习近平在正文里开门见山指出：“海

① 新华社：《培育发展动力 激发社会活力 凝聚社会合力》，《人民日报》（海外版）2014 年 11 月 3 日。

② 习近平：《为实现民族伟大复兴 推进祖国和平统一而共同奋斗——在〈告台湾同胞书〉发表 40 周年纪念会上的讲话》，中共中央台湾工作办公室网站，http://www.gwytb.gov.cn/wyly/201901/t20190102_12128140.htm。

峡两岸分隔已届70年”，“一水之隔、咫尺天涯，两岸迄今尚未完全统一是历史遗留给中华民族的创伤”。[①]习近平总书记用“两岸分隔”而非“两岸分裂”或“两岸分离”来定位两岸政治关系现状；用“尚未完全统一”来描述当前两岸面临的政治上难题，而非使用人们耳熟能详的“尚未统一”，这些新话语体系的出现，显示了新时代中共中央领导集体在国家统一问题上的创新思维。涉台新政治话语更蕴含着大陆方面对两岸政治关系逻辑的认知变化，具有深刻的理论价值和实践意义。关于两岸统一的一整套新的认知体系和话语体系正在形成中。

要着重强调的是，中国统一的逻辑起点是一个国家，两岸之间的统一是国家内部的政权统一，而非两个国家之间的主权、领土和人民合一。1945年10月25日，日本殖民当局台湾总督安藤利吉在台北举行的投降仪式上签署投降书，明确规定自1945年10月25日起将台湾全省归还中国，自此两岸主权、领土、人民已经复归统一。由于国共内战的原因，1949年10月1日中华人民共和国政府成立，中国境内形成了中华人民共和国政府和“中华民国”当局两个政权争夺中国代表权的局面，但中国的领土、人民和主权一体性在法理和政治现实上并没有分裂。虽然有个别国家曾经试图操弄所谓“两个中国”的政治安排，但两岸双方从未共同接受在国际政治秩序中并存的政治安排。1971年10月25日，联合国大会通过第2758号决议，恢复了中华人民共和国政府在联合国组织中代表中国的权利。“中华民国”当局成为国际社会普遍认知的中国境内与中华人民共和国政府对抗中的一个政权，黄嘉树教授称之为“民主割据政权”。[②]中华人民共和国政府也长期将“中华民国”政权视为中国境内旧政权残余势力，并且准备在时机成熟时以武力解放的方式实现政权统一。

1979年元旦，全国人民代表大会常务委员会发表《告台湾同胞书》，开启追求和平统一的序幕，两岸逐渐从敌对走向对立、对话、合作的历史新阶段。在“和平统一、一国两制”方针政策下，国民党当局逐渐放弃“三不政策”，两岸关系进入对话协商阶段。民进党在台执政后，尽管对话管道中断，但两岸关系仍然是一个国家内部两个对立政权的性质，两岸主权、领土、人民一体性并未发生法理意义上的变化。因此，无论从理论还是从政治实践来看，海峡两岸

① 习近平：《为实现民族伟大复兴 推进祖国和平统一而共同奋斗——在〈告台湾同胞书〉发表40周年纪念会上的讲话》，中共中央台湾工作办公室网站，http://www.gwytb.gov.cn/wyly/201901/t20190102_12128140.htm。

② 陈君硕：《陆学者倡1.6政府》，《旺报》（台北）2018年07月10日。

同属一个中国是当前的政治和法理存量，两岸之间的统一不是领土主权再造，而是在两岸同属一个国家的政治和法理实存框架下，两个对立中的政权如何结束政治对立的问题。以战争的方式实现国家最终完全统一仍然是可能的选项，但两岸统一的最佳选项，还是在两岸经济、社会、文化融合共生的基础上，建立起两岸共同遵守的国内治理秩序。

对于两岸同属一个中国的政治和法理现状问题，笔者曾经专文提出“国家球体理论”。①该文运用国家理论和国际法原理，论证了“两岸同属一个国家”是国际政治法律秩序和国内政治法律秩序下的存量，中国的最终完全统一是在主权、领土、人民统一基础上，结束两岸政权对立的问题。依照国际上通行的国家定义和现代国际关系准则，每一个主权国家都必须由特定领土和特定的人民构成，在此基础上需要有一个有效地控制着这一国家领土和人民的政府，由这个政府有效地代表这一国家行使国家权利，履行国际义务。目前全世界有193 个主权国家会员国和 2 个拥有主权的观察员国。如果形象地说每个主权国家就是一个拥有“地核”（领土）、“地幔”（人民）、“地表”（中央政府）的国家球体，我们就可以形象地将国际关系描绘成由近 200 个“国家球体”共同组成的“国际星系”。这些“国家球体”按照联合国宪章“维护会员国领土主权完整”的精神，沿着共同的轨道有序运行。二战以来形成的国际政治秩序是惨烈战争下的结果，任何意图颠覆现存国际政治秩序的行动必然导致一场更加惨烈的战争。在中华人民共和国政府代表全中国的国际地位和综合实力完全碾压台湾当局的政治现实下，中国政府完全有能力维护两岸主权、领土和人民统一现状。事实上，中华人民共和国政府在对台湾地区的治理上从来就没有缺席，如涉台国际事务、涉台国防事务等方面早已行使治理权，当前的两岸经济、社会、文化、法律事务等领域也并非无序状态，随着两岸融合进程的加快，越来越多的两岸事务呼唤更加完善的两岸治理。当前，两岸统一的政治市场格局已经翻转，台湾当局越是拒绝协商谈判，就越是在两岸共同事务合作治理方面陷于被动。台湾当局对两岸同属一个国家现状任何不负责任的挑战，只会招致中国大陆对台湾地区实施更加全面、更加直接的治理行动。

综上所述，现阶段“国家完全统一”的主旋律是“政权统一”问题。两岸统一论述和实践的重心，已经从广义上的“追求统一”“维护统一”，进入更加

① 刘国深：《两岸政治僵局的概念性解析》，《台湾研究集刊》1999 年第 1 期，第 1—7 页。

具体的“落实统一”阶段，这正是新时代两岸关系进入融合发展阶段的理论依据。

二、两岸融合发展与共创两岸双赢

两岸之间的政权统一，最大的困难不是两岸领导人之间的个人分歧，也不仅仅是两岸执政党之间的政治分歧，从根本上说是两岸长期分隔造成的某些政治亚文化扞格，而这些两岸政治亚文化的错位、差异、抵触，产生于长期分隔的经济、社会、文化教育基础之上。以和平发展的方式实现两岸的最终完全统一，必须重建两岸经济、社会和文化教育的共同基础，逐步缩小政治认知、政治情感和政治价值歧异，最终形成两岸命运共同体。以融合发展的方式建立两岸命运共同体，将最大限度地继承与发展两岸现有的优良传统和社会价值，这也是两岸融合发展弥足珍贵的政治价值所在。

在政权对立问题化解之前，传统上的“统治”与“被统治”政治话语是两岸之间相当敏感的议题，而两岸融合发展可以提供两岸双方一个超越敏感政治话语的新政治语境，为两岸最终完全统一创造主观和客观条件。和平统一必然是两岸双赢的过程，让两岸双方在“彼此欣赏，彼此珍惜，彼此包容，彼此肯定”中，共同创造中华政治价值新典范，为全世界存在国内冲突问题的国家走向和解提供中国模式。两岸融合发展的新思维与治理理论有异曲同工之妙，双方的互动得以跳脱“统治与被统治”政治困境。福山在讨论“治理”理论时提道：“‘治理’所具有的另一种被广泛运用的含义是指，现在由传统国家以外的组织来提供以前由政府所提供的服务。”[①] 除了避免敏感的“政治支配”问题，治理理论的另一个核心要义就是民间社会的广泛参与。民间社会组织到底多大程度上可以替代国家和政府部门提供公共服务暂且不论，这一思路至少在海峡两岸特殊的政治环境下可以扮演积极角色，民间社会组织已经并且将继续为两岸民众提供一部分两岸公权力部门窒碍难行的功能。在公权力部门目前难以正常进行合作的情况下，两岸融合发展的重点就是如何激发两岸民间社会的主动性、积极性和创造性，为两岸民众提供更多增量服务的问题。长远来说，这也是为两岸政治、法律、共同事务方面的合作治理创造良好的经济、社会、文化基础，

① 弗朗西斯·福山：《何谓“治理”？如何研究？》，王匡夫译，《国外理论动态》2018 年第 6 期。

从而为两岸关系和平发展创造更加扎实的基础。

从习近平在2019年1月2日提出的“深化两岸融合发展，夯实和平统一基础”主张中，我们可以看到，他所提出的两岸融合发展包括经济、社会、文化、教育、医疗卫生等民生领域，这是一项系统工程。他说：“我们要积极推进两岸经济合作制度化，打造两岸共同市场，为发展增动力，为合作添活力，壮大中华民族经济。两岸要应通尽通，提升经贸合作畅通、基础设施联通、能源资源互通、行业标准共通，可以率先实现金门、马祖同福建沿海地区通水、通电、通气、通桥。要推动两岸文化教育、医疗卫生合作，社会保障和公共资源共享，支持两岸邻近或条件相当地区基本公共服务均等化、普惠化、便捷化。”[①] 习近平的两岸融合发展主张基本上是与民生相关的领域，这些领域的融合发展绝大多数已经在过去40年当中由两岸民间社会力量承担起来了。但是，两岸公权力部门也不能缺席这一进程，两岸经济合作制度化和社会保障等领域不可避免地会涉及公权力部门，如果公权力部门能够更好地介入两岸融合过程，两岸融合发展将事半功倍。过去的23项协议就是由公权力部门授权民间组织商谈完成的，更加可喜的是，在马英九在台执政后半期，两岸事务部门负责人也已经建立起直接交往的基础。

因此，两岸融合发展的结构应该包括五个方面：第一，两岸经济一体化；第二，两岸社会整合；第三，两岸文教融合；第四，两岸共同事务的合作治理；第五，国家治理体系和治理结构的协商谈判。上述五大领域虽然在宏观上有先后顺序，但在具体落实过程中又可以根据实际进展的需求相互促进，交替发展。马克思主义政治经济学关于经济基础与上层建筑相互关系的论断，对于我们讨论两岸融合发展有着直接的启示意义。两岸经济关系的一体化发展将深化两岸人民的利益联结关系，而经济关系的发展是两岸社会文化关系发展可长可久的动力源泉。“两岸命运共同体”的重建过程首先是建立在共同的经济利益基础上，这是两岸融合发展最可靠的基础。对此，闽南师范大学两岸一家亲研究院副院长吴凤娇表示，“两岸融合发展是十八大以来习近平对台工作重要思想的中心内容，是建构两岸命运共同体、实现和平统一的重要路径。其中，经济融

① 习近平：《为实现民族伟大复兴 推进祖国和平统一而共同奋斗——在〈告台湾同胞书〉发表40周年纪念会上的讲话》，中共中央台湾工作办公室网站，http://www.gwytb.gov.cn/wyly/201901/t20190102_12128140.htm。

习近平：《决胜全面建成小康社会 夺取新时代中国特色社会主义伟大胜利——中国共产党第十九次代表大会上的报告》，北京：人民出版社，2017年10月。

合发展是两岸融合发展的核心内涵，是实现两岸融合发展不可或缺的物质基石和重要支柱。”[①]目前，两岸民间经济关系已经形成相当大程度上的相互依存性，为两岸在长期政治、经济、文教和社会子系统隔绝后的重新磨合创造了很好的条件。学者的研究结论表明：“台湾地区从全球经济危机中迅速恢复发展，与两岸经贸合作机制的建立密不可分，大陆能够为台湾的进一步发展提供坚实有力的支持。”[②]两岸民间经济、社会、文化关系的发展在相当大程度上是民间自主创新和推动的，这是两岸关系和平发展的重要力量，即使民进党当局在台执政，也不敢贸然中断两岸民间关系发展进程。

事务是普遍联系和相互作用的，两岸关系的政治、法律、经济、社会和文化因素都是相互联系和相互影响的，两岸融合发展也必然是一项复杂的系统工程。当两岸经济一体化、社会整合、文化教育融合程度达到一定水平后，两岸两个政治文化次体系的“边界”就有可能模糊化，最终相融相通，两岸共同的政治认知、政治情感和政治价值体系将水到渠成。

三、两岸融合发展的实践意义

当前的台湾社会已经“碎片化”，政党政治和权力恶斗已经让台湾陷入“统独斗争”的政治泥沼，台湾内部尚不具备理性探讨国家统一路径与模式的空间。但两岸完全统一的进程不能因为台湾内部的困难停滞不前。我们将解决台湾问题、实现中国完全统一的着力点锁定在“夯实和平统一基础”上，这样的政策有助于人们树立信心，更加从容大度地应对台湾政坛“茶壶里的风暴”，有助于我们摆脱干扰，凝心聚力在推进两岸经济、社会、文化等领域的融合发展。两岸关系和平发展的主导权掌握在大陆手中，在未来相当长时期里，大陆方面可以按照自己的节奏，继续主导两岸融合的进程。因为政党轮替已经常态化，台湾方面在不同政党执政下两岸政策难免出现起伏，但并不能改变两岸融合发展的大趋势。大陆在台湾问题上已经越来越有自信和定力。2016 年 3 月 5 日，习近平在参加十二届全国人大四次会议上海代表团审议时强调：“我们对台大政方

① 兰忠伟：《融合发展推动“两岸一家亲”理念》，http://www.crntt.com/crn-webapp/touch/detail.jsp?coluid=266&docid=104906156&kindid=0，最后查询日期：2017 年 12 月 9 日。

② 张铭洪、卢雄标、张海峰：《两岸经贸合作与台湾地区经济增长：基于合成控制法的分析》，《台湾研究集刊》2018 年第 6 期。

针是明确的、一贯的，不会因台湾政局变化而改变。我们将坚持‘九二共识’政治基础，继续推进两岸关系和平发展。”[①] 习近平的讲话是在民进党再次赢得在台执政地位之后，这表明，大陆方面已牢牢主导两岸最终统一的进程，不会因为台湾当局可能的抗拒停下落实国家完全统一的脚步。

此后，我们注意到，大陆方面推进两岸关系和平发展的决心更加坚定，目标更加明确。2017 年 10 月 18 日，习近平总书记在中共十九大报告中指出：“两岸同胞是命运与共的骨肉兄弟，是血浓于水的一家人。我们秉持‘两岸一家亲’理念，尊重台湾现有的社会制度和台湾同胞生活方式，愿意率先同台湾同胞分享大陆发展的机遇。我们将扩大两岸经济文化交流合作，实现互利互惠，逐步为台湾同胞在大陆学习、创业、就业、生活提供与大陆同胞同等的待遇，增进台湾同胞福祉。我们将推动两岸同胞共同弘扬中华文化，促进心灵契合。”[②] 可见大陆方面并没有因为台湾地区的政党轮替放弃两岸关系和平发展战略，展现出强劲的政治定力和远大的政治高度。习近平进一步强调：“承认‘九二共识’的历史事实，认同两岸同属一个中国，两岸双方就能开展对话，协商解决两岸同胞关心的问题，台湾任何政党和团体同大陆交往也不会存在障碍。”[③] 大陆方面的对台交往政策有相当大的弹性和开放性，大陆方面甚至没有完全排除与民进党交往的可能性，只要民进党当局回到一个中国的原则立场，大陆方面仍然可以与民进党当局在两岸共同事务领域展开合作。

为落实“率先同台湾同胞分享大陆发展的机遇”的讲话精神，2018 年 2 月 28 日，国务院台办、国家发展改革委经商中央组织部等 29 个部门，公布《关于促进两岸经济文化交流合作的若干措施》，在惠及台湾企业和台湾同胞方面推出了 31 项具体措施。这份被简称为“31 条惠台措施”的文件引起台湾各界强烈反响。大陆各省市纷纷出台具体的实施意见，两岸各界出现前所未有的广泛参与“惠台措施”讨论与实施的热络景象，两岸融合发展进入全面实施阶段。目前，“31 条惠台措施”已在大陆各地各部门逐步落实当中，由于各项措施的具体执行条件和难度不同，有些已完全落实，有些正在创造条件落实中。据了解，中央和地方各级台办、各级人民代表大会和政协组织、民主党派和群众组

① 《对台方针不因台政局变化而变》，《人民日报》（海外版），2016 年 3 月 6 日，第 1 版。

② 《对台方针不因台政局变化而变》，《人民日报》（海外版），2016 年 3 月 6 日，第 1 版。

③ 《习近平在中国共产党第十九次全国代表大会上的报告》，新华网，http://www.xinhuanet.com/politics/2017-10/27/c_1121868728.htm，2017 年 10 月 27 日。

织都参与了“31条惠台措施”监督落实工作，不少台胞也被征求意见和建议。从我们掌握的来自各方面的反馈信息来看，大陆惠台政策措施得到台湾社会的广泛支持，台湾民众普遍赞扬大陆方面的惠台政策措施。在两岸政治关系陷入僵局的情况下，大陆方面依然大力推进两岸融合发展，生动体现出两岸关系已经进入一个崭新的时代。

值得注意的是，两岸融合发展已经成为大陆领导人亲自督办的“一把手工程”。习近平总书记不仅反复强调两岸融合发展的重要性，而且以“钉钉子精神”把两岸融合发展落实到两岸前沿结合部——福建省。2019年3月10日，习近平在参加十三届全国人大二次会议福建代表团审议时，再次明确提出：“要探索海峡两岸融合发展新路。对台工作既要着眼大局大势，又要注重落实落细。两岸要应通尽通，提升经贸合作畅通、基础设施联通、能源资源互通、行业标准共通，努力把福建建成台胞台企登陆的第一家园。要加强两岸交流合作，加大文化交流力度，把工作做到广大台湾同胞的心里，增进台湾同胞对民族、对国家的认知和感情。要在对台工作中贯彻好以人民为中心的发展思想，对台湾同胞一视同仁，像为大陆百姓服务那样造福台湾同胞。去年以来，我们推出‘31条惠台措施’，福建实行‘66条实施意见’，取得显著成效，广大台湾同胞都是受益者。要把这些措施落实到位，同时要听取台湾同胞呼声，研究还可以推出哪些惠台利民的政策措施，只要能做到的都要尽力去做。”①习近平总书记特别选择在福建代表团发表“探索两岸融合发展新路”讲话，政策目标非常明确，两岸融合发展政策不仅变得更加具象化，而且变得更可感知、更加生活化，两岸融合发展进入两岸人民更加现实的生活当中。

新时代两岸融合发展实践告诉我们，两岸最终完全统一大势所趋，人心所向，落实两岸统一的工作不再局限于两岸公权力部门间的协商谈判，在协商谈判的条件不具备的情况下，大陆方面完全可以先在操之在我的部分具体推进两岸融合发展的进程。我们需要有更大的耐心、主动性和创造性，重建两岸共同的经济、社会、文化基础，让两岸人民更加体面、安全、方便、低成本地生活在一起。而两岸人民生活共同体的重建，是一项系统工程，在两岸政治僵局一时无法打破的情况下，两岸关系可以透过单向的、民间的方式推动两个中国政治子系统间的融合，在两岸民众共同的需求增长过程中逐步深化相容与共生关

① 新华社：《习近平参加福建代表团审议》，2019年3月11日电，国台办网站：http://www.gwytb.gov.cn/wyly/201903/t20190311_12146928.htm。

系。但这个过程对两岸双方来说都是机遇与挑战并存，随着条件的成熟，双方也有可能逐步探索两岸共同事务合作治理的新模式，并为两岸政治分歧的解决创造条件。

四、两岸融合发展的风险与挑战评估

两岸关系和平发展新思维是2005年以来逐步形成的两岸主流社会的共识，而两岸融合发展是两岸关系和平发展思想的具体实践，符合两岸人民的共同利益要求。国家的最终完全统一，其方向和进程掌握在居于压倒性优势的大陆手中，台湾当局的可为空间有限，我们不应夸大民进党当局遂行“法理台独”的现实可行性。当然，我们既要看到两岸融合发展的光明前景，也要清醒地面对台湾分离主义势力在两岸融合发展进程中的负面影响。

在两岸敌对关系正式结束之前，虽然战争的手段不可能排除，但是，在政治、经济、外交、军事等方面实力已远超台湾当局的情况下，大陆方面更有信心维护国家主权、领土和人民的统一。即使在两岸政治僵局持续的当下，大陆方面仍然可以采取“管控+治理”的方式推进两岸关系和平发展进程。如果台湾当局采取合作的政策，两岸双方可以逐步推进两岸共同事务合作治理的进程，台湾当局可以扮演与台湾实际能力和身份相适应的共同治理角色。如果台湾当局采取对抗的政策，大陆方面也完全有能力采取有效的措施遏制“台独”分裂行为，同时继续对台湾民众释出善意，与台湾在野力量及民间社会一道，在大陆方面可以掌控的领域坚定地推动两岸融合发展进程。

在台湾地区现有的政党政治制度设计下，台湾任何执政党及其领导人在两岸重大政治问题上的选择空间是有限的。除了台湾公权力部门之间和政党之间的权力制衡外，还更有强大的民间社会力量约束着台湾执政当局的政策选择。民进党之所以不敢在“法理台独”问题上逾越雷池一步，是因为民进党当局根本不具备主导台湾各方面力量与大陆摊牌的能力。民进党在台全面执政已经三年，台湾的分裂势力依然不能遂行所谓的“法理台独”。我们可以看到，在“时代力量”政客2018年3月挑头提出将“法理台独”相关议题列入“修改公投法内容”的投票中，民进党籍“立委”令人惊讶地全体一致投下了反对票。西班牙加泰罗尼亚“公投独立”活动的惨败更是给“台独”势力当头棒喝。相信民进党领导人也清楚，这种梦呓式“台独”宣示对台湾当局的执政有百害而无一利，势必影响民进党当局的政治稳定，影响人民群众对美好生活的追求，最终必然引起海内外各界的强烈反应。正是基于对台湾内部政治逻辑的认识，大陆方面可以更加自信地制定和落实两岸融合发展政策。

40 年来台湾内部政治生态变迁的最大特征就是走向碎片化，台湾当局将越来越难以整合力量与大陆相抗衡。在所谓民主、自由的政治口号之下，台湾社会个人利益至上，民粹主义横行，社会公义和集体利益边缘化，台湾相对大陆的综合实力相形见绌。两岸关系的政治市场已经出现结构性变化，两岸综合实力对比决定了两岸博弈格局已从台湾方面的“卖方市场”转入大陆方面的“买方市场”。对于两岸双方来说，战争都不是最佳选择，和平双赢才是上上之策。两岸关系基本上是可控的，我们对两岸融合发展有足够的信心。

在树立两岸融合发展信心的同时，我们也要看到两岸融合发展面临的潜在风险和挑战，首先是来自民进党当局的抗拒和抵制；其次是台湾在野政治势力和社会大众的疑虑和恐惧；第三是大陆民众对融合发展前景的信心；第四是两岸融合发展对大陆治理体系和治理能力的挑战；第五是两岸融合发展进程中出现的意识形态风险问题。

第一，如何面对民进党当局的抗拒和抵制问题。邓利娟指出，“民进党当局为了政治上谋求‘台独’分离路线，则是不惜牺牲台湾民众利益与福祉，大力推行脱离大陆政策，力阻两岸经济社会融合发展。”① 在台湾，两岸关系和平发展的政治话语权基本上掌握在蓝营政治人物手中，绿营政治人物长期以来“为反对而反对”，基本上扮演抵制和抗拒两岸关系和平发展进程的角色。由于蔡英文当局拒不承认“九二共识”，两岸双方在缺乏共同政治基础的情况下难以展开协商对话，民进党当局开始以限制两岸交流的手段反制大陆。除了在经贸关系上设置障碍，民进党当局还以“修法”等方式限制和惩罚台湾民众与大陆之间的交往。民进党当局的抗拒和抵制虽然有一定的影响，但在多元化的台湾社会结构中，当局的管制能力是有限的，两岸经济、社会、文化教育的总体规模并未受到明显影响。另一方面，大陆方面逐步落实的惠台措施将有效地抵消民进党当局的限制措施。事实上，两岸交流合作对台湾经济社会发展也起着重要的推动作用，过度限制的结果也会对民进党当局的政绩产生负面影响。

第二，如何面对台湾在野政治势力和社会大众的疑虑和恐惧问题。在两岸

① 邓利娟:《两岸融合发展的政治障碍与应对思考》,《中国评论》月刊（香港）2019 年 5 月。

敌对关系正式结束之前，台湾其他在野政治势力和一般民众也会对走向完全统一的两岸融合发展进程产生疑虑，甚至有恐惧心理。以两岸经贸合作为例，虽然总体上对台湾经济发展有利，但不同阶级阶层的民众实际感受是不同的。陈玮和耿曙认为，台湾的“太阳花学运”“将台湾的分配恶化趋势、弱势群体问题归咎于两岸经贸开放，抗议所谓‘跨海峡政商网络’”。[①] 两岸融合不仅止于经济层面，台湾社会的疑虑和恐惧也是全方位的。对此，大陆方面要进一步做好沟通工作，让台湾各界了解，两岸融合发展并不会片面改变台湾地区的政治制度、社会制度和生活方式，两岸融合是一个双向良性互动的过程。台湾各界也可以在两岸融合发展过程中获得充分的参与机会，融合的结果对两岸双方都有利。

第三，如何建立大陆民众对融合发展前景的信心问题。以融合发展的方式实现国家最终完全统一是“慢郎中”，在大陆民众统一信心树立起来之前，他们很容易受到台湾当局“去中国化”政策和少数台湾政客的“台独”分裂言行的刺激影响，甚至产生情绪化的反应，主张武力解决的声浪就会高涨起来。两岸融合发展是一项高难度的、复杂的系统工程，大陆民众要有更大的定力和包容心。当前，我们在大陆内部的涉台舆论引导和国家统一问题教育过程中，要有效地让民众了解，国家的主权、领土和人民统一是现状，两岸关系主导权掌握在中国政府手中，“法理台独”是不可能成功的。两岸关系的政治市场格局已经改变，以融合发展的方式实现国家最终完全统一，符合国家的长远利益和民族的根本利益。

第四，如何面对两岸融合发展对大陆治理体系和治理能力的挑战问题。王鹤亭提出：“在国家尚未完全统一特殊情况下，中央政府既要有效阻遏‘台独’、维护和巩固‘两岸同属一个中国’的现状，更应逐步将台湾整合纳入‘一个中国’的治理体系与政治秩序。”[②] 将台湾纳入国家治理范围无可回避，同时挑战也是相当严峻的。随着越来越多台湾同胞进入大陆创业、就业、学习和生活，大陆现有的许多制度、规定标准、规则、规范、准则、惯例都有可能面临调整的压力，台湾民众进入大陆后也会面临知识结构更新和适应能力提升的问题，两岸融合进程中各种困难、矛盾、冲突的产生是难免的，如果处理不好就会产生治理危机。

---

① 陈玮、耿曙：《经贸整合、利益认知与政治立场：台湾民众两岸经贸态度的动态分析（2004—2016）》，《台湾研究集刊》2019 年第 2 期。

② 王鹤亭：《中央政府对台实行类管辖政策初探》，《台海研究》2018 年第 2 期。

但是，我们不能因为看到了困难和挑战就产生畏缩心理，而是要组织力量进行更加深入的研究，进行科学的规划、合理有序的政策实验，以点带面，逐步进行政策创新，提高落实统一过程中的治理能力和治理水平。我们要特别注意吸收在大陆生活、就业、创业和学习的台湾同胞的意见，倾听他们的建议和呼声。同时，笔者也要特别呼吁在大陆生活工作学习的台湾同胞，除了积极参与惠台政策措施的完善和落实，也要展现出更大的耐心，毕竟政策的修改完善需要有一个过程。设身处地、换位思考的精神对于大陆人和台湾人同样是很重要的，舆论引导和政策沟通将有助于台湾同胞理解和接受两岸融合发展的阶段性。

第五，如何面对两岸融合发展进程中可能出现的意识形态风险问题。从香港回归后出现的矛盾冲突可以看出，在经济、社会、文化、法律制度、治理模式、意识形态差异问题没有得到相应解决的情况下，两岸人民重新生活在一起，可能会出现综合性的社会问题。而敏感的文化体制、新闻传媒管理、社会治理、法律法规、政治制度等问题，很容易演变成政治文化冲突，引发意识形态冲突风险。对此，大陆方面在做好危机管控的同时，更多地要做好舆论引导工作，适当地与前来大陆生活的台湾同胞进行沟通对话，建立起相容的政治认知、政治情感和政治价值。

总之，两岸融合发展的过程也是大陆自我挑战、自我提升的过程。“台湾问题的解决，是两岸综合实力较量的过程，根本上取决于我们自身发展进步。我们持续发展进步，将不断扩大对台湾的战略优势，不断增强对台湾的吸引力和感召力，不断增强对两岸关系的牵引力和主导权。”① 两岸融合发展不可能一帆风顺，更不可能一蹴而就，两岸最终完全统一最终将以水到渠成的方式实现。

① 中共中央台办理论学习中心组:《以习近平总书记对台工作重要思想引领新时代对台工作》,《求是》2018 年第 6 期。

利益、制度与观念：十九大报告与两岸青年融合发展的理论建构*

唐　桦**

两岸青年交流伴随两岸关系的大势快速发展。台湾远见民调中心2017年3月27日发布的“远见研究调查”民调显示，在20—29岁的台湾年轻人中，59.5%的受访者表示想到大陆工作、求学或投资。在涵盖各年龄层的受访者中，51.5%的受访者表示愿赴大陆发展。① 作为两岸关系发展的新思路，融合发展已经成为新的研究热点，但以往学界的研究多侧重于台湾青年在大陆就学就业的融入度或社会适应度研究，还有一些理念宣导层面的研究，缺乏足够的理论探讨和阐释。基于两岸关系的复杂性、两岸青年需求的多样性和社会价值的共享性，本文以两岸青年为主要研究群体，首先梳理两岸青年交流的发展历程，然后从利益、制度和观念的角度思考融合发展的理论建构，最后针对未来两岸青年的融合发展提出对策建议。

一、融合发展的内涵和维度

“融合发展”这个概念的提出，代表了大陆对台政策的新思维，也可据此对以往两岸青年交流做一个反思。梳理30年两岸青年交流的发展历程，可以看到

---

* 本文发表于《台湾研究集刊》2018年第5期。基金项目：2015年度教育部人文社会科学重点研究基地重大项目“现阶段民进党发展研究”（15JJD81003）。

** 作者简介：唐桦，女，两岸关系和平发展协同创新中心成员，厦门大学台湾研究中心、台湾研究院副教授。

①《台湾民调显示：近6成年轻人想去大陆发展》，观察者网，http://www.guancha.cn/local/2017_03_27_400820.shtml，访问时间：2017年9月5日。

两岸青年交流正在经历一种不仅是制度上而且是观念上的深层转换，实质是两岸关系在何种意义上是基于两岸青年的切实需要展开，又以何种恰当的方式被两岸青年所共同改造，进而实现融合发展。早期（1990—2002年）青年交流大致分为论坛对话型和旅游参访型，重点在于增进两岸青年之间的相互交流，以个体和部分团体参与为主，呈现出品牌化、多主题、多渠道等交流趋势。2000年后，大陆通过台联、海协会、台盟、宋庆龄基金会以及高校等交流实体，多管道地推动台湾大学生来大陆参访、交流、联谊，取得相当大的进展。零散交流大量增加之后，制度化交流呼之欲出。一方面是社团交流如火如荼，另一方面是大批量交换生开始出现，尤其是被称为“陆生”元年的2011年，这一年台湾高校首次面向大陆招生。“海峡青年论坛”成为两岸青年交流的重要平台，两岸青年社团负责人圆桌会成为两岸青年社团定期沟通的组织化、机制化平台，开展了多项富有成效的交流活动。2011年初，大陆将扩大两岸青少年交往列为工作重点。随后的两岸青年交流开始走入制度化合作阶段，构建实质交流平台，促成更多青年参与。

2014年“太阳花学运”、2016年民进党重新执政成为两岸青年交流中的关键性事件，之后台湾岛内形成了青年中的“排他”风潮，也让大陆清醒地认识到岛内青年的复杂情绪。根据岛内情况的新变化，大陆连续制定一系列旨在便利台湾青年人赴大陆交流、就学、实习、就业、创业、生活等的政策措施。“两岸青少年身上寄托着两岸关系的未来。要多想些办法，多创造些条件，让他们多来往、多交流，感悟到两岸关系和平发展的潮流，感悟到中华民族伟大复兴的趋势，以后能够担当起开拓两岸关系前景、实现民族伟大复兴的重任。”①2015年开始，大陆惠台政策越来越多，越来越细致。2018年新推出的31条措施，内容涵盖产业、财税、用地、金融、就业、教育、文化、医疗等众多领域，几乎将台湾青年关心的在大陆学习、创业、就业、生活中的问题“一揽子”解决。很多省市因地制宜出台了落地细则，如上海市的“55条”，福建省的“66条”，厦门市的“60条”等。大陆积极推动两岸经济社会融合，为最终实现两岸和平统一奠定了坚实的民意基础。

过去两岸青年交流的重点，多是强调单向度的融入，探讨的是台湾青年如何被动地在各个部分融入大陆的主流社会体系。融合发展强调的是共同发展，

---

① 《习近平在人民大会堂会见亲民党主席宋楚瑜一行》，新华社，http://www.gov.cn/xinwen/2014-05/07/content_2673600.htm，访问时间：2017年8月1日。

即台湾青年如何共同分享大陆经济发展的红利，需要尽量消融主客体的不对等关系，实现从“融入”向“融合”的跨越。融合发展不是强制就可以达成的，更多是透过相互渗透和融合，类似罗伯特·帕克提到的“个人与群体从其他群体获得记忆、情感、态度，并且共享他们的经历和历史，逐渐融汇成共同的文化生活”。[①] 两岸青年的融合发展既是两岸青年间相互配合、相互适应的动态过程，也是相互交流、互动、接纳和认同的结果，既是群体层面的相互嵌入，也是政策层面的包容和接纳，是构建在迁入地和迁出地文化相互渗透、相互影响基础上的兼收并蓄的新的命运共同体，[②] 从而实现两岸关系和平发展。具体来讲，两岸青年的融合发展是这样一个过程，它确保台湾青年在大陆发展能够获得必要的机会和资源，通过这些资源和机会，能够全面参与大陆的经济、社会福利和文化生活。[③] 融合发展更强调青年积极而充满意义的参与、享受平等、共享社会经验并获得基本的社会福利。具体有四个维度：[④]（1）经济融合。主要通过台湾青年在当地经济活动中的嵌入度来衡量。经济融合是基础，相对稳定的职业和收入可促进台湾青年在大陆城市中社会地位的提升。（2）生活融合。台湾青年逐渐掌握当地方言、适应当地生活习惯的过程。（3）社会融合。一般台湾青年比较依赖以地缘、血缘为纽带的关系获得外界信息资源、求职途径等，在城市迅速扎根，再扩展交际圈，融入新的群体而形成后致网络。（4）身份融合。两岸关系中大陆和台湾各自包涵对方，相互激荡，形成新的命运共同体，不要求原有文化完全同化，而是强调原有文化以新的形式，存在并贡献于新的共同体中。融合发展为两岸青年交流发展提供新视角，更具有建构性，不仅为两岸关系和平发展构筑了一个中间目标，而且描述了一个持续发生并且任何人都能介入的过程。总的来说，各维度之间具有交互性，而不是先实现一个领域的融合，然后再进行下一个领域的融合。两岸青年的融合发展是一个由错综复杂且持续不断的关系构成的过程，是一种生成而非存在，一种涉及行动者和制度的实践性生成。

---

① R. E.Park, E. W. Burgess：*Introduction to the Science of Sociology*, Chicago: The University, 1921，p.113.

② 杨菊华：《论社会融合》，《江苏行政学院学报》2016 年第 6 期。

③ 嘎日达、黄匡时：《西方社会融合概念探析及其启发》，《理论视野》2008 年第 1 期。

④ 段皎琳：《大陆地区青年台商社会融入问题与对策研究》，《中国青年研究》2016 年第 3 期。

二、十九大报告的新解读：两岸青年融合发展的理论建构

民进党重新上台执政加剧了两岸各领域发展的不平衡，两岸关系尤其是青年交流因蔡英文当局出台各种限制台湾青年和企业来大陆交流发展的规定而陷入僵局。2017 年 6 月，由两岸三所名校连办六届的“山海论坛”因台湾方面限制大陆人士赴台不得不停办。民进党当局针对两岸青年交流的限制措施正在形成所谓的“寒蝉效应”，大陆则把工作重点放在如何化解台湾青年对未来发展的焦虑上，[①] 为两岸最终实现“心灵契合的统一”做出实实在在的工作。为进一步深化和拓展两岸关系和平发展内涵，推进祖国和平统一进程，大陆对台政策论述与时俱进地提出了两岸融合发展的概念。十九大报告提出了今后一个时期对台工作的指导思想、重要理念、目标任务、原则方针和主要措施，[②] 明确了新时期大陆方面深化两岸融合发展的内在要求，为以发展促进和平统一提供了强大的政策动力，[③] 从利益、制度和观念三个维度来搭建两岸青年融合发展的理论框架，分别代表了融合发展所包含的共同利益、共同参与以及利益共享的新思维。融合发展是一种整体思维，把两岸看作一个整体，把国内各民族、各地区的发展看作整个国家、中华民族发展的一部分。

（一）利益：基于共同利益的融合发展

台湾青年愿意来大陆发展的基础动因是个人利益，但融合发展除了考虑个体利益之外，更多体现的是两岸青年群体的共同利益。现阶段如果继续零散地去增补个体台湾青年的个人利益，由于不同利益主体的诉求有时会相互冲突，实际上会影响共同利益的实施。俞正声在第九届海峡论坛上指出：深化融合发展，需要秉持“两岸一家亲”理念，逐渐化解心结，共同维护中华民族整体利益，充分发挥两岸同胞的创造力，厚植共同利益。[④] 也就是两岸青年既要关注

---

① 台湾社会在面对日益崛起的大陆时，产生了失势、身份、发展、未来与制度五大焦虑。参见杨开煌：《两岸融合发展可化解台湾社会焦虑感》，海峡之声网站，http://www.vos.com.cn/news/2017-08/10/cms890774article.shtml，访问时间：2018 年 2 月 18 日。

② 张志军：《党的十九大报告为对台工作指明了方向》，《两岸关系》2017 年第 11 期。

③ 刘佳雁：《两岸融合发展：政策内涵及价值体系》，《两岸关系》2018 年第 2 期。

④ 《第九届海峡论坛在厦门举行 俞正声出席并致辞》，新华社网站，http://www.xinhuanet.com/politics/2017-06/18/c_1121164066.htm，访问时间：2017 年 12 月 1 日。

个人利益，更要注重共同利益。这些内容在价值层面被确认，两岸青年追求的共同利益就被表达为那些“已达成共识的目标”和“对于一个作为共同体的社区有益的事情”。

十九大报告指出了两岸共同利益的方向：（1）两岸要站在“振兴中华”“共圆中国梦”的共同利益角度看待国家和平统一，携手推动两岸关系和平发展。①（2）推进两岸经济社会融合发展，符合两岸同胞共同利益。也就是说，两岸不仅要在经济上共同发展、携手合作，而且要建立在“九二共识”上共同发展。经济利益要建立在共识和共同利益的基础之上，否则依然会越走越远。在社会层面和心理层面，也要挖掘共同认知，作为夯实其他领域交流的基础，增进两岸民众的向心力。共同利益在这里不是仅仅因为个人的选择和组织程序之间的相互作用才“发生”的事情，而是公权力部门必须着力建立的“一种集体的、共同的公共利益观念”。② 习近平总书记指出，深化两岸利益融合，共创两岸互利双赢，增进两岸同胞福祉，是推动两岸关系和平发展的宗旨。为两岸同胞谋福祉是发展两岸关系的着眼点和落脚点。③

协调台湾青年的个人利益与两岸关系和平发展的共同利益之间的关系，可以从以下的角度来思考。一方面，根据个人利益与共同利益相联结的观点，根据共同利益的组织化原则和大多数人利益目标原则，可以将两岸青年尤其是台湾青年的个体利益纳入共同利益要求之中，按照整体化要求引导和规范个人利益。台湾青年在大陆发展的个人利益融入并服务于融合发展的共同利益。另一方面，两岸青年的个人利益也直接制约着融合发展共同利益的展开和实现，也就是说融合发展不仅促使青年按共同利益的要求去努力，而且要为其人生发展提供一系列相关条件，融合发展要关心青年个人的发展和价值。那么，顺理成章的问题是了解两岸青年需要什么、怎么才能辨别这些需要、需要有什么等级层次，以及如何裁定对需要的各种相互竞争性的解释是重要的。正如马克思指出的：“只有在集体中，个人才能获得全面发展其才能的手段。”④

---

①《两岸同胞要携手同心共圆中国梦》，新华网，http://www.xinhuanet.com/politics/2014-02/18/c_119393683.htm，访问时间：2017 年 2 月 18 日。

②［美］登哈特：《新公共服务——服务而不是掌舵》，丁煌译，北京：中国人民大学出版社，2004 年，第 63 页。

③《习近平：携手建设两岸命运共同体》，《新华每日电讯》2015 年 5 月 5 日第 1 版；《党的十九大报告辅导读本》，北京：人民出版社，2017 年，第 56 页。

④《马克思恩格斯全集》第 3 卷，北京：人民出版社，1960 年，第 61 页。

（二）制度：基于共同参与的融合发展

“两岸同胞同族同根，血脉相连，文化相通，没有任何理由不携手发展、融合发展。”[①] 十九大报告指出：“我们将扩大两岸经济文化交流合作，实现互利互惠，逐步为台湾同胞在大陆学习、创业、就业、生活提供与大陆同胞同等的待遇，增进台湾同胞福祉。我们将推动两岸同胞共同弘扬中华文化，促进心灵契合。”[②] 过去，台湾青年更多的是如何参与到大陆的经济发展中来，而作为一种制度架构的融合发展强调的是从经济发展拓展到生活层面的参与，尤其是两岸青年共同参与其中。融合发展归根结底要被当作一个社会的基本结构来对待，也就是被当作两岸青年生产生活于其中的一个合作体系，因而制度本身在根本上既有自身保持良好结构的需要，同时也是两岸青年诉求自身意志与需要并对现实利益进行选择的结果。2011 年，福建省率先出台并且积极探索聘用台湾地区居民参与行政和社会事务管理的途径和方法。[③] 厦门市在构建多元主体共同参与的新型社区治理结构过程中，尝试通过聘请台湾青年担任社区居委会主任助理、在台胞集中居住社区设立服务工作站、搭建网络和实体平台实现台胞线上交流、线下互动等方式，广泛发动台胞自主自发参与社区治理，探寻基层各方利益的最大公约数。[④] 融合发展作为制度建立的过程就是各个理性的、寻求自身利益最大化的两岸青年有目的的选择。其最大的优点在于，一方面融合发展比单打独斗更容易让两岸青年的利益最大化；另一方面，通过融合发展的方式可以提高两岸青年自身解决问题的能力。

两岸青年对自身意志的表达受到现实制度的影响，因此在多大程度上个体利益得到了充分表达并形成共同利益这一问题本身就是一个制度问题。党的十八届五中全会提出了“推进社会治理精细化，构建全民共建共享的社会治理格局”的战略部署，和两岸融合发展相呼应，构成了两岸青年在大陆内部可以走向共同参与的格局。共同利益就是通过一种允许利益得以集聚、平衡或调解的特定过程来实现的。人们不仅能够超越自身利益，而且政府也应该努力地培育

① 《习近平同马英九会面》,《人民日报》，2015 年 11 月 8 日。

② 习近平:《决胜全面建成小康社会，夺取新时代中国特色社会主义伟大胜利——在中国共产党第十九次全国代表大会上的报告》,《人民日报》，2017 年 10 月 28 日。

③ 推出 15 个岗位选聘台湾专才担任高校、科研院所和科技园区的管理职务，同时引进 7 名高层次人才到省属单位工作。

④ 张宝蓉:《从大陆对台青年政策看两岸青年交流发展——基于公共政策分析的视角》,《台湾研究》2017 年第 6 期。

和开发青年们的这种能力。某种程度上，这种能力依赖于信任。融合发展必须依赖两岸青年多方合作和协商的共同治理，采取积极的措施来解决各方相互的低信任度和社会资本，才能实现各方利益的整合，促进共同利益的实现。

（三）观念：基于利益共享的融合发展

“我们秉持‘两岸一家亲’理念，尊重台湾现有的社会制度和台湾同胞生活方式，愿意率先同台湾同胞分享大陆发展的机遇。”[①]融合发展要实现的利益共享的内容是多层次与多样化的，不仅包括经济成果的共享，还包括社会成果和权利的共享，也包括在经济发展、公共服务、社会保障、生态环境等方面。这意味着促进社会共享既要实现公共服务的均等化，还要重视满足公众多样化的需求。新推出的 31 条措施，显示了大陆对台政策决策体系和治理能力的巨大进步，受到台湾青年的热烈欢迎。因应于两岸青年主体的多元化和利益关系的复杂化，利益共享的内容是非常丰富的，贯穿其中的思想就是让两岸青年共享改革和社会发展的利益，不仅包括存量利益，也包括增量利益。具体来说就是在两岸青年之间通过规范、制度化的手段确定合作收益的具体分配方法，共同分担合作过程中可能产生的风险和损失，从而达成互利共赢、协调发展的理想局面。

融合发展的过程是一个各方真诚对话、构建互惠关系以及相互学习的过程。在这一过程中，两岸青年的行为方式也会发生变化。在物质层面，协同各方可以共享资源。思想层面，融合发展中台湾青年可以对自己的利益定位有一个更加客观的认识，很多利益是相互关联，而不是彼此冲突的。两岸青年可以在融合发展过程中有意识地开发新的探索方法，包括倾听其他利益相关方的意见、尊重他人、寻求共同利益以及对问题存在的前提条件提出质疑等等。清晰的共同目标不一定在融合发展开始之初就能达成，但是在两岸青年融合发展的推进过程中，大家会更倾向于使用能更好地将各利益相关联系在一起的解决方案而不是通过推动与自己利益相关的立法或者其他一些直接进行对抗的方法解决问题。民调表明，多数台湾青年人不再排斥甚至积极争取赴大陆就业、寻找发展机会。台湾青年一代的这种思想变化，对未来两岸关系发展具有极强昭示

① 习近平:《决胜全面建成小康社会，夺取新时代中国特色社会主义伟大胜利——在中国共产党第十九次全国代表大会上的报告》,《人民日报》，2017 年 10 月 28 日。

意义。[①]

三、两岸青年融合发展的机制保障

融合发展作为两岸青年交流的一种结果是我们期待的，作为一种方法和机制则是与结果同样重要的设计。台湾《联合报》民调中心调查发现，台湾年轻人对大陆整体正面印象比16年前有了提升，并高度肯定大陆是个进步的地方，比例从16年前的五成三上升到八成二。[②]相对于台湾越来越封闭和紧缩的交流环境，大陆的惠台政策则越来越细腻和务实。两岸青年的融合发展会倒逼结构性制度变革、削弱功能性社会排斥，形成资源的优化配置。两岸青年的融合发展是新形势下推动两岸关系和平发展的重要途径，它更多的是通过台湾青年在大陆就业、婚恋、居住和生活，共同参与到大陆的经济发展中去，共同分享大陆经济发展中的红利，在这个过程中产生新的集体记忆和共同利益，逐步增加台湾青年对中华文化和中华民族的认同。坚持融合发展为了两岸青年、融合发展依靠两岸青年、发展成果由两岸青年共享，更重要的是，必须做出更有效的制度安排，使两岸青年在融合发展中有更多获得感，从而增进青年福祉。

（一）关注来大陆发展的台湾青年的新需求，将公共服务作为融合发展的突破口

台湾青年来大陆期待能够满足自身需求的服务体验，他们还希望有机会参与决定应该得到优先发展的公共服务，以确保社会最重要的需求能够得到满足。目前的困境是，很多地方政府没有改变其在合作中作为权力中心的意识，没能发动区域内利益相关青年的积极性和主动性，也没能搭建一个让利益相关者平等参与讨论协商的治理平台，仅靠政府自上而下权威控制式的推动无法落实良好的合作愿望。比如青年台商在厦门虽然享有投资、税收等优厚条件，但在一些公共基础设施建设方面还未能参与，日后可就此提高公共服务供给的个性化与社会治理的精细化水平。

---

① 郑剑：《长风破浪会有时——中共十八大以来两岸融合发展不断深化》，人民政协网，http://www.rmzxb.com.cn/c/2017-10-17/1838048.shtml，访问时间：2017年10月3日。

② 《台湾新世代看大陆：八成二认为是个进步的地方》，网易新闻，http://news.163.com/16/1120/11/C6AGKPJ4000187VE.html，访问时间：2017年10月1日。

（二）服务民生，重点提升针对台湾青年创业、就业、生活的信息化基础能力

未来的公共服务供给，将更加依托信息化手段和网络化平台。公共服务信息化建设能力和应用能力将直接影响到其服务水平。近年来台湾青年对大陆经济方面的优惠政策的关注程度开始下降，而对基本待遇、政治、经济和社会文化等全方位权益保护的要求凸显。由于台胞常往返于两岸的特殊性，可推进完善网络申请、网上办理等配套设施，便利台胞及时办理相关手续。各地尤其是台湾青年比较扎堆的城市比如厦门、苏州和温州等地，在加快公共服务信息化基础建设，如教育资源公共服务平台、医疗信息公共服务平台、公共数字文化服务体系、公共信息服务网络平台的同时，需要专门增设台湾青年板块，同时配合专题信息化培训，可极大地降低信息交易成本。

（三）回归融合社区，提高台湾青年所在的社会组织和社区内的信任度

长期以来，大陆对台政策在逐步考虑对台湾青年各个层面的照顾和优惠，但是类似台商子弟学校、台商医院、台商青创园区等，反而容易加剧台湾青年形成自己的小圈子。未来应该建立一些具有示范效应的两岸青年共同生活的融合型社区，将台湾青年从内聚式团体网络中剥离出来，帮助其嵌入开放式的团体网络之中，形成与当地社会资本的互融。融洽的社区关系不仅可以增加居民之间的情感交流，更有助于加强台湾青年在当地的归属感，从而提高其对本地身份的认同。同时，鼓励两岸青年多参与组织建设与协同发展，通过提供组织化、鼓励本地人口与其通婚的方式强化社会资本。通过引入非政府组织、同乡自治和交流协会等组织形式，让两岸青年结对互助，更多元地保障台湾青年在大陆的实际利益。设立台湾青年在当地的一站式服务中心，与台办、工会、第三部门等组织形成联动，实施针对台湾青年的法律援助和权利侵害仲裁制度。

（四）强调个人责任，重视台湾青年对在地公共事务的共同参与

公共服务的供给应该强调“有奉献、才有索取”的个人责任理念，通过加强在地公民和政府的联系促进公共价值的创造。具体来说，政府不但要提供多种青年公共参与的渠道，同时政府还要推出更多的青年教育项目，邀请两岸青年尤其是台湾青年参与公共价值的创造。互联网的迅猛发展丰富和发展了参与的手段和途径，门户网站、政务微博、微信、移动 App 应用在青年需求表达方

面大有作为，地方政府应该深化互联网技术的功能应用并完善与公民参与相关的体制机制，确立以两岸青年需求为导向的绩效评估模式，改革公共服务绩效评估机制，根据公共项目给在大陆生活的台湾青年带来的实际影响而不是数量来评判公共服务，更多强调社会和经济效益的提高。

十九代报告指出："中国梦是我们这一代的，更是青年一代的。"[①] 融合发展着眼于中华民族的整体利益、长远利益，为处理两岸关系提出了新思路。融合发展是建立在两岸青年共建基础上的发展，是指两岸青年充分运用自己的聪明才智参与整个社会的建设，共同承担责任为共同享有利益提供坚实的基础，两岸青年实现对社会利益的享有反过来又会促进社会建设的积极性和创造性。两岸命运共同体是两岸在"一个中国"制度框架内形成的一种具有利益相连性、高度认同的共同体，在发展成果的分配上，强调树立共享发展理念，让两岸青年共享国家改革发展和现代化建设的成果，共享祖国繁荣昌盛带来的民族尊严和自豪感。两岸青年的融合发展强调的是两岸青年如何从"我"发展成"我们"，尤其是激发台湾青年在大陆在地生活中的能动性，促使从"他者"到"我群"的转变，为两岸统一奠定坚实的基础，而这关系到中华民族的伟大复兴。

① 习近平：《决胜全面建成小康社会，夺取新时代中国特色社会主义伟大胜利——在中国共产党第十九次全国代表大会上的报告》，《人民日报》，2017年10月28日。

台湾问题发展阶段与国家统一演化动力

——基于复杂性思维的视角 *

朱　磊 **

前言

学界对当前台湾问题的形势判断大体有三种态度：1. 激进观点认为两岸和平统一已无可能，理由主要是“台独”势力在岛内执政，不可能修改教材，已经比例占优的偏“独”民众，尤其是“天然独”民众会越来越多，台湾的主流民意只会日益往“独”的方向走，时间在蔡英文一边。2. 保守观点认为“台独”只是假议题，毫无可能，理由是只要中国大陆不允许“台湾独立”，国际社会不可能在两岸统“独”的较量中选择承认“台湾独立”，毕竟中国大陆的综合实力与国际影响力巨大且与台湾差距还在拉大。3. 主流观点认为 2016 年民进党在岛内的执政是台湾政局的重大变化，对两岸关系和台海局势产生重大影响，使两岸关系增添了不确定性和风险，但大陆仍牢牢把握两岸关系发展的主导权，和平统一并未到“无望”的程度。主流观点中对“台独”风险大小和两岸关系发展前景的判断也存在较大差异。

关于推动两岸关系朝国家统一方向演化的动力问题，学界主要有三种思路：

* 发表于《台湾研究集刊》2017 年第五期。基金项目：国家社科基金一般项目《中国共产党对台方略研究》（批准号：15BDJ005）的阶段性成果，国家社科基金重大项目《海峡两岸经济一体化研究》（批准号：13&ZD053）阶段性研究成果，中国特色社会主义经济建设协同创新中心成果，两岸关系和平发展协同创新中心成果。

** 作者简介：朱磊，男，南开大学台湾经济研究所、中国特色社会主义经济建设协同创新中心教授、博士生导师。

1. 自由主义观点认为两岸共同利益是和平统一的根本动力和诱因，主张通过利益诱导加强两岸合作，以自愿方式逐步走向统一。2. 现实主义观点认为大陆实力强大是实现和平统一的根本动力和保障，主张通过不断增强实力，凭借压倒性优势采取和平或非和平的方式主导两岸统一。3. 建构主义观点认为两岸接触互动是走向国家统一的根本动力和途径，主张通过双方交流互动，建构共同的价值观和利益链接，推动两岸统一。该流派认为，自由主义只能推动两岸经贸关系发展与利益合作，却无法解决两岸民众认同等两岸关系的根本问题；现实主义的理论与政策设计只适于反对“台独”，在促进两岸关系朝着国家和平统一方向发展方面缺乏着力点；建构主义理论则可以为加强两岸之间的互动、发展两岸的集体认同提供重要的理论依据。

两岸关系经过多年来的和平发展，国际格局、两岸实力与内部形势都发生了巨大的变化，各种力量与矛盾在积聚和爆发，两岸关系发展处于剧烈的变动时期与重要的历史节点，面临极其复杂的内外局面，研究观点分歧增大而出现百家争鸣是自然而然的结果。对决策部门而言，越是纷繁复杂的情况下越需要冷静观察、抽丝剥茧、理清思路，把握事物发展的客观规律，抓住主要矛盾，寻找对症药方。在对当前台湾问题的形势判断方面，需要从历史发展的视角定位目前台湾问题所处的发展阶段，从而合理解释和认识各种“台独”现象，进而寻找和发现可以推动两岸关系由和平发展趋向和平统一的真正的内在动力。要综合各种研究思路的长处，克服自身理论缺陷，如：现实主义在强调自身实力增长的时候常常忽略在具备足够实力以前应该对台采取何种政策；自由主义在强调利益诱导的时候难以提供从利益共同体到政治共同体的途径；建构主义在强调对台互动以谋求国家认同的时候往往对双方难以形成“一中”共识束手无策。本文试图综合各家所长，从复杂性科学 (complexity sciences) 的思维视角对上述问题加以剖析。

一、台湾问题的发展阶段

1949 年中国共产党领导中国人民建立了中华人民共和国，国民党统治集团退踞台湾，在外国势力的支持下，与中央政府对峙，由此产生了台湾问题。台湾问题的实质是 20 世纪 40 年代中后期中国内战遗留并延续的政治对立，这没有改变大陆和台湾同属一个中国的事实。两岸复归统一，不是主权和领土再造，而是结束政治对立。台湾问题既可以通过和平方式解决，也可以运用非和平方式解决。解决台湾问题的核心是实现祖国统一，目的是维护和确保国家主权和领土完整，追求包括台湾同胞在内的全体中华儿女的幸福，实现中华民族伟大复兴。以和平方式实现祖国统一最符合包括台湾同胞在内的中华民族根本利益，也符合求和平、谋发展、促合作的时代潮流。

从执政者的角度看，台海两岸实现和平统一需要经过三个主要阶段：争统一、争统“独”、谈统一。第一阶段的背景是在国际势力的干预下两岸势均力敌，形成平衡对峙，两岸双方的目标都是争取国家统一，都在争夺以非和平或和平方式统一对方的主导权，此时台湾岛内的民意倾向国家统一的占主流。第二阶段的背景是随着大陆综合实力持续调整增长，两岸原有的平衡对峙转为不平衡对峙，但大陆还不具备统一的充分条件，两岸双方的目标变成了大陆争取国家统一，台湾在“统一大陆”无望的情形下开始争取“独立”，此时台湾岛内的民意呈现要求维持现状且倾向“独立”的比重大增。第三阶段的背景是大陆无论硬实力还是软实力都对台湾取得压倒性优势，且具备足够多的筹码迫使国际势力不敢冒险对台湾问题进行武力干涉，两岸对峙被打破，双方都已看清中国实现国家统一是历史的必然，因此形成协商谈判的合作形势，此时台湾岛内的民意倾向统一的比率重新超越主张“独立”的人数比重。台湾当局已经是在岛内民意的压力下被动与大陆展开统一谈判，只为争取国家统一后获得较为有利的条件。

两岸目前处于第二阶段，即争统“独”的阶段。两岸争统一的第一阶段始于台湾问题形成之初的1949年，大约截至台湾当局首次公开提出“特殊两国论”的1999年。50年间台湾当局虽然有“反攻大陆”到“和平演变”的政策转变，但总体政策是要争取国家统一的。台湾民意中支持维持现状但趋统的比例一直高于支持维持现状但趋“独”的比例，不过后期差距迅速收窄，到1999年已经逼近相等。1999年后两岸进入争统“独”阶段，台湾当局开始公开放弃国家统一目标，从李登辉的“特殊两国论”、陈水扁的“一边一国论”、马英九的“不统不独论”到蔡英文的“维持现状论”，都不再将国家统一作为施政目标，虽然每一届台湾当局在对待以“一中”原则为核心意涵的“九二共识”问题上态度并不一致，但每一届台湾当局的任内官方施政取向已经转为取得“实质独立”。相应的，岛内民意自1999年后，经过几年徘徊，支持维持现状但趋“独”的比例迅速超过维持现状但趋统的比例，且差距越拉越大。在台湾问题发展的第二阶段，出现“台独”政党岛内执政、“台独”政策措施纷纷出台、“台独”倾向民众比率增加、台湾民众对国家统一呈现焦虑感和恐惧感等现象，都是两岸关系发展到该阶段的正常反应。

第二阶段两岸统“独”之争日趋尖锐复杂可以从复杂性思维的视角给予合理解释。按照复杂性科学的思维方式，系统演化并不是单一变量线性决定发展方向，而是在系统环境的影响下，不同要素通过非线性作用形成系统的自组织，完成自身调节和演化以达到稳定有序的状态。自组织运行的核心是反馈机制。一旦两个变量之间形成正反馈，趋势化效应就会自我增强，形成推动系统演进的内生动力。这样的反馈机制在系统内外无处不在，并互相影响，不断发生非线性作用。对国家系统演化而言，有三组反馈机制最为重要：国家系统与国际大系统之间的反馈、政权系统之间的反馈、政权内部的反馈，它们共同决定着国家演化的方向。

首先是系统环境的影响。系统环境也就是母系统，任何系统对于更高一级的大系统来说都是需要服从总体运行规律的子系统。中国国家系统的演化必然要受制于国际大系统的形势变化。在二战结束后的国际冷战格局形成之初，中国共产党采取了“一边倒”的亲苏外交政策，美国扶蒋保台的对华政策阻碍了大陆方面解放台湾。后来中苏交恶提供了中美关系缓和的契机，美国在拉拢中国对抗苏联的战略中对台湾问题做出一定程度让步，中国大陆也在美国对台政策松动的背景下将对台方针由“解放台湾”转变为“和平统一”。中国改革开放后国力迅速提升，随着苏联的解体和中国成为全球第二大经济体，美国越来越将中国视为全球最主要竞争对手，涉台政策日趋对华强硬，使中国大陆对台工作面临新的形势。美日虽然在与中华人民共和国的建交公报或联合声明中明确承认“中华人民共和国政府是中国的唯一合法政府”，并承诺只同台湾保持“民间的”“地区性的”“非官方关系”，但美国同时又通过《与台湾关系法》及“六项保证”对台湾当局提供“防御性武器”和“安全保护”，日本则通过《周边事态措施法》等相关法案插手台湾问题，构筑日美联合干预台湾局势的战略框架。[①] 台湾在马英九执政时期的“亲美、友日、和中”政策与蔡英文执政时期的“亲日、友美、反中”政策反映出国际环境变动下台湾当局对大陆与美日的关系态度。

① 中共中央台湾工作办公室、国务院台湾事务办公室编：《中国台湾问题：干部读本》，北京：九州出版社，2015 年，第 23—25 页，176—185 页。

其次是政权系统之间的互动反馈。如果一个国家系统内存在两个政权，则两个政权均为国家系统的子系统。两个政权子系统之间如果实力相差不大，都有统一对方的意愿，此时统一议题易于在双方接触互动中形成正反馈；但若两个子系统之间实力相差过大，则实力弱小的一方更倾向于选择分裂，统一目标就无法在两个政权子系统之间形成正反馈。1949 年后，台湾地区依靠美国援助、从大陆带去的大量资源和人才以及合理的经济发展策略，较好实现了经济起飞，并在 20 世纪 90 年代初达到了经济辉煌的顶点。1991 年台湾 GDP 为大陆的 44%，达到史上最小的两岸经济规模差距，当年台湾贸易规模高于大陆。[①] 此时是台湾当局实现“三民主义统一中国”信心最强的时期，在这样的背景下有了大陆海峡两岸关系协会与台湾海峡交流基金会的成立并建立联系，以及开启了两会协商谈判的历史进程，后来才有了“九二共识”和“汪辜会谈”。然而此后两岸各方面实力差距迅速拉大。以 1992 年邓小平“南方讲话”为标志，大陆经济加速发展，大陆领先台湾经济与外贸规模的差距迅速拉大。台湾当局的“统一”信心不断衰减。表现在经济方面，台湾的大陆经贸政策由 20 世纪 90 年代初期的“务实、稳健、前瞻”开放政策退缩为中期的“戒急用忍”政策。军事方面，台湾对大陆的军事战略也不断收缩，先后历经“攻势战略”“攻守一体”和“守势战略”，1994 年台湾当局明确将军事战略调整为“守势防卫”。[②] 两岸实力的消长令台湾当局开始丧失“统一中国”的信心，台湾领导人的变化更加快了这一转变的发生。1949 年至 1988 年，台湾当局的权力核心是蒋介石与蒋经国，他们都有强烈的传统的民族意识，具有重新统治全中国的格局、愿望和信心。但出生于台湾且青少年时期受日本“皇民化”教育的李登辉作为蒋氏父子的继任者并没有将统治权扩展到全中国的信心、意愿和动力。李登辉继任之初暂时支持国家统一，直到个人权力稳固后开始公开分裂举动，建立“中华民国在台湾”的体制，并主导六次“修宪”，通过省市长和地区领导人直接选举、虚化“国民大会”、冻结台湾省选举等措施，明显改变了原有的政治体制，将权力扩张边界由全中国重新定位成“在台湾”，并通过改变台湾政体建立台湾当局岛内统治权的合法性。这些改变国家统一目标的努力是李登辉当局在两岸实力

---

① 资料来源：台湾当局“经建会”编印 *Taiwan Statistical Data Book* 及中国国家统计局公布资料。

② 中国共产党中央台办、国台办编:《中国台湾问题》，北京：九州出版社，2015 年，第 23—25、176—185 页。

格局发生改变的新形势下对比追求“统一中国”与保存在台权力的现实性与可能性后采取的自利性理性举措，并对后任台湾当局领导人的施政理念产生影响。实力差距过大不仅难以形成国家统一的正反馈，相反会出现国家分裂的正反馈，因为弱势一方越追求分裂，强势一方越倾向以强硬政策取代怀柔政策，而在这种日益强硬的政策压力下，弱势一方更不愿推动统一进程。

最后是子系统内部的政权政策与民意之间的反馈。大陆长期以来重视爱国主义教育，在国家统一问题上有充分的民意支持，要求统一的民意反过来促使中国政府在台湾问题上不能懈怠。台湾情况则要复杂得多，基本上在政权与民意之间已经形成趋于分裂的正反馈，即台湾当局不敢公开主张统一，但常常会公开主张分裂，民意受其影响视“台独”为正当或平常，主流民意容忍“台独”反对统一，更为台湾当局的分裂主张提供借口和支撑。台湾民意的分裂倾向是与岛内民主化进程混合在一起发展起来的。从 1986 年岛内“政治革新”开始后的十年间，台湾当局通过开放“党禁”、“报禁”、“回归宪政”、省市长与台湾地区领导人实行直接选举等“民主化”措施，将台湾政治体系由原来的“自上而下”的威权主义（authoritarianism）体制逐渐转变为“自下而上”的民主主义（democratism）体制，培育和加强岛内民众对台湾当局的认同感和合法性，但同时台湾当局的影响力也随之更加限缩在岛内而不是全中国。1949 年至 1989 年的相当长时期内，国家统一目标在台湾执政当局与民众之间都不存在问题，台湾主流民意拥护国家统一。然而 20 世纪 90 年代后台湾民意中偏向“独立”的人数比重迅速增加，超过偏向统一的人数比重后差距还在不断扩大。该趋势反映在多家岛内学术性民调机构的数据中。以台湾政治大学选举研究中心所做的连续性民调数据为例，1995 年台湾主张维持现状但偏向统一的人数比重为 19.4%，高出主张维持现状但偏向“独立”的人数比重 8.1% 一倍多；但到 2015 年情况反转，主张维持现状但偏向“独立”的人数比重为 16.4%，高出主张维持现状但偏向统一的人数比重 7.4% 一倍多；主张维持现状不决定统“独”的观望者比重则基本稳定在 30%—40% 之间。①

台湾当局为维护对岛内的最高权力，不断向台湾民众宣扬与大陆的差异化理念并塑造对大陆的优越感心态。对内台湾当局提出并宣扬“台湾文化主体性”与“台湾主体意识”，鼓吹和标榜台湾的“民主生活方式”与“自由和均富的核

① 台湾政治大学选举研究中心重要政治态度分布趋势图，http://esc.nccu.edu.tw/course/news.php?class=203。

心价值观”，[①]强调台湾与大陆的不同。对外台湾当局通过出境旅行“免签”待遇等“外交成果”彰显其“国际软实力”，弥补其缺少国际承认的绝对劣势。[②]台湾当局还通过技术性措施诱导台湾民众放弃国家统一的观念：20世纪90年代以来，台湾当局不断对岛内民众做关于“你认为自己是中国人还是台湾人”的民意调查，人为地将“中国”与“台湾”两个从属关系的概念塑造成平行并列的关系，潜移默化改变台湾民众的国家认同，并避谈国家统一或分裂对国民的利弊，引导岛内民众只从出生地和生活现状感受判断自己的身份和价值认同，然后再以两岸统一支持者持续下滑的民调数据反过来作为台湾当局面对大陆拒谈统一的民意支撑。

总之，两岸关系经过30年的发展，岛内执政当局和民意对国家统一的意愿减弱的根本原因是多层次系统内形成了三个以“台湾独立”为指向的正反馈机制：国际层面——中美关系越对抗，美国在台湾问题上越保守，造成中美关系更加紧张；两岸层面——台湾当局对统一后的自身权益越没有信心，政策越趋于保守，台湾当局自我设限会进一步扩大两岸实力差距，导致台湾当局对统一更加恐惧；岛内层面——台湾当局越是避统容“独”，进行“独化”教育，台湾民意越认为“独立”的正当性大于统一，靠选举上台的执政党就更不敢轻言统一。这三组正反馈机制在非线性作用下会互相形成因果连接：中国日益成为美国的竞争对手，美国愈发不愿放弃“以台制华”的战略，台湾因此与大陆对抗信心增加，出台更多不利于两岸统一的政策和言论，岛内民意受当局立场引导益加远离国家统一，国家分裂状态对中美竞争时中国提升国力牵制作用越来越大。产生这三组正反馈机制的转折点发生在20世纪90年代，当时发生三件大事促成三组正反馈机制的形成：苏联解体使美国原来的“联中反苏”战略失去存在的价值和基础；大陆与台湾的实力差距迅速拉开使台湾当局失去“统一大陆”的信心；岛内地区领导人直选制度的施行使以国家统一为目标的国民党失去了长期执政的制度基础，以“台独”为目标的民进党开始在岛内崛起。

① 曾任台湾文化部门首长的龙应台称：“海峡两岸，哪里是统一和独立的对决？哪里是社会主义和资本主义的相冲？哪里是民族主义和分离主义的矛盾？对大部分的台湾人而言，其实是一个生活方式的选择。”“自由民主和均富，恰恰是台湾人最在乎、最重要、最要保护、最不能动摇不能放弃的两个核心价值。”龙应台：《你可能不知道的台湾——观连宋访大陆有感》，2005年5月25日，转自《中国青年报》，http://zqb.cyol.com/gb/zqb/2005-05/25/content_8773.htm。

② 截至2015年台湾地区共获150多个国家或地区给予“免签证”或“落地签证”待遇，几乎全面覆盖台湾人常去的国家和地区，突显与大陆的不同。

二、国家统一的演化动力

不同层级的系统之间不断发生非线性作用，互相影响，共同决定国家系统的演化方向。只有当系统各层级均形成指向国家统一的正反馈机制后，国家系统才具备趋于国家统一而非国家分裂的演化动力。国家统一的演化动力大于国家分裂的演化动力，国家系统的演化方向最终趋向国家统一。在台湾问题的当前发展阶段，大陆与台湾进行统“独”之争的关键，是要培育国家统一的演化动力，并使之迅速增强，超越国家分裂的驱动力量。人工优化国家系统的演化进程，可以加速国家统一的实现与两岸民众福利的提升。

各级系统如何形成国家统一演化动力？各派理论给出不同答案：自由主义崇尚利益，现实主义看重实力，建构主义主张互动。在国家演化的不同层级，有重点地运用不同的方法可以有效培育国家统一演化动力。国际层面重点运用利益分享协调好中国与主要国际势力的关系，让国际社会认识到中国实现国家统一有利于国际社会的稳定和发展。两岸层面重点运用实力展示遏制“台独”分裂势力的图谋和举动，增强国家统一的意愿、信心和态势。岛内层面重点运用互动交流向岛内民众传递大陆改善台湾民众福利的意愿与能力，增强岛内民众对中华人民共和国政府和国家统一的好感与认同。以上三个层级系统的动力培育可以通过制度创新形成系统内外的反馈机制，最终促使系统运行的方向指向国家统一。由于“大系统—系统—子系统”三级系统结构之间存在非线性作用，最好的做法是同时采取针对性政策，增强系统的反馈效应。台湾问题也许在现阶段暂时解决不了，但只要先有一个正确的微小改变，形势会逐步向某个方向发展，最后瓜熟蒂落水到渠成，整个系统发生相变实际上是通过系统自组织机制的自我运行自动完成的。具体而言，在中美层面，建立新型大国关系，摆脱“修昔底德陷阱”，降低国家统一阻力；在两岸层面，建立良好互动，摆脱“西西弗斯陷阱”，形成奖统罚“独”的规则；在民意层面，建立社会公信，摆脱“塔西佗陷阱”，增强对民众的吸引力和凝聚力。当政权与民意之间的信任通过正反馈机制不断被放大到相当程度后，大陆提出的和平统一方案就可能被台湾民众接受。

培育国家统一演化动力的过程中，不可避免会遇到相反方向的阻力，最显著的是台湾当局的“独化”举措。在第二阶段，台湾当局反复尝试谋求“实质独立”或“法理台独”，不断采取措施在国际与岛内推行有“实质独立”意涵的涉外、政治、社会、文化、教育政策，大陆方面多数时候只能隔空批判，缺乏有效的制约办法。台湾当局与相关国家提升实质关系、修改教科书、政府机构更名、公共设施更名、经济文化领域“去中国化”等举动潜移默化地扭转台湾的主流民意，使“台独”理念在岛内不断扩张，逐步在观念上“合法化”与“合理化”，反对“台独”主张统一的政党在岛内越来越难以执政，为获取岛内政治权力被迫放弃原来的主张。两岸恢复交往30多年来综合实力对比发生了巨大的改变，大陆在政治和经济等方面的力量对比逐渐具有了绝对优势，但岛内民意倾向“台独”者却越来越多，于是产生了该阶段特有的“实力困惑”：大陆综合实力越强，台湾民众对国家统一越有恐惧感和焦虑感，倾向“台独”的比例越高。

产生“实力困惑”的主要原因是政权力量的投射方式和分布存在差异，大陆日益强大的实力并未充分转化成对岛内民众的有效影响力与受益源。根据投射方式的不同，政权影响民意的力量有两种：直接力量与间接力量。直接力量是有管辖权的政权才可以投射的力量，如军事、司法、立法、行政、教育等力量，间接力量是不具有管辖权的政权也可以对民众施加影响的力量，如政治、经济、社会、文化、外交等力量。二者可以互相转换，例如媒体如果开放进入管辖区域，则宣传即成为直接力量，否则就是间接力量。对台湾民众而言，台湾当局同时掌握这两种力量对其施加影响，而大陆方面只能通过间接力量影响岛内民众，其影响力度和广度会先天地弱于岛内执政党。因此，虽然中国共产党在很多方面拥有台湾执政党所无法比拟的力量优势，但在缺乏直接力量的条件下对台湾民众的有效影响力受到限制。例如当台湾渔民在东海或南海受到日本或菲律宾非法驱逐和攻击时，中国大陆虽有能力与意愿予以保护却无法实施，从而使台湾同胞无法受益。“实力困惑”的解决办法在于强化系统之间的非线性作用，通过提高大陆间接力量的转化效率和外溢效果增强对台湾民众的影响力。

提高大陆间接力量转化效率的主要途径是有意识强化各层级系统的政治功能，一切涉台工作为国家统一的政治目标服务，以政治效果的好坏作为检验某项对台政策的绩效标准。例如，经济层面，中国大陆在全球经济中的地位举足轻重，两岸经济的密切和依赖程度已经达到历史最高水平，在继续推进和深化两岸经济关系的同时，大陆应充分利用这一成果，将“以经促政”的外溢效应最大化，让经济利益成为遏制“台独”、吸引台湾民众的重要手段。

政治层面，以“民本主义”（people-centralism）反制台湾当局的“民主主义”（democratism）。与“民主主义”下有投票权的民众在选举那一刻当主人相比，“民本主义”是民众通过合理有效表达意见的渠道与官僚任用选拔机制建立起的政治体系长期当国家的主人。这种体系中的接班人制度可以确保上一任政府的各项政策为下一任充分了解和支持，接任者在预备期内参与了各种政府决策与政策执行，具有台湾民主不具备的维持稳定政治秩序、政策延续性、较少激进运动等优点，是比台湾“民主主义”更民主的制度。①社会层面，以“和谐主义”对抗台湾当局的“自由主义”。“和谐主义”是中国传统文化中最具代表性的理念和各家各派的共同主张，是中国人从古至今源远流长的文化心理、政治信条、智慧要求，在国民心中具有深远根基。建立和谐社会则不但要有“和谐主义”的文化理念，还必须健全一整套良好的和谐社会运行机制，包括：正确引导发展的激励机制、合理的利益表达和协调机制、强有力的社会管理和社会整合机制、有效地疏导和化解人民内部矛盾的机制。②文化层面，以“集体主义”对应台湾的“个人主义”。“集体主义”更加强调公共利益，是“中国道路”社会主义价值观的精髓。大陆在宣传中国特色的价值观、文化和制度时必须不断自我发展和完善，让海内外民众都能真正认同和信任大陆的软实力，这样才能取得应有的政治效果。涉外领域，严控台湾当局“国际活动空间”，不允许台湾当局参与各种必须有主权国家身份才能参加的国际组织与活动，警告与中国建交国家不要通过提升与台湾实质关系助长“台独”气焰，要求台湾的所谓“邦交国”尽快与之调整为符合国际上通行的一个中国原则的关系。同时充分发挥大陆的外交资源对全球范围内需要救援的台湾同胞给予及时救助，协助受不公平对待的台商打赢国际官司，并对此类事件普及宣传。

总之，对国家系统演化而言，最重要的是要在国家系统与国际大系统之间、政权子系统之间、政权内部形成三组趋于统一的正反馈机制。构建以上三个层次的正反馈机制需要通过提高大陆间接力量的转化效率和外溢效果增强对台湾民众的影响力，恢复和巩固台湾岛内的国家统一自生能力，此外还需要诸多策略性应对方案，例如大陆应发挥经济、国防等方面的政权比较优势争取台湾民

① 杨开煌：《中国要走的道路不是民主而是民本》，2016 年 1 月 6 日，中国台湾网：http://www.taiwan.cn/plzhx/hxshp/201601/t20160106_11359183.htm。

② 习近平：《构建和谐社会要突出四种机制建设》，新华网，2005 年 3 月 4 日，http://news.xinhuanet.com/newscenter/2005-03/04/content_2650270.htm。

众的信任与支持等。由此，国家系统通过自组织功能不断演化，在此过程中，由于两岸资源禀赋和发展潜力的差异，双方综合实力的差距继续拉大，中国国家系统不断向非平衡的方向发展，在某个不确定事件发生后，大陆在台湾民意的要求和台湾统派执政党的配合下试行“一国两制”台湾方案，台湾问题获得解决，中国国家版图完成两岸统一的系统相变。

社会融合视角下大陆台胞公共服务供给机制有效性研究[*]

郭 涵 郑逸芳[**]

引言

两岸经济社会融合发展是大陆对台工作新思维，对丰富国家统一理论和指引两岸关系发展有着重要意义。[①]其中，社会融合是融合发展理论的重要组成部分。随着在大陆工作生活的台胞不断增多，台胞对于全面融入大陆社会具有迫切愿望，而完善的公共服务供给将为台胞在大陆的生活提供极大便利。2018年2月28日国台办和国家发改委会同29个部委共同发布的《关于促进两岸经济文化交流合作的若干措施》(简称“31条措施”)，涉及了经济、教育、文化、社区、医疗等诸多公共服务领域，其主旨在于通过公共服务供给机制的完善推动与落实在大陆的台湾同胞社会生活“同等待遇”。公共服务领域的举措将极大推动两岸经济社会融合，为最终实现两岸和平统一奠定坚实的民意基础。同时，根据现有研究发现，公共服务是社会融合的最大相关因子。[②]鉴于此，本文拟以公共服务领域为突破口，从台胞社会融合视角出发，通过建立台胞公共服务供给机制和社会融合的实证模型，运用SPSS22.0和AMOS20.0软件，采用SEM

---

* 本文发表于《台湾研究集刊》2019年第5期。基金项目：福州市社会科学规划重点项目“支持台湾青年来榕就业与学习生活的研究”(2018FZB22)。

** 作者简介：郭涵，女，福建农林大学公共管理学院讲师；郑逸芳，女，通讯作者，福建农林大学公共管理学院教授、博士生导师。

① 张冠华:《两岸经济社会融合发展的内涵与路径探讨》,《台湾研究》2017年第4期，第1—8页。

② 梅建明、熊珊:《基于“四个维度”的农民工市民化实证研究——对3318份调查问卷的分析》,《中南民族大学学报》2013年第4期，第124页。

结构方程方法验证该模型的正确性，从而为优化大陆台胞公共服务供给机制、促进两岸社会融合提出合理建议。

一、文献回顾及研究思路

（一）文献回顾

近年，随着两岸交流合作的不断加深，两岸经济社会呈现融合发展之势，与社会融合相关的研究成果不断涌现。从研究方法的角度梳理，有学者运用文献分析法，从研究现状入手展开分析，如施玮、蒋依娴等就两岸学者针对移居大陆台胞社会融入研究现状进行了评述，并在此基础上推导出深化研究的思路；[①] 有学者则运用归纳法和系统分析法，从理论建构的角度对两岸经济社会融合展开宏观探讨，如张冠华从理论分析的角度探讨了两岸经济社会融合发展的内涵与路径，[②] 唐桦从利益、制度与观念的角度对十九大报告中关于两岸青年融合发展的论述进行了理论建构；[③] 也有学者从个案和实践的角度，对目前两岸社区融合状况进行了分析，如肖日葵以融合理论为视角，通过分析 X 社区两岸同胞融合过程，得出两岸同胞的参与式社区融合是推进两岸关系和平发展的重要着力点的结论，[④] 严志兰梳理了两岸社区交流合作现状，提出了“以两岸社区交流开启两岸经济社会融合大门的政策设计”；[⑤] 还有学者运用定量分析方法开展研究，如蒋依娴、王秉安运用 SEM(结构方程模型)，探讨了福建台胞社会融合复杂影响因素之间的相互作用和路径关系。[⑥]

学者们或从理论层面，或从实践出发，对两岸社会融合问题进行了多角度研究，兼有定性与定量的研究方法。这些研究成果对两岸社会融合政策制定和

① 施玮、蒋依娴、王秉安：《移居大陆台胞社会融入研究现状述评》，《台湾研究集刊》2016 年第 1 期，第 31—37 页。

② 张冠华：《两岸经济社会融合发展的内涵与路径探讨》，《台湾研究》2017 年第 4 期，第 1—8 页。

③ 唐桦：《利益、制度与观念：十九大报告与两岸青年融合发展的理论建构》，《台湾研究集刊》2018 年第 5 期，第 1—7 页。

④ 肖日葵：《两岸同胞的社区融合——以 X 社区两岸同胞融合为个案的研究》，《台湾研究集刊》2017 年第 4 期，第 61—68 页。

⑤ 严志兰：《两岸经济社会融合视角下的两岸社区交流合作研究》，《台湾研究》2017 年第 6 期，第 43—52 页。

⑥ 蒋依娴、王秉安：《基于 SEM 的福建台胞社会融合影响因素与路径关系研究》，《台湾研究集刊》2018 年第 1 期，第 34—46 页。

实践运用均具有积极的指导作用。但从目前而言，鲜有将公共服务供给作为两岸社会融合突破口的研究。有鉴于此，本文拟以大陆台湾同胞的公共服务机制和社会融合为研究对象，构建大陆台湾同胞的公共服务供给机制和社会融合的实证模型，并采用结构方程对该模型进行验证，希望在客观量化分析结果的基础上，提出科学的促进两岸融合的政策建议。

（二）研究思路

结构方程模型在社会学中主要用于分析变量间错综复杂关系、评价指标体系等。[①] 在大陆生活台胞的公共服务供给机制与社会融合相关变量测量的间接性和变量关系的复杂性决定了采用结构方程模型的正当性。本文根据结构方程模型的应用特点，同时借鉴了于海燕、黄文义对新居民公共服务供给机制有效性研究[②] 的逻辑思路，综合大陆台胞特性和目前大陆对台政策等，提出以下研究思路：根据台胞特征及公共服务需求，结合相关文献设计出公共服务供给机制的维度和社会融合的维度，理清公共服务供给与社会融合的逻辑关系；提出公共服务供给机制对社会融合具有显著正向影响的假设，根据假设初步构建大陆台胞公共服务供给机制与社会融合关系的结构方程模型；设计模型的测量量表，展开数据收集；对量表数据进行信度分析和效度分析；最后，检验假设并得出在大陆生活台胞公共服务供给机制与社会融合的模型分析结果，根据分析结果进行总结。

二、模型构建

（一）实证模型

1. 公共服务供给机制

公共服务是 21 世纪公共行政和政府改革的核心理念，是指由政府或其他组织提供的公共产品或劳动，从而使全体社会成员能更好地分享社会发展的所有成果。而所谓机制，根据系统论的观点，则是指系统内各子系统、各要素之间

① 蒋依娴、王秉安：《基于 SEM 的福建台胞社会融合影响因素与路径关系研究》，《台湾研究集刊》2018 年第 1 期，第 34—46 页。

② 于海燕、黄文义：《社会融合视域下新居民公共服务供给机制有效性研究》，《广东社会科学》2016 年第 6 期，第 196—205 页。

互相作用的运行方式和结构方式。[①] 公共服务供给机制的本质是动态的，是在具体动态运行过程中建立的一套机制体系。在大陆生活的台胞，公共服务供给具有与大陆民众相同的特征，因此在选取潜在变量时，首先应参考大陆公共服务供给机制研究的基本内容。关于公共服务供给机制的内容组成，蒋牧宸提出构建完善“优势互补机制、供给决策机制、综合评估机制和监督机制”四类基本公共服务供给机制；[②] 汤金金、孙荣认为动态治理视角下公共服务供给机制的创新包括“公共服务普惠机制、公共服务多元供给机制、公共服务需求回应机制”；[③] 朱彤提出公共服务供给机制包括“公众需求导向机制、回应机制、激励机制”；[④] 于海燕、黄文义认为公共服务供给机制在具体动态运行过程中包括“决策、效率、协同、公平和责任四大机制”。[⑤] 综合上述观点，本文首先确定“效率机制”“决策机制”“协同机制”三个维度作为大陆台胞公共服务供给机制能否有效运行的影响因素。此外，为两岸最终实现“心灵契合的统一”，公共服务的供给还应强调“有奉献、才有索取”的个人责任理念，[⑥] 深化并完善台胞参与公共事务的体制机制，因此，将“参与机制”列入大陆台胞公共服务供给机制能否有效运行的影响因素（具体如图 1 所示）。

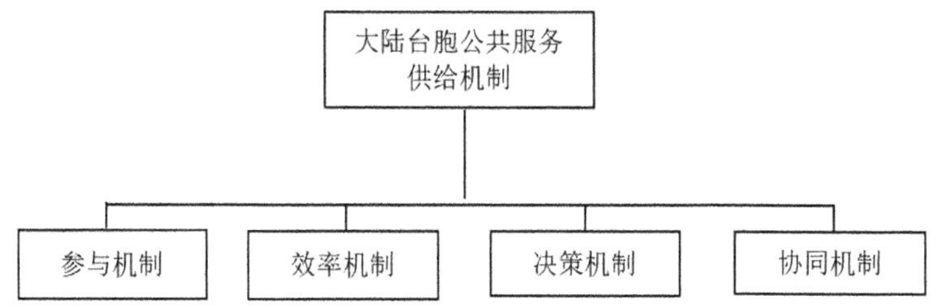

图 1：台胞公共服务供给机制

① 夏玉珍、杨永伟：《公共服务供给机制创新——基于网络化治理框架的解释》，《学习与实践》2014 年第 4 期，第 62 页。

② 蒋牧宸：《基本公共服务供给机制探析》，《江西社会科学》2013 年第 12 期，第 197 页。

③ 汤金金、孙荣：《公共服务供给机制创新的路径选择：从惯性治理到动态治理》，《社会治理》2018 年第 10 期，第 84—85 页。

④ 朱彤：《公共服务供给机制研究》，山西财经大学 2016 年硕士论文。

⑤ 于海燕、黄文义：《社会融合视域下新居民公共服务供给机制有效性研究》，《广东社会科学》2016 年第 6 期，第 196—205 页。

⑥ 唐桦：《利益、制度与观念：十九大报告与两岸青年融合发展的理论建构》，《台湾研究集刊》2018 年第 5 期，第 1—7 页。

2. 台胞社会融合维度设计

根据移民理论，大陆台湾同胞作为一种迁移群体，其社会融合具有移民群体融合的共同特征，同时也具有两岸特殊情境下的两岸族移民个性。在对台胞与大陆民众互动的研究中，两岸同胞的经济社会互动融合问题日益成为研究热点。在台胞社会融合的维度上，蒋依娴、王秉安提出将“文化心理、社区保障、经济事业、政治政策”四项作为福建台胞社会融合的影响因素；[①]唐桦则强调两岸青年的融合发展具有四个维度：经济融合、生活融合、社会融合和身份融合；[②]李海燕认为，两岸社会融合的维度指标包括客观维度中提供的便利和参与政策，以及主观维度中的个人心理认同和归属感，其中包含经济、身份、家庭、居住、文化、政治、心灵七个方面的融合维度。[③]综合学者们观点，同时根据“31条措施”和各省市相继出台的落地细则中已陆续实施的公共服务内容，本文拟将社区融入、政治参与、文化心理作为台胞社会融合维度（如图2所示）。由于本文更多地从社会角度讨论融入问题，因此将经济利益、社会保障等内容纳入社区融入维度中进行考察。社区融入包括了台胞在居住地的就业生活情况、身份户籍认可、社区社会保障等；政治参与的内涵是台胞在大陆所拥有的基本公民权等；文化心理指台胞的文化认同和心理归属感等。

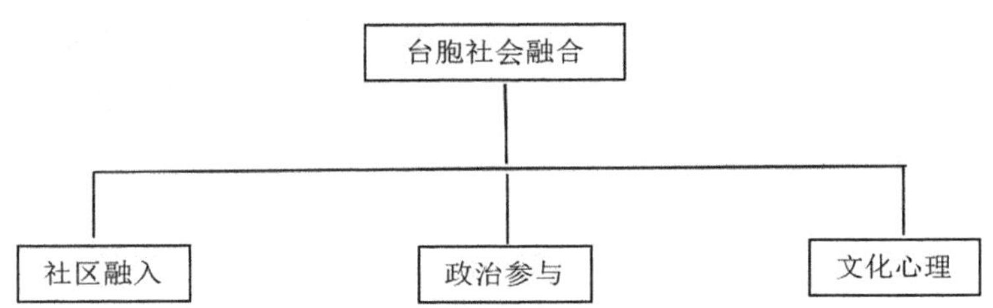

图2：台胞社会融合维度分析

3. 台胞公共服务供给机制与两岸社会融合的逻辑联系

社会融合的本质是保障外来人口不被排斥，同时享有正常的社会基本福利和人身保障，从而融入居住地社会。对公共服务与社会融合关系的研究，学术

① 蒋依娴、王秉安：《基于SEM的福建台胞社会融合影响因素与路径关系研究》，《台湾研究集刊》2018年第1期，第34—46页。

② 唐桦：《利益、制度与观念：十九大报告与两岸青年融合发展的理论建构》，《台湾研究集刊》2018年第5期，第1—7页。

③ 李海燕：《两岸融合发展的内涵与指标》，中评网，http://www.crntt.com/doc/1052/3/3/5/105233562_3.html?coluid=7&kindid=0&docid=105233562&mdate=1119001042，最后访问时间：2018年11月26日。

界侧重于从城市流动人口和新生代农民工的角度展开，如李晓霞以城市流动人口作为研究对象，认为基本公共服务均等化是增进社会融合的重要手段，对促进流动人口个人发展具有保障作用；① 李觅研究发现，推动基本公共服务均等化是促进流动人口文化融合的重要途径；② 刘学华通过统计分析得出增加在城市的公共产品支出水平同城市移民呈正相关关系，向新生代农民工提供更多的公共服务将提高人口的导入速度；③ 李梅香从政府公共服务供给角度，提出政府应加大基本公共服务的财政供给，逐步实现基本公共服务均等，最终促进新生代农民工的社会融合；④ 而王永乐、李梅香充分肯定了基本公共服务均等化对城市融合的特殊影响，认为公共服务均等化是新生代农民工城市融合的基础性制度条件，对新生代农民工在城市的生存和发展具有不可替代的作用。⑤

结合已有研究，本文认为大陆台胞作为特殊的城市流动人口和新移民，其公共服务供给机制与两岸社会融合的逻辑联系在于：学界普遍认为制度因素是影响新移民社会融合的主要因素，而在制度因素中，公共服务供给机制的完善是实现社会融合的基础性制度条件。通过公共服务供给机制的完善，可以为台胞提供包括政治、经济、社会、文化、教育、科技等公共领域的均等机会和公共资源，保障其具有相同的权利与义务并且能够在平等的基础上积极参与大陆社会各方面建设，从而提升台胞在大陆的经济竞争能力，文化与政治社会环境适应能力，提高其在大陆的实际归属感和情感归属感，为其全面融入大陆生活奠定公共制度基础。

4. 模型构建与假设

大陆台胞的公共服务供给机制包含参与机制、效率机制、决策机制、协同机制四个维度。参与机制以台胞对自身公共权益的关心和对社会公共利益、公共事务的自觉认同为前提和基础，是台胞积极参与公共领域活动和公共事务的

---

① 李晓霞:《融合与发展：流动人口基本公共服务均等化的思考》,《华东理工大学学报（社会科学版）》2014 年第 2 期，第 110—116 页。

② 陈觅:《公共服务视角下的流动人口文化融合——流动人口管理服务的宁波实践》,《领导科学》2014 年第 17 期，第 25—27 页。

③ 刘学华:《新生代农民工与新兴城市的和谐发展——来自长三角的一个调查》,《南方经济》2009 年第 2 期，第 50—61 页。

④ 李梅香:《基本公共服务均等化水平评估——基于新生代农民工城市融合的视角》,《财政研究》2011 年第 2 期，第 58—60 页。

⑤ 王永乐、李梅香:《公共服务均等化对新生代农民工城市融合的影响研究》,《统计与信息论坛》2014 年第 8 期，第 100—105 页。

过程和方式；效率机制是在给定公共服务投入等条件下、最有效地使用公共资源以满足台胞愿望和需要；决策机制中政府主要依据居民现实需求来制定公共服务供给政策，如出台鼓励同胞融合的制度和举措等，从而增强台胞的在地认同；协同机制主要解决的是公共服务整体系统的协调整合问题，具体包括政治与经济间的协同，不同利益阶层间的协同，地域协同等。综上所述，决策机制是对台胞公共服务需求的响应，效率机制、协同机制保证了公共服务的质量和成效，参与机制调动了台胞参与公共服务活动的积极性，以确保其公共需求能够得到及时满足。

社会融合包含三个维度：社区融入、政治参与和文化心理。社区融入是社会融合在基层社区的具体实现方式。社区是社会的细胞和缩影，台胞在社区工作生活过程中，以户籍身份的融合为切入点，随着与居住地社区居民的良性互动、社会保障制度的健全，构建当地社会网络关系，方能实现真正的社会融合。政治参与是台胞作为社会公民所拥有的选举权与被选举权以及参政议政、民主参与大陆政治生活等方面的政治权利。政治参与可促进社会融合的广度。文化心理包括文化适应和心理认同。文化适应主要指台胞对居住地风俗习惯和文化理念的适应情况，心理认同是台胞与生活居住地其他居民的相互接纳与认同、生活幸福感等。综上，社区融入是基础，政治参与是动力，文化心理是结果。

本文在验证台胞公共服务供给机制和社会融合各维度的基础上，构建了假设模型（图 3）。该假设模型中，自变量为台胞公共服务供给机制，因变量为社会融合。其中，公共服务供给机制的具体变量是参与机制、效率机制、决策机制和协同机制；社会融合的具体变量是社区融入、政治参与和文化心理。本文提出假设：台胞公共服务供给机制对其社会融合具有显著正向影响。

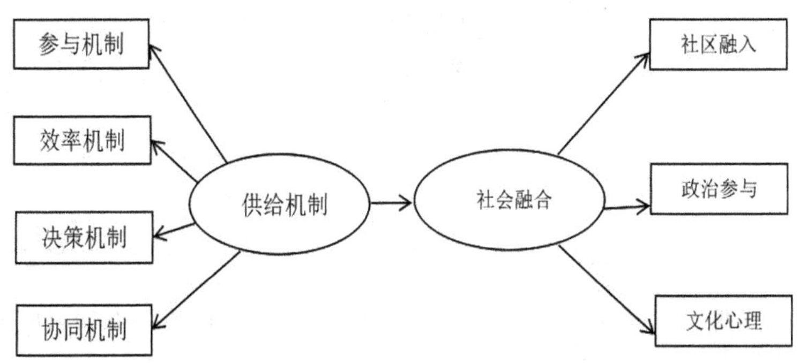

图 3：假设模型

（二）评价指标

上文设置的变量是潜在变量，不能直接观测，因此，本文结合于海燕、黄文义关于新居民公共服务供给机制观测指标的研究，[①] 同时通过界定“大陆台胞”这一称谓，最终构建潜在变量的观测指标。大陆台胞，指在大陆工作和生活的台湾同胞，概念不受在大陆居住时间的长短和居住地点的限制。同时，本概念不包括改革开放之前返回大陆定居的台湾同胞。[②] 本文大陆台胞的界定标准有三个特征：一是具有两岸流动生活的特征；二是具有密切联系两岸社会的特征；三是具有区域归属差异性的特征。界定了大陆台胞内涵之后，本文设置了大陆台胞公共服务供给机制的四个潜在变量，即参与机制、效率机制、决策机制、协同机制，并构建了潜变量的观测指标，如表 1 所示。

表 1：大陆台胞公共服务供给机制量表

一级指标	潜在变量（二级指标）	直接观测题项（三级指标）
大陆台胞公共服务供给机制	参与机制	对台胞公共服务参与渠道畅通性的评价
		对监督评价机制健全程度的评价
		对公共服务领域开放程度的评价
		对多元主体参与公共服务积极性的评价
大陆台胞公共服务供给机制	效率机制	对台胞公共服务供给市场化程度的评价
		对非政府组织等参与台胞公共服务程度的评价
		对公共服务供给信息化程度的评价
		对公共服务政策执行效率的评价
	决策机制	对政府公共服务制度完整性的评价
		对政府对台胞需求反应程度的评价
		对供给反馈渠道与方式健全程度的评价
		对目前已出台的台胞公共服务制度进行总体评价
	协同机制	对财政资源协同程度的评价
		对公共服务资源地区协同程度的评价
		对城乡协同程度的评价
		对各公共服务供给部门的综合协调情况的评价

① 于海燕、黄文义：《社会融合视域下新居民公共服务供给机制有效性研究》，《广东社会科学》2016 年第 6 期，第 196—205 页。

② 施玮、蒋依娴、王秉安：《移居大陆台胞社会融入研究现状述评》，《台湾研究集刊》2016 年第 1 期，第 31—37 页。

同时，大陆台胞的社会融合不仅是两岸同胞相互合作、相互适应的动态过程，也是交流、互动、接受和认同的结果。它不仅是集体层面的相互嵌入，而且是政策层面的包容和接受，是兼收并蓄，是基于相互影响基础上的新的命运共同体。①本文主要借鉴李海燕提出的“两岸社会融合发展的多元化指标体系”。②该系统参考了国际公认的欧盟分析框架和实际需求，结合了其他社会融合理论，具有较好的参考价值。在适当借鉴的基础上，结合本文设置的大陆台胞社会融合的三个潜在变量，即社区融入、政治参与和文化心理，构建潜变量的观测指标（见表 2）。

表 2：大陆台胞社会融合量表

一级指标	潜在变量（二级指标）	直接观测题项（三级指标）
大陆台胞社会融合	社区融入	台胞对自己在当地工作生活情况的满意程度
		对台胞户籍获得身份安全的满意程度
		对当地社会保障“同城待遇”的满意程度
	政治参与	对台胞在当地拥有选举权与被选举权的满意程度
		对台胞有组织地参政议政的满意程度
		对台胞为居住地社会发展建言献策的满意程度
	文化心理	大陆地区对台胞宗教信仰、生活习俗等的尊重程度
		对台胞与当地民众相互接纳和认同的满意程度
		台胞在当地生活的幸福感和满意度

三、数据收集与量表检验

（一）调查方式与样本确定

本文以问卷调查法为主，选择福建、浙江、江苏作为本次调查区域。之所以选择这三个省份，是因为它们是台胞主要聚居地区，与台湾地缘近、血缘亲、文缘深、交流交往频繁。综合考虑研究成本、问卷发放便利性和效率性等情况，

① 杨菊华:《论社会融合》,《江苏行政学院学报》2016 年第 6 期，第 68 页。

② 李海燕:《两岸融合发展的内涵与指标》，中评网，http://www.crntt.com/doc/1052/3/3/5/105233562_3.html?coluid=7&kindid=0&docid=105233562&mdate=1119001042，最后访问时间：2018 年 11 月 26 日。

福建省选取福州市、厦门市，浙江省选取杭州市，江苏省选取昆山市作为本次问卷调查区域。

（二）问卷发放与回收

本文在借鉴相关学者研究思路的基础上，设计出李克特 5 级量表开展问卷调查。问卷收集时间为 2018 年 11 月—2019 年 1 月，共发放问卷 600 份，在对原始问卷进行逻辑和幅度检查后，剔除不合格问卷 72 份，有效问卷数 528 份，问卷有效率 88.0%。根据 James Stevens① 所提出的经验法则——每个预测变量需使用 15 个样本，本文的结构方程预测变量为 25 个，因此问卷样本量应大于 375，显然本研究的样本量能够满足结构方程实证研究的需要。

（三）描述性统计

本文运用 SPSS22.0 和 AMOS20.0 软件对数据进行录入和分析。表 3 为参与调查台胞的基本信息。从表中数据看，受访者中男性多于女性；年龄以中青年为主，年龄分布较为合理；从学历来看，受访者具有较高学历水平；台胞月收入情况较全国平均收入水平高，其中高收入群体占 36.9%；职业分布上，受雇于台商企业者较多，与实际相符；来大陆时间多为 5 年以下，这与近几年大陆惠台政策有关，随着大陆对台政策的不断完善，大陆对台湾同胞特别是台湾青年的吸引力正不断增强。

表 3：受访者基本信息描述统计

信息	变量类别	比例	平均值	标准差
性别	男	0.67	1.33	0.47
	女	0.33		
年龄	小于 18 岁	0.01	2.89	0.77
	18—40 岁	0.32		
	41—55 岁	0.43		
	大于 55 岁	0.24		

① J. P. Stevens. *Applied Multivariate Statistics for the Social Sciences*, New York: Routledge, 2009.

续表

信息	变量类别	比例	平均值	标准差
学历	初中及以下	0.10	3.25	1.11
	高中（含职业学校）	0.16		
	大专	0.20		
	本科	0.48		
	研究生及以上	0.06		
月收入（人民币）	3000 元及以下	0.02	3.89	1.07
	3001—5000	0.09		
	5001—8000	0.24		
	8001—12000	0.28		
	12001 元以上	0.37		
职业	学生	0.03	3.10	0.89
	大陆企事业单位雇员	0.19		
	台企雇员	0.50		
	台企老板	0.21		
	自由职业者	0.07		
到大陆时间	一年以下	0.38	2.27	1.26
	1—2 年	0.22		
	3—5 年	0.18		
	6—9 年	0.17		
	10 年及以上	0.05		

（四）量表检验

1. 信度分析

信度 (Reliability) 是对量表测量结果一致性程度的检验。本文用 Cronbach's α 系数法对数据进行信度检验，该系数越大，表示量表内部一致性程度越高。本文使用 SPSS22.0 对数据进行运算分析，输出量表的 Cronbach's α 系数为 0.959，说明本研究量表具有极高的稳定性与一致性，总体信度很好。

2. 效度分析

效度 (Validity) 是对测量工具可以准确测量潜在特征程度的估计，由内容效度和结构效度组成。[①] 内容效度是指监测量表内容是否适当和具有代表性，由于本文的变量指标体系是在综合国内学者研究基础之上建构的，故具有较好的内容效度。而结构效度需采用定量分析方法对问卷数据的特质进行检验，检验方法一般为探索性因子分析（EFA）和验证性因子分析（CFA）。

首先，对大陆台胞公共服务供给机制问卷数据进行 KMO 和 Bartlett's 球型检验。一般认为，KMO 值越接近于 1, 意味着变量间的相关性越强。运行结果显示 KMO 值为 0.924，P 值为 0.000，问卷结构效度很好，可以进行因子分析。公共服务供给机制问卷数据共提取 4 个公因子，累积方差贡献率为 69.856%，表明这 4 个公因子代表了该部分问卷题项的大部分信息。进行因子旋转后，不同题项在其所属因子上都具有最大载荷值，与原设想一致。接着使用 AMOS20.0 对数据进行一阶验证性因子分析，台胞公共服务供给机制调查数据的验证性因子分析结果如表 4、表 5 所示。从表 4 可以看到，未经修正的初始指标值未符合拟合标准，因此根据 AMOS20.0 输出模型修正 Modification Indices 输出项 M.I. 值。修正后的 CFI 为 0.929，除 RFI 略低于拟合标准、RMSEA 略高于拟合标准外，其余各项指标值均达标，证明台胞公共服务供给机制划分为 4 个维度是合适的，每个维度包含的题项也适合。同时，根据修正后的模型对台胞公共服务供给机制模型的内部结构关系假设进行路径分析（如表 5），从各题对相应纬度回归系数的显著性可以看出，模型量表的效度较好，可以通过效度检验。

表 4：公共服务供给机制拟合指标值

拟合指标	χ^2/df	NFI	RFI	IFI	TLI	CFI	RMR	RMSEA
拟合标准	<5.0	>0.90	>0.90	>0.90	>0.90	>0.90	<0.05	<0.08
初始指标值	5.652	0.898	0.875	0.915	0.895	0.914	0.032	0.094
修正后指标值	4.999	0.913	0.890	0.929	0.910	0.929	0.030	0.087

① 徐金燕、蒋利平:《社区公共服务的多元合作供给 : 机制与绩效》,《学海》2013 年第 4 期，第 111 页。

表 5：公共服务供给机制验证性因子分析表（修正后）

			Estimate	Standardized Regression Weights	S.E.	C.R.	P
G1	<---	参与机制	1.000	0.869			
G2	<---	参与机制	1.023	0.842	0.041	24.679	***
G3	<---	参与机制	0.967	0.867	0.037	25.929	***
G4	<---	参与机制	0.444	0.356	0.054	8.155	***
G5	<---	效率机制	1.000	0.845			
G6	<---	效率机制	1.038	0.817	0.049	21.239	***
G7	<---	效率机制	1.072	0.887	0.052	20.669	***
G8	<---	效率机制	0.793	0.638	0.051	15.618	***
G9	<---	决策机制	1.000	0.712			
G10	<---	决策机制	0.699	0.449	0.071	9.805	***
G11	<---	决策机制	1.120	0.843	0.063	17.893	***
G12	<---	决策机制	1.123	0.864	0.067	16.780	***
G13	<---	协同机制	1.000	0.895			
G14	<---	协同机制	0.870	0.802	0.040	21.713	***
G15	<---	协同机制	0.941	0.823	0.046	20.371	***
G16	<---	协同机制	0.146	0.134	0.049	2.994	0.003

注：本表由 AMOS20.0 统计所得，*** 表示 $p<0.001$。

同样的，运用验证性因子分析检验大陆台胞社会融合部分的效度。KMO 和 Bartlett's 球型检验结果显示：KMO 值为 0.941，P 值为 0.000，调查数据效度很好，适合进行因子分析。因子分析后共提取 3 个公因子，累积方差贡献率为 81.998%，3 个公因子代表了社会融合问卷部分 9 个题目的绝大部分信息。进行因子旋转后，不同题项在其所属因子上都具有最大载荷值，与原设想一致。使用 AMOS20.0 对社会融合问卷数据进行一阶验证性因子分析，分析结果如表 6、表 7 所示。从表 6 中可以看到，除 χ^2/df 值和 RMSEA 值与拟合标准略有差距外，其余各项指标值均达标，因此可认为测量模型有效，不需要修正。接着，对台胞公共服务供给机制模型的内部结构关系假设进行路径分析（表 7），从各题对相应纬度回归系数的显著性可以看出，模型量表的效度好，可以通过效度检验。

表 6：台胞社会融合拟合指标值

拟合指标	χ^2/df	NFI	RFI	IFI	TLI	CFI	RMR	RMSEA
拟合标准	<5.0	>0.90	>0.90	>0.90	>0.90	>0.90	<0.05	<0.08
指标值	5.963	0.964	0.946	0.970	0.954	0.969	0.018	0.097

表 7：台胞社会融合验证性因子分析表

			Estimate	Standardized Regression Weights	S.E.	C.R.	P
S1	<---	社区融入	1.000	0.814			
S2	<---	社区融入	1.033	0.868	0.044	23.727	***
S3	<---	社区融入	1.062	0.857	0.046	23.277	***
S4	<---	政治参与	1.000	0.630			
S5	<---	政治参与	1.339	0.845	0.084	15.921	***
S6	<---	政治参与	1.308	0.883	0.080	16.403	***
S7	<---	文化心理	1.000	0.917			
S8	<---	文化心理	0.896	0.844	0.032	27.679	***
S9	<---	文化心理	0.909	0.821	0.035	26.128	***

注：本表由 AMOS20.0 统计所得。*** 表示 p<0.001。

四、模型分析

最后，对台胞公共服务供给机制与社会融合模型的内部结构关系假设，即本文总假设，进行二阶路径分析与实证检验。模型的配适度指标如表 8 所示，其中除 NFI、RFI 略低于拟合标准外，其他指标均符合标准，表明该研究测量模型有效，可以运用于假设检验。

表 8：模型分析拟合指标值

拟合指标	χ^2/df	NFI	RFI	IFI	TLI	CFI	RMR	RMSEA
拟合标准	<5.0	>0.90	>0.90	>0.90	>0.90	>0.90	<0.05	<0.08
指标值	3.974	0.898	0.885	0.922	0.912	0.921	0.028	0.075

图 4 为模型分析结果，图中所显示的路径系数是标准化路径系数。从图 4 可得到以下三点：首先，公共服务供给机制对台胞社会融合程度的路径系数为 0.92($P < 0.001$)，因此本文假设得到验证，即台胞公共服务供给机制对其社会融合具有显著的正向影响。第二，台胞公共服务四个影响因素在供给机制中起着不同作用，决策机制对供给绩效的影响程度最高，二者之间的路径系数为 0.95；其次为参与机制，二者之间的路径系数为 0.91；之后为协同机制，二者之间的路径系数为 0.89；最后是效率机制，路径系数是 0.86。第三，台胞社会融合的三个因素影响程度不同，政治参与对社会融合最为重要，二者之间的路径系数为 0.98；其次为社区融入，二者之间的路径系数为 0.96；最后是文化心理，路径系数为 0.95。

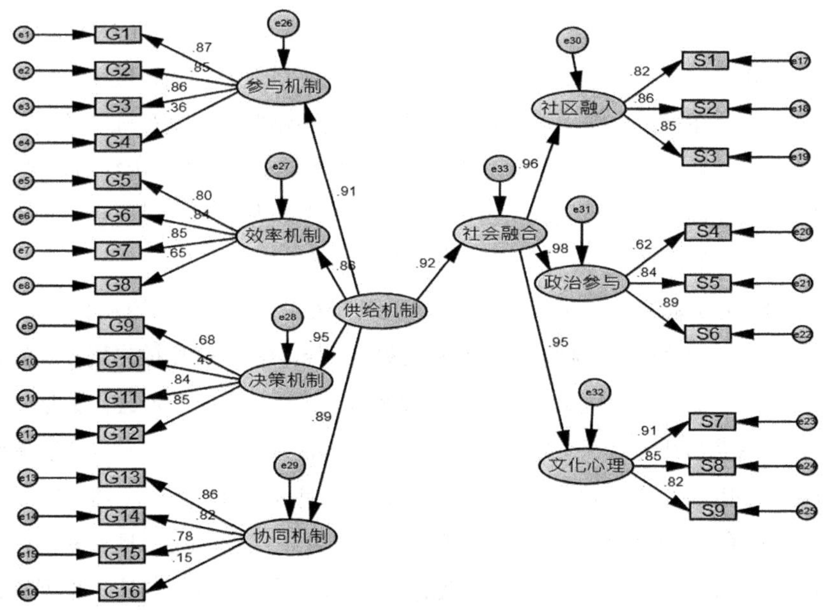

图 4：模型分析结果与标准化路径系数

五、结论与启示

（一）结论

本文构建了大陆台胞公共服务供给机制与社会融合模型，探索影响台胞公共服务供给机制与社会融合之间相互影响的路径关系，对所提出的假设通过结构方程模型（SEM）进行了实证验证。研究结论如下：

1. 台胞公共服务供给机制的完善能有效促进两岸社会融合

根据数据模型运行结果显示（如图 4），台胞公共服务供给机制对其社会融合具有显著正向影响，二者之间标准化路径系数达 0.92，表明台胞公共服务供给机制对促进两岸社会融合具有重要作用，是实现两岸社会融合的优选路径。

2. 台胞公共服务供给机制中各因素的影响程度不同，决策机制的重要程度最高

台胞公共服务供给机制的四个影响因素在供给机制中起着不同的作用。决策机制至关重要，其次是参与机制、协同机制和效率机制。这说明在台胞公共服务供给机制的运行中，政府公共服务政策措施及决策的有效性是最为重要的。公共服务供给是一条由决策到生产再到绩效的完整供应链，决策层负责回应台胞公共需求，生产层负责效率生产，绩效层负责控制监督。决策机制是供应链运转的前提，其通过规划和预算安排台胞公共服务供给的层次、内容和方式。[①]因此，政府应高度重视台胞公共服务政策措施的制定与执行，同时进一步完善公共服务供给的协调能力、效率生产、监督参与等内容和环节。

3. 台胞社会融合的三大构成要素对促进两岸社会融合发展具有积极作用

台胞社会融合的三个构成要素在社会融合中起着不同程度的作用。政治参与对社会融合的重要程度最高，其次为社区融入，最后是文化心理。数据分析表明，政治参与在台胞社会融合中起到了最关键最重要的作用，这与本次调研受访对象学历水平偏高（大专以上占 74.5%），年龄以中青年为主（18—55 岁占 75.1%）有关。中青年台胞受民主教育和多元文化主义的影响，且大多见证或参与了台湾政党轮换，故民主意识较强，参政议政的意愿较高。这与数据研究结论相符。在促进台胞社会融合中应充分重视台胞参与意愿强这一特质。当然，

① 于海燕、黄文义:《新居民公共服务的供给决策机制优化》,《甘肃社会科学》2016 年第 6 期，第 225 页

除政治参与外，社区融入和文化心理对于台胞真正融入在地社会，最终实现两岸“心灵契合的统一”也具有十分重要的作用，三者缺一不可。

（二）启示及建议

以上研究表明，大陆台胞公共服务供给机制具有重要作用，其有效性的提升能够促进两岸同胞的社会融合，因此，应以促进两岸社会融合为目标，高度重视公共服务供给机制的完善工作，以期在该领域取得突破性成果，为两岸融合发展探索新路。

1. 以决策机制为基础，科学构建台胞公共服务供给体系

台胞公共服务供给机制对其社会融合具有重要的积极影响，因此科学构建台胞公共服务供给体系将会有效促进大陆台胞与居住地的社会融合。构建台胞公共服务供给体系应以决策机制为基础。决策机制作为台胞公共服务供给机制中影响程度最高的因素，是公共服务供给体系构建的基础，也是提升公共服务供给有效性的关键所在。在促进两岸社会融合的目标下，应以决策机制的完善为基础，以协同机制为手段，以效率机制和参与机制为内容，从而实现公共服务供给体系“决策、生产、绩效、监督”各环节的良性运行。目前，从政策层面已有多项针对台胞的公共服务决策落地实施，并取得了很好的效果。下一步，应继续修订完善台胞公共服务政策制度，尽快推进政策“升级版”，让台胞有更多获得感。同时，政府应积极为台胞提供参与供给决策的渠道，搭建让台胞平等参与讨论协商的公共治理话语平台，完善台胞公共服务供给的个性化与社会治理的精细化程度，从而提高政府及时有效回应台胞公共服务新需求的能力，提升政府公共服务决策效能。

2. 以社会融合的构成要素为切入点，全面实现两岸融合发展目标

台胞与居住地的社会融合状况同时也是衡量两岸融合发展现状的重要标准。对台胞社会融合状况的考察可从其三个构成要素着手，通过提升台胞政治参与、社区融入和文化心理，将有利于加快台胞社会融合的步伐。

首先，在政治参与方面的力度可以再大一些，步伐可以迈得再快一些，如进一步明确和开放台湾民众参政议政的正规渠道，扩大台盟、台联的加入对象范围，陆续面向台胞开放招考部分行政机关公务员等；充分发挥台胞智慧和力量，为当地社会发展建言献策；尤其应重视台湾青年的参政热情，在参与活动中增进台湾青年对民族、对国家的认知和感情。其次，在社区融入方面，台胞聚集地社区可因地制宜，创造性地开展工作，如吸纳台胞直接参与社区治理，担任社区执行主任、社区主任助理，深化两岸社区治理模式探索，又如及时掌握台胞社区服务需求，为台胞开展个性化社区服务等；在社会保障方面，应保证台胞享受社会福利方面的“同城待遇”，如在医保社保、申请公租房、购买住房、子女教育等方面的同等保障。最后，在文化心理方面，两岸同根同源文化氛围的营造将增进台胞对大陆人文环境的亲近感与认同感，同时应充分尊重台胞在法律允许范围内开展宗教活动、保持原生地生活习俗的自由意愿。

3. 以区域先行为突破口，发挥台胞主要聚居地区公共服务供给实践创新的样板效应

当前，台海形势复杂严峻，在此背景下，促进两岸社会融合的有效途径之一就是充分发挥台胞主要聚居地区的实践创新样板作用，以区域先行为突破口，为大陆整体推进台胞公共服务供给的完善提供实践经验，从而促进两岸社会融合发展。如福建省作为“台胞台企登陆的第一家园”，有超过 15 万台胞，[①] 福建可充分发挥独特地域优势，探索创新、先行先试，在大陆台胞基本公共服务方面全面推进均等化、普惠化、便捷化，在文化教育、医疗卫生、社会保障和公共资源等公共服务领域出台惠台利民新举措。如允许已办理台湾居民居住证的台胞申请参加福建省城乡居民基本医疗保险等，让台胞感受到来福建生活的便利；如努力探索社会融合发展新路，从“你中有我，我中有你”到“共建共治共享”，构建两岸同胞共同生活、共同治理、共同发展的公共服务示范区，尤其积极推进金门、马祖设立“两制”方案试验区，把厦金、福马打造成台胞公共服务创新性举措先行先试的样板。

总之，应不断完善台胞公共服务供给机制，让两岸同胞共享国家改革发展和现代化建设的成果，共享祖国繁荣昌盛带来的民族尊严和自豪感，积极推进两岸社会融合发展，为两岸统一奠定坚实的民意基础。

① 唐登杰：《2018 年福建省人民政府工作报告》，福建省人民政府门户网站，http://www.fujian.gov.cn/szf/gzbg/szfgzbg/201802/t20180203_1138435.htm，最后访问时间：2019 年 3 月 11 日。

两岸同胞的社区融合

——以X社区两岸同胞融合为个案的研究*

肖日葵**

一、问题的提出与文献综述

自1987年台湾当局开放大陆探亲以来，两岸民间社会交流持续不断，随之带来制度、政策、组织、文化、生活方式、价值观等交流是两岸关系发展的重要特征。台胞群体是两岸人员交流的重要组成部分，从早期的探亲、民间宗教信仰交流到台商投资，再到旅游、求学、就业，创业等，越来越多的台胞到大陆发展。根据国家统计局2010年第六次全国人口普查的统计结果，长期居住在大陆并接受普查登记的台湾居民有170283人。① 随着两岸关系研究对微观面向的逐步重视，作为跨界流动的移民群体，台胞与大陆人民之间的互动、融合情况日益为学者所关注。尤其是探究台胞与大陆人民的互动、融合情况，接触后的态度变化，以及同胞融合对两岸关系发展影响等。

台商、台干作为往来两岸的台胞群体中数量最多的人群，是两岸人员交往中最重要的群体。台商群体是两岸经济交流合作的产物，从参与改革开放之初

* 本文发表于《台湾研究集刊》2017年第4期。基金项目：教育部人文社会科学重点研究基地重大项目“新形势下推进两岸民间交流与社会融合发展研究”（16JJDGAT001）。

** 作者简介：肖日葵，男，两岸关系和平发展协调创新中心成员，厦门大学台湾研究中心、台湾研究院助理教授。

① 这些台湾居民是在大陆居住三个月以上或能够确定居住三个月以上者。但很多台商两岸来回穿梭，每次居住时间未必超过三个月，加上许多出差、旅游等在大陆短期停留者，一般推估，在大陆台湾人有将近一两百万人。

算起，最早的台商群体穿梭两岸已达30多年，台商群体的社会融入也为研究者所重视。目前台胞群体研究主要集中在四方面：一是关注台商的社会经济和心理状况，如有研究指出不安全感、渐增的竞争压力，以及潜意识的优越感是大陆台商群体中存在的普遍心态。[①] 二是研究台商的大陆社会适应与社会融入现状，如有研究指出，包括台商在内的两岸族在大陆的生活适应以及社会融入等还处于比较浅的阶段，是一种“融而未入”的状况。[②] 还有学者指出台商和大陆员工存在一种社会性、文化性的陌生。这种陌生导致台商对大陆社会适应和融入的不易 。[③] 已有研究普遍认为台商作为一个经济资本雄厚的精英群体在大陆的社会适应和社会融入情况并不佳。有研究进一步分析了社会融入不佳的原因在于消费能力和生活方式等方面存在的阶层区隔，认为只有当大陆的经济发展和人民素质与台湾接近时，两岸同胞的接触才能有正向的结果。[④] 三是跨境经历对台生国族认同的影响。有学者指出不同类型的在陆台生，因其毕业后对是否留在大陆工作的动机差异，使得他们在融入大陆社会的策略和融入效果不同，对其国族认同也产生差异影响。[⑤] 四是探究台商群体在两岸关系中角色与功能，研究认为台商对两岸关系交流发展产生积极的作用。如有研究认为尽管主观上认知自身作为两岸沟通桥梁的功能的自觉意识尚处于发育当中，甚至有些意识还处于游移和碎片化的状态中，但这种沟通功能有助于两岸命运共同体的进程。[⑥] 进一步说，台商在两岸经济、社会与文化交流中扮演桥梁的连通作用，是两岸经济交流的主体，也是两岸社会、文化交流强有力的推动者，更是两岸政治交流的协调者。[⑦] 整体上，已有研究认为台胞群体早期是排斥和拒绝融入

---

① 严志兰：《大陆台商社会适应的共性与差异性——基于福建的田野调查》，《福州大学学报(哲学社会科学版)》2012年第3期。

② 王茹：《台湾“两岸族”的现状、心态与社会融入情况》，《台湾研究集刊》2007年第3期。

③ 邓建邦：《接近的距离：中国大陆台资厂的核心大陆员工与台商》，《台湾社会学》(台湾)2002年第3期，第211—251页。

④ 林瑞华：《阶级不同不相为谋：大陆台湾人社会融入状况之研究》，《东吴政治学报》(台湾)2012年第2期，第127—167页。

⑤ 蓝佩嘉、吴伊凡：《在“祖国”与“外国”之间：旅中台生的认同与画界》，《台湾社会学》(台湾)2011年第22期，第1—57页。

⑥ 王茹：《“两岸族”台胞的社会身份认同与两岸命运共同体——从社会认同理论的本土文化心理机制出发的阐释》，《台湾研究集刊》2010年第1期。

⑦ 严志兰：《大陆台商对于两岸民间交流的联结与助推》，《福建行政学院学报》2013年第3期。

的，后来的研究发现包括台商在内的台胞群体，随着登陆时间的延长，正积极主动融入大陆社会。因此，同胞融合是一个动态发展过程。同时，台胞群体内部具有多样性和内在异质性特征，因此除关注台商、台干等经济群体之外，研究者还关注了台生。大部分研究肯定台胞群体对两岸关系的正向作用。

已有研究对同胞融合具有重要的借鉴意义，但有以下几个方面值得进一步深化研究。一是已有研究主要研究对象为台商群体和台生，关注的是经济领域和教育领域。但融合的场域不同，或者说不同维度或面向的融合将形塑不同的融合方式和机制路径，进而使得融合效果也可能呈现出不同的图像。已有研究忽视了台胞群体在社会领域、社区场域中的社会融入。近年来，越来越多的台胞群体开始积极地介入在地社会生活，投入到当地的社会服务中，参与地方社区治理，甚至是积极参政议政，这表明台胞群体表现出较高的社会融入意愿和融入能力。台胞群体似乎不再是“融而不入”，而是展示融合发展的积极面向，这使得关注社会面向的台胞融入，分析台胞社会融入的程度、过程、机制路径等成为十分重要的议题。二是已有研究更多的是一种理论上的简要探讨，并且由于理论视角缺乏，对于台胞的融合过程，以及在此过程，台胞和大陆民众的融合发展是如何受到两岸政局、社会制度、政策等宏观层面影响，以及社区治理、台胞群体自身特质、资源等微观面向影响相结合的研究较少。三是已有研究是站在移民群体的视角去分析台商、台生的社会融入，突出台胞作为外来群体如何去适应大陆，缺少了从作为移入地的大陆视角，研究如何创造条件，主动吸纳台胞群体融入的面向。为此必须探讨移民政治等较为宏观、中观层面的议题，以避免单纯理论探讨或者微观层面实证研究的不足。因此，有必要将这两种视角做进一步的结合。

综上，笔者认为社区领域的同胞融合，不同于经济领域和学校教育场域的融合，是最为基础性的。结合着移民政治和移民社会融合的最新理论，突出同胞的社区融合，从过程视角来展示同胞融合的动态过程中，大陆居民和台胞这两个行动者是如何共同促进、互为提升，不断累积共同经验和价值认同，在融合中促进发展，在发展中实现更深的融合。

二、移民融合的理论

移民理论大体可以分为三大面向：一是解释移民现象为什么会发生；二是移民与移入地互动情况，以及移民的社会融合维度和内容；三是移民在迁出地和移入地的链接关系，及其对迁出地或者移入地经济社会等影响。作为跨境流动的台胞群体广义上也可被视为一种移民。

（一）移民政治：移民的宏观社会制度背景与政策

对于移民现象产生的原因或者动力机制的讨论，早期关注个体经济利益的理性计算，晚近则关注移民家庭或家族等集体单位的理性计算。例如台商早期赴大陆投资就是看中大陆相对低廉的劳动力成本和广阔的市场商机。随后的研究则从社会资本角度去分析社会关系对移民融入的作用，以及分析连锁移民现象等。但无论是经济资本还是社会资本讨论移民问题都只是移民发生的必要条件。①能否实现移民的充分条件还在于移民的政治层面，即一个国家和地区对待特定移民群体的政策态度，如果移民政策是保守的或者排斥性较强，则移民较难，且融入门槛和条件较高。移民政治主要关注的是移民的政治维度，探讨移民产生的宏观社会结构要素，关注移民政策、政治环境对于移民融合的影响，以及经由移民所带动的政治效应。移民政治关注的另一个主要维度是分析移入地区自身水平的提高、移民群体自身属性和移民融入的不同阶段对移民融合的影响。

两岸同胞融合不可避免地会受到两岸宏观结构和政策影响，尤其是两岸关系和平发展的红利背景、大陆社会建设水平提高、基层社区治理建设的蓬勃发展，以及两岸社区交流合作热络等友善移民政治氛围。与此同时，大陆大力推行服务台胞、积极吸纳台胞参与的包容性同胞融合政策。移民政治将为同胞的社区融合提供良好理论视角。

（二）移民融合：由单向转向双向，实现融合发展

当移民群体进入移入地之后，移民群体的融入过程和融合的内容，就成为研究的焦点。例如戈登对美国移民的研究，提出融合过程的七个重要维度，即

① 卢倩仪：《政治学与移民》，《台湾政治学刊》（台湾），2006 年第 2 期，第 209—261 页。

文化适应、结构性融合、婚姻融合、认同性融合、态度接受融合、行为接受融合和世俗生活融合，① 每个面向的融合代表不同的融合程度。早期的移民融合研究认为融合过程是一种同化过程，也就是群体界限消解的过程。这种移民融合理论强调移民的单向性，特别是弱势群体融入优势群体。新近的移民理论除了在移民融合向度表述上有差异之外，例如有强调经济融合、社会融合、文化融合、政治融合，突出移民融合过程中求同与存异之间的平衡，指出融合既是过程也是结果，是工具也是目的，且真正的融合应具有双向性和互为主体性特征。②

两岸同胞的融合并不是彻底消灭了彼此差异，而是对彼此差异的重新建构和再认知。因此，同胞融合是一个同胞互动、认同互构的过程。同胞社区融合是指两岸人民走出各自的社会生活体系，通过接触、互动、沟通，彼此合作、相互接纳，最终实现生活方式的融合、文化的适应、社会的融入及身份认同等目标的社会过程和结果。整体上，同胞融合是一个双向互动的过程，在融合过程中互为主体性，最终实现融合发展。

三、个案研究：X 社区两岸同胞融合过程及其分析

X 社区成立于 1998 年，20 世纪 90 年代初台商张先生在辖区开发大唐房地产，成为第一家进驻厦门开发房地产的台资企业。该楼盘吸引了大量台胞购买入住，同时也带动了台商办企业。X 社区现有台商台胞 521 人，逐渐成为台胞居住、创业的聚集地，也是台胞居住集中区的典型代表。

（一）X 社区推动同胞融合的起点：两岸社会发展的结构性差距

台胞“登陆”之初，也出现移民群体易发生的融入不佳状况。早期台胞基于经济理性来到大陆发展，看重的是大陆经济发展机遇。但整体上不愿意过度卷入当地社会，归属感普遍不强。归属感是对所属社区和社会心理和情感上的认同感，直接影响台胞的日常生活与行为方式，以及对大陆社会的包容程度。

① Gordon,Milton,M.,1964. *Assimilation in American life: The Role of Race, Religion, and National Origins*. Oxford and New York：Oxford University Press.

② 肖日葵：《两岸社会整合的理论意涵与两岸桥接平台的架构——兼论“闽台社会共同体”建设之可能》，《台湾研究集刊》2015 年第 6 期。

早期台胞大部分抱着蜻蜓点水、过客心态来到大陆，没有归属感。(zlh-sqgb-01)

当时觉得厦门只是一个谋生的地方，来厦门只是一个阶段性的工具，大陆还比较落后，台湾很好，终究还是要回台湾的。(zql-tb-01)

台胞的“融而不入”既与移民群体心理融入阶段性特征、封闭性社会关系网络等微观因素相关，还与特定的社会经济地位，两岸社会发展的不同阶段和差距，以及两岸生活方式差异等宏观环境相关。

首先，台胞社交圈相对较封闭，大多以台商、台属为主，日常互动以台胞之间的联谊为中心，具有很强的内聚性，并呈现一定程度的排外性。

他们都有自己的小圈子，尤其是太太们经常聚在一起，但很少和居民互动。另外，台胞勤劳打拼，忙于工作，流动性大，基本上不在社区，较难参与社区活动，这也加剧了台胞的过客心态。(cx-sqgb-02)

其次，由于两岸社会发展水平存在一定差距，台胞在地社会互动体验差。早期大多数台胞觉得大陆的交通、饮食和卫生习惯、人文环境、社会安全等方面与台湾存在一定的差距，需要花费较长时间适应这种生活落差。

小感冒都服用自己从台湾带过来的药品，看病也是尽可能去台湾人所开的医疗诊所就诊。(ll-tb-02)

“过客”的心态，负面的认知和体验，使得台胞不会主动去关心大陆，制约了台胞融入 X 社区。

再次，20 世纪 90 年代两岸关系发展不稳定，长期接受“反共”教育的台胞对大陆普遍存在负面的刻板印象。他们对大陆居民缺乏信任感，不愿意主动与大陆居民接触、交流。邻里之间互动较少，台胞的大门很少主动向大陆居民敞开。

我们以前上门拜访，他们会礼貌地开门 . 但只是开了门缝，从门缝里看我

们，不愿让我们进去，对我们也是敷衍了事。(zlh-sqgb-01)

居委会只会干行政工作，且这些行政工作大多只是管理台胞，监测我们。居委会只有管理，没有服务。（cx-tb-03）

最后，除了台胞认知偏差限制融入外，由于当时大陆社区建设还处于起步阶段，行政色彩较浓，沟通和服务居民的能力较弱，这也制约了台胞的社区融入。

我们社区以前较缺联络台胞的有效平台，社区居民彼此之间并无密切的联系，邻里关系普遍弱化，互动交流少。(zlh-sqgb-01)

当时社区发展较慢，缺乏经费和政策支持，社区公共基础设施、社区文化建设、社区公益等建设不完备。生态、环保、慈善、公益、邻里守望互助等理念弱。(cx-sqgb-02)

大陆的垃圾分类、绿化、文明养狗、衣物回收等工作与台湾社区存在较大落差。（pyy-tb-03）

整体上，移入时间较短、台胞自身的社会资本属性和特征，以及两岸长期对立扭曲了台胞对大陆人民的认知，大陆社区治理刚处于起步阶段等因素构成了台胞群体融入在地社区的主要障碍。

（二）X社区推进两岸同胞融合过程

如何破解台胞的“过客”心态，消除同胞之间的心理隔阂，提升社区治理和社区服务水平成为X社区推进两岸同胞融合亟待解决的问题。为此，X社区紧抓同胞融合主线，将关心台胞、服务台胞、凝聚台胞作为社区治理的重要内容，逐步实现了从服务台胞、凝聚台胞到台胞主动融入、参与社区治理、参加社区志愿服务的转变。

1. 以生活面向的融合为切入点

以世俗生活面向的融合为切入点，通过服务台胞，打破同胞之间的隔阂，促成行为接受融合。推进两岸同胞融合首要任务之一在于建设生活共同体。生活共同体的建立就是要消除影响两岸同胞生活在一起的各种制度、心理、生活方式等障碍。为此，X社区加大服务台胞力度，从台胞生活便利化入手，打造和谐的邻里网络，让两岸同胞自由方便，快乐地生活在一起。

一是组建涉台工作联络员队伍。深入台胞家庭，拜访并收集台胞学历、业余爱好、家庭状况等信息，建立档案，了解台胞实际需求，帮助台胞解决力所能及之事，形成良好的互动记忆，让台胞感受到社区对台胞的关爱和帮助。同时，主动、耐心邀约台胞参与社区各类活动，使台胞逐渐建立起对社区的信任感、认同感和亲切感。

通过联络员的积极宣传和真诚沟通，改变台胞对大陆社区的刻板印象，使得台胞慢慢认识到大陆社区与台湾地区的“里”“邻”一样，同样也是服务居民，台胞心中隔阂感逐步消解，开始主动参与社区的管理、服务、志愿工作。(zlh-sqgb-01)

二是，为方便台胞，解决台胞不熟悉大陆社会制度、政策、法规等问题，提升社区公共服务水平，帮助台胞适应大陆生活，X社区设立了专门的台胞服务窗口，为台胞开辟医保、办证、出行、子女就学、丧葬服务等绿色通道，并向台胞提供预约式服务。

通过台胞服务窗口，台胞可以直接、高效地了解和享受到大陆相关优惠政策，感受大陆方面的热情，有助于改变其对大陆和社区居委会的刻板印象。(zlh-sqgb-01)

三是台胞初来大陆，对大陆规章制度和政策法规不熟悉，在投资和居住方面容易遇到一些问题和不适，甚至产生冲突，所以成立调解工作室，帮台胞排忧解难，成为X社区工作的重要内容。

调解工作室初衷是为了帮助初来大陆的台胞适应大陆生活，帮助解决日常生活纠纷，让他们心安。(zlh-sqgb-01)

随着调节工作室工作的深入，发现台胞对大陆错误甚至负面的认知较多，是造成纠纷的重要原因之一。为此，调解工作室加强了宣传功能，帮助台胞改变观念，为避免不必要的矛盾与冲突奠定基础。(cx-sqgb-02)

四是，舒心的生活环境是培育居民社区归属感的起点。X社区从与台胞日常生活紧密相关的社区环境入手，通过美化社区环境，提升社区文化品味和文明素养，让台胞感受到大陆社区的发展与提升。

我们社区大力倡导“垃圾不落地”“文明养狗”，号召居民共同爱护社区家园。(cx-sqgb-02)

根据台胞建议，我们开展了守望巡逻活动，在各小区设立巡逻站点，进行分组巡逻；对小区的花草和卫生环境发动居民认捐认养……通过营造一个充满爱心、美丽、和谐的生活氛围，让台胞感到X社区和台湾社区一样，甚至比台湾社区更好。(lqs-sqgb-03)

五是丰富社区活动，促进同胞交流。丰富多彩的文化生活是拉近两岸同胞心灵距离最好的办法。每逢中秋、重阳等传统节日，社区就搭建文化舞台，提供场所，供社区居民展现自我，互动交流。

我们社区组建了由台胞、台属参加的合唱队、南音队等文体队伍，加强台胞与社区其他居民之间的互动交流，久而久之沉淀出共同的情感。(cx-sqgb-02)

2. 同胞融合由单向双向转变，促进融合发展

行为接受融合的表现之一就是台胞的积极参与。X社区通过一系列服务台胞的举措，台胞逐渐实现由被动参与到主动参与，从单向互动到双向合作的转变。

我为台胞，台胞为我。通过多次积极主动沟通联系台胞……实现了从服务台胞、凝聚台胞到台胞主动融入、参与社区治理、参加社区志愿服务的转变。(zlh-sqgb-01)

一是聘请台胞担任社区主任助理，尊重与发挥台胞的主体性作用。台胞熊先生是首位社区主任助理，积极为和谐社区建设出谋划策，把台湾社区营造方面的经验带到X社区，并积极联络辖区台胞，举办联谊会，分享经验，推动两岸同胞之间的交流互动。

台胞之间本来互动就比较多，找到台胞群体中的热心人、关键人，让台胞带动台胞参与社区是做同胞融合工作的捷径。当然这也要求我们平时要主动关心台胞，建立友情。（wyj-sqgb-04）

我和熊先生大家都是老朋友了，熊先生很热心，为社区发展和同胞融合提供了很多真知灼见。(zlh-sqgb-01)

最初对居委会不了解，认为居委会是找麻烦，参与社区活动都是以应付的心态参与……居委会的尊重感动了我，他们的实干和爱岗敬业让我十分感佩，他们的关爱让我倍感温暖，当张主任邀我当主任助理时，我欣然接受。(xl-tb-04)

二是，为了吸纳台胞的参与，调动台胞的积极性和资源，X社区搭建志愿者服务平台，积极发动台胞参与志愿服务，鼓励台胞将台湾地区优秀的志工经验和模式带入社区。目前X社区以台胞志愿者为主体的服务队越来越多，例如以台湾慈济志工为主题的“绿色环保”志愿服务小分队，以致力于建立两岸文化桥梁的“文化传播”志愿服务小分队等。依托台胞的志愿活动，将台湾志愿服务精神、文明理念与社区精神的宣传教育相结合，共同带动了两岸同胞一起参与志愿服务，形成互助友爱的良好氛围。

共同的志愿服务经验，两岸同胞感受到了“真”“善”“美”，形成了友谊，也沉淀出情感认同。（wyj-sqgb-04）

台胞参与社区志愿服务的过程中，回馈了社区，促成了志愿文化的落地生根，也提升其对X社区的文化、价值认同。(zlh-sqgb-01)

3. 促进两岸社区交流合作，实现结构性融合

两岸社区建设模式、水平、阶段等结构性因素限制了台胞的融入。近年来大陆社区建设迅猛发展，政府加大对基层社区各种政策和资金支持，去行政化成果显著，同时鼓励基层社区吸收和借鉴境内外先进社区的建设经验、模式，社区的软硬件水平都有了质的飞跃，这为缩短同胞融合的社会环境和社区建设体制结构性差距奠定基础。X社区通过大力借鉴台湾社区发展经验，促成同胞之间的结构性融合。

一是，X社区加强与台湾社区发展协会互动交流，系统借鉴台湾社区营造经验和模式。如X社区的吴女士和黄女士是厦门首批赴台驻点学习的社区工作

者，她们在台北市文山区忠顺里社区发展协会和台中市中达社区发展协会驻点学习，并将学习所得实践于X社区。

在台期间，通过互动学习，我们亲身领悟台湾社会工作者的工作内容，重点学习了社区营造、社会团体、志工服务、社会工作、社区养老以及慈善事业、环保观念，垃圾分类等内容，这对我们的业务开展具有启发作用。（wyj-sqgb-04）

让我很惊讶的是，原来大陆社区发展这么快，不仅硬体建设让人羡慕，软体建设也非常有特色，两岸的社区营造有很多是共同的。（lyc-twzj-01）

二是为了提升社区治理水平，X社区学习和借鉴台湾社区管理模式，于2014年10月31日，率先在厦门成立了以非营利为目的的社区发展理事会。通过社区发展理事会，汇聚辖区各种资源，也成为台胞服务社区、回馈社区的重要载体，通过协会，台胞的主体性作用得到了充分发挥。

协会最大限度地吸纳了台胞参与，为台胞服务社区提供了广阔的平台。（wyj-sqgb-04）

社区理事会就是借鉴台湾的社区发展协会，实质就是整合企事业单位、社会团体及台胞、侨胞等资源，同时实现自主的管理运作。(zlh-sqgb-01)

协会成立得到了上级部门和台胞的大力支持……目前23名常务理事以及3名监事中，台胞就占了10名。他们在协会下辖的爱心妈妈手工作坊、关爱互助队等发挥主导作用。(cx-sqgb-02)

三是，X社区与台中市同名社区签订了共建协议，共同确定了在社区营造和治理等方面的交流合作内容，并且合作朝机制化、常态化与社会化方向发展，两个社区合作的广度和深度得到进一步扩展，这为同胞结构性融合奠定坚实的基础。

通过开展X一家人为主题的常态交流活动，我们探索双方互派人员挂职培训、交流学习的合作模式。(cx-sqgb-02)

每年的海峡论坛，我们都会见面交流。只要大环境不变，基本上每年都会人员和项目交流。(zlj-sqgb-01)

4. 以文化融合深化认同融合

文化与认同融合是移民融合的较高阶段。社区本质是社区认同和归属感，文化是社区建设的关键要素。X社区通过挖掘社区内外资源，开展丰富多彩的文化活动，大力推进社区文化建设，不仅满足了社区居民的基本文化需求，还促进两岸同胞的文化交流，以及认同融合。

一是搭建“X之家”作为两岸同胞交流和情感培养的重要平台。依托“X之家”，定期举办两岸文化沙龙、爱心妈妈手工作坊、寻根茶话会等主题活动，加强两岸同胞的交流，增进同胞感情，凝聚了同胞认同，培育了共同的家园感。

在上级部门支持下，我们改造了原来一楼的办公空间，建成X之家，很多台胞和大陆居民都参与到空间的布置和设计，它现在是我们共同的精神家园。(zlh-sqgb-01)

楼道两边，都挂上了以同胞融合为主题的图画，让台胞感受到家的感觉。（wyj-sqgb-04）

二是，闽台文化同根同源，文化认同是拉近两岸同胞心灵的最佳方式。为让台胞感受到文化的亲近感，X社区以“鹭台缘”和“两岸一家亲、同胞融合情”为主题，打造了一条具有闽台民俗特色的闽南文化长廊。该长廊为两岸文化搭建交流的舞台，维系着两岸同胞的血脉和亲情。

文化长廊总共投入40多万元，从“地缘、血缘、商缘、法缘、书画缘”等五个方面，集中展示了两岸同胞一起工作、学习、生活的温馨画面。（zlq-sqgb-05）

文化长廊让我找到了根，每次来长廊，让我更深刻地感受到两岸本来就是一家。（lky-tb-05）

三是，X社区以春节、端午节、中秋节等中华传统佳节为契机，开展内容丰富、形式多样的文化活动，组织台胞与居民积极参与具有闽南文化特色的活动，让台胞畅叙乡情、共庆佳节。通过传统文化建设，增进同胞情感交流。

节庆是增加文化认同的重要时间点，我们经常以节庆时间来开展活动，效果都很不错。（wyj-sqgb-04）

目前我们文化活动主题很多，如迎中秋、思故乡、连接两岸情、共享新春意等，通过这些文化活动，组织台胞畅叙乡情，增强传统文化认同。（zlq-sqgb-05）

综上，X社区从生活面向的融合入手，促成行为接受融合，调动了台胞的参与积极性。通过社区发展理事会、台胞主任助理等同胞融合平台和机制，充分发挥台胞主体性作用，借由两岸社区交流合作，实现结构性融合和融合发展，同时通过文化建设来实现认同融合。整体上，同胞融合工作取得了显著成效，同胞融合实现了从单向到双向，由局部到整体，由单一向多样的跃升。通过生活融合、行为接受融合、结构融合、文化融合等，促进同胞情感融洽与相互认同。

四、结论与政策建议

两岸社会融合的关键在于同胞的融合，社区融合是同胞融合的重要场域。促进两岸同胞的社区融合是贯彻习总书记“两岸一家亲，共圆中国梦”理念的实际行动，也是夯实两岸关系和平发展社会基础的核心要求。深化两岸社区交流合作，推进同胞融合，有利于化解社区层面差异、缩短差距，为两岸同胞了解对岸民众的社区生活现状，认同彼此之间的社区生活方式，打造属于两岸人民的共同体奠定基础。因此，将两岸同胞社区融合作为推进两岸关系和平发展的重要着力点，将其与产业融合、就业与创业融合、文化融合、人才交流融合等有机联系一起来，使之成为完整的两岸同胞融合体系。

（一）移民政治视野下的同胞融合：友善的移民氛围和包容性融合政策

一般认为，宏观排斥性结构增强，必然带来微观排斥性的互动。反之，良好社会氛围和政策制度环境会促进微观层面的互动和融合。两岸关系紧张、对立时期，台胞的负面认知影响其融入。随着两岸人员交流不断扩大和深入，大陆经济社会发展水平的逐步提升，社区建设和治理能力的显著提高，大陆已经展现出相当的吸引力，台胞对大陆的认可度不断提高，这为同胞融合奠定了良好的结构性条件。

与此同时，大陆自上而下都在营造服务台胞的良好氛围，推行一系列包容性的社会融合政策，如《关于深化两岸社区交流合作，打造两岸同胞温馨家园的实施意见》等，出台了鼓励同胞融合的多项制度和举措，为同胞融合提供大量的制度、经费、组织等方面的支持。基层社区更将同胞融合作为社区工作的重要内容，积极服务台胞，吸纳台胞参与，激活台胞的主体性，发挥台胞在移出地和移入地之间的联接作用，开展两岸社区交流合作，相互借鉴社区建设经验，为两岸同胞融合创造良好的政治条件，大大降低台胞在地融入的制度成本，增强台胞的在地认同。

（二）融合发展：台胞融合和社区治理创新相得益彰

同胞融合需要同胞间利益交融、心灵契合和价值认同。为此，同胞融合要以生活面向的融合为切入点，既要做好诸如教育、医疗、求学、政策落实等基础公共服务保障，也要做好生活方面的小服务。同时，要深化行为接受融合，推行参与式服务，要善于发掘和利用台胞人才和社区精英，从台胞需求出发，以社区组织建设为着力点，借鉴台湾社区营造元素，积极支持成立社区发展理事会，将吸纳台胞社区参与作为提升社区治理水平的契机。同时，平台是将台胞与社区事务紧密联系起来的纽带，要建立多样化的融合平台，通过平台和机制引导台胞服务社区，在参与和互为服务主体中实现融合。

两岸同胞融合离不开两岸社区建设经验的优势互补，交流合作才能实现结构性融合。台湾社区营造起步较早，在动员居民参与方面积累了丰富的经验，十分重视对“人”的营造，居民具有浓厚的社区公共精神。一方面，要积极主动接触与热情服务台胞，充分发挥他们的智慧和资源，以及在两岸社区合作交流互动中的联结作用；另一方面，大力推进两岸社区的交流互动，依托项目合作、驻点交流等形式，建立机制化的合作关系，在融合中促进发展，在发展中促成更深融合。

（三）推进两岸文化融合工程，促进同胞认同融合

两岸同胞融合不仅要建设两岸生活共同体，更要建设两岸人民精神共同体。两岸文化同根同源，中华优秀传统文化是两岸人民的精神纽带，也是两岸社会交流的最大公约数，这种正向文化资本是同胞融合的重要纽带和切入点。开展

丰富多彩的文化活动，既满足了台胞和大陆居民的精神文化需求，又拉近了台胞与大陆居民之间的心灵距离，为两岸同胞融合奠定了文化与认同基础。

需要指出的是，同质移民、同文同种对于移民融合具有积极作用，但结构性的优势并不必然带来实际优势，需要发挥主观能动性，大力展示两岸同根同源历史文化。因此，必须深化两岸文化融合发展工程，促进文化交流，发挥文化在维系情感，以及再造两岸人民集体记忆方面的作用，尤其是文化交流和合作要以深化家园意识为重点，发挥台胞在共同精神家园建设中的主动性和创造，以达到认同大陆，实现认同融合的目标。

交流何以促进认同？台湾民众“登陆”的身份认同效应及机制检验[*]

霍伟东　陆嘉健　傅承哲[**]

一、研究背景

2019年1月2日，习近平主席出席《告台湾同胞书》发表40周年纪念会并发表重要讲话，就推动两岸关系和平发展、实现祖国统一提出五点主张，其中提到“实现同胞心灵契合，增进和平统一认同……不管遭遇多少干扰阻碍，两岸同胞交流合作不能停、不能断、不能少”。① 从两岸开放探亲到2008年实现“三通”，两岸交流不断深化，2018年国务院推出“大陆惠台31条”，② 两岸同胞在经济文化等各方面的交流更加便利。在这些政策推动下，越来越多台湾民众到大陆旅游、学习、生活和工作，鼓励台湾同胞“登陆”成为构建台湾民众“中国人”身份认同的重要模式。

根据国台办的两岸人员往来统计数据，1992年以来台湾同胞来大陆人次一

---

* 本文发表于《台湾研究集刊》2019年第6期。基金项目：2017年度国家社会科学基金重点项目“人大代表选举制度改革的实证研究与理论解释”（17AZZ005）。

** 作者简介：霍伟东，男，中山大学粤港澳发展研究院、中山大学港澳珠江三角洲研究中心博士研究生；陆嘉健，男，中山大学政治与公共事务管理学院硕士研究生；傅承哲，男，本文通讯作者，华南师范大学公共管理学院讲师。

① 《习近平：探索“两制”台湾方案》，《人民日报·海外版》，2019年1月3日，第1版，http://paper.people.com.cn/rmrbhwb/html/2019-01/03/content_1902070.htm，最后查询时间：2019年3月30日。

② “大陆惠台31条”，全称《关于促进两岸经济文化交流合作的若干措施》，2018年2月28日由国务院台湾办公室、发改委等29个部门联合发布。

直呈现上升趋势（如图 1），2015 年突破 500 万人次。台湾同胞日益频繁往返海峡两岸，对大陆日趋了解，其“中国人”的身份认同本应逐渐增强。但是“太阳花运动”的发生和民进党再度执政，身份认同议题愈益复杂。台湾政治大学选举研究中心“台湾民众台湾人 / 中国人认同趋势”民意调查显示（如图 2），认同自己是“广义中国人”和只认同“台湾人”身份的台湾民众在 2009 年出现“黄金交叉”，其剪刀差随后逐渐扩大，直到 2015 年才有所收窄。那么，台湾民众“登陆”效用如何？哪些因素干扰了“登陆”作用，影响了台湾民众的“登陆”意愿？上述问题的探讨，对于揭示两岸交流对台湾民众身份认同建构的效应及机制，对相关政策的制定，都具有重要意义。

身份认同（identity）是一个复杂的、流动的社会学和心理学范畴。伯格认为，身份认同是社会授予、社会维持和社会转化的社会心理。① 身份认同既代表了整体社会的价值和生活模式，是社会化的产物，又会因应社会变迁而改变。② 学术界在研究台湾民众的认同问题时，经常使用“国家认同”“民族认同”等概念，但在不同概念的内涵上没有统一的认识。对于认同问题的测量一般使用“台湾人 / 中国人 / 两者都是”以及“统独立场六分项”的问题设置，即使也有批评，但是已经被广泛使用。本文无意探讨概念差异，因此本文采用伯格对“身份认同”概念的定义。

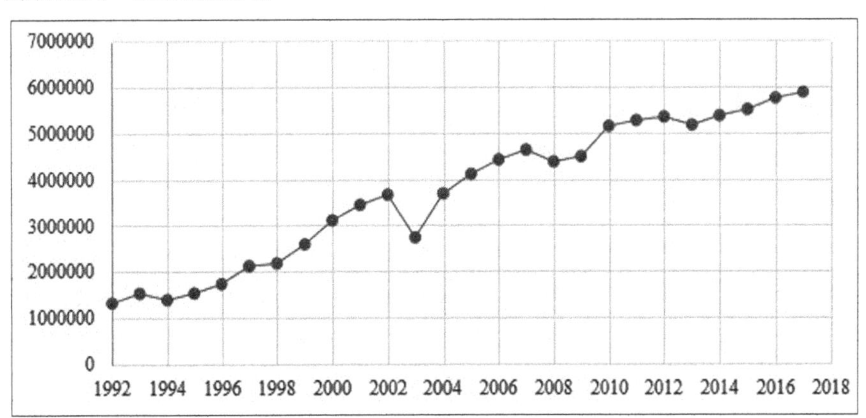

图 1：台湾同胞来大陆人次统计图（1992—2017）

资料来源：中共中央台湾工作办公室、国务院台湾办公室网站：《两岸人员往来统计表》，http://www.gwytb.gov.cn/lajlwl/rywltj/201805/t20180524_11958157.htm，查询时间：2019 年 3 月 30 日。

① P. Berger. *Invitation to Sociology*, Penguin Books, 1966, p.92-120.

② 郑宏泰、黄绍伦：《身份认同：台，港，澳的比较》，《当代中国研究》2008 年第 2 期。

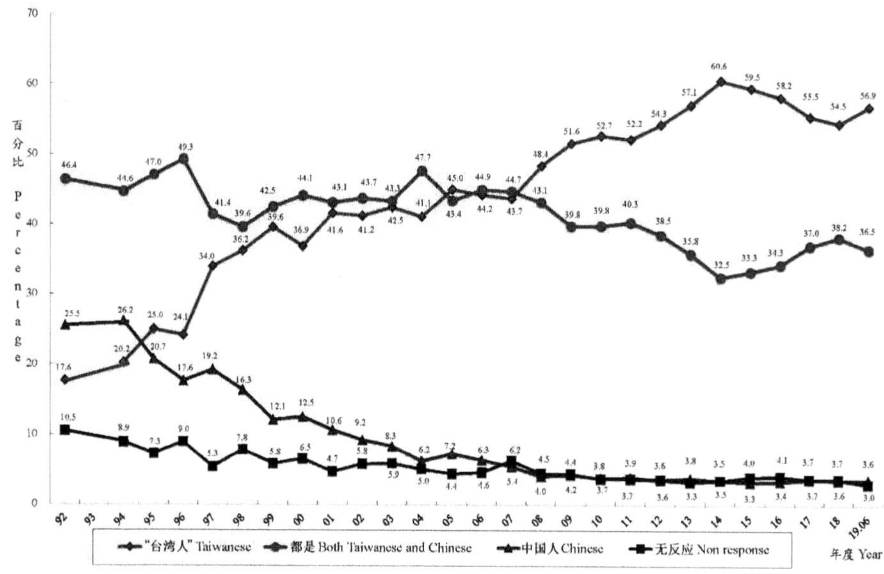

图 2：台湾民众“台湾人”/ 中国人认同趋势分布（1992.6—2019.6）

资料来源：台湾政治大学选举研究中心网站：台湾民众“台湾人”/ 中国人认同趋势分布 (1992 年 6 月 -2019 年 6 月)，https://esc.nccu.edu.tw/course/news.php?Sn=166，查询时间：2019 年 8 月 1 日。

二、理论基础与文献综述

群际接触理论（Intergroup Contact Theory）认为，个体与外群体成员的社会交往能有效减少群体间的偏见和冲突，增进对外群体的认同，使个体通过扩张自我意识去接纳外群体。① 两岸大多数学者都在此理论的依据下展开对于台湾民众“登陆”效应的研究，主要有积极效应和消极效应两种观点，并且聚焦在台湾青年和台商两大主体身上。本章节结合西方群际接触理论的发展，重点回顾国内文献的研究成果，指出当前研究存在的问题，提出针对性的改进方向。

（一）文献回顾

1. 积极效应说

群际接触经典研究的基本观点认为，满足一定条件时，接触与交流有助于

① G. W. Allport, K. Clark, T. Pettigrew. *The Nature of Prejudice,* Boston: Addison-Wesley, 1954, pp.29-46.

减少偏见。之后的研究结论有所修正，即使条件未能完全满足，群际关系也会因此受到正面影响。[①] 对于接触的定义也有拓展，如族际间的亲密友谊可以代替最佳接触条件，[②] 次级传递、想象中的接触、社交媒体与网络的虚拟接触也被认为可以推进群际关系改善。[③]

国内学者主要接受此经典模式，认为深化两岸交流能够强化台湾民众的中国人身份认同和国家认同。陈孔立认为，通过加强民间交往来建构新的历史和集体记忆，能够突破台湾社会“双重认同”的状况。[④] 两岸交流的经济互动会产生“溢出效应”，[⑤] 促使到大陆的台湾人在文化甚至政治上亲近大陆，提升对大陆的认同。[⑥] 这种积极效果还得益于政策配合，通过加强两岸社区建设管理方面的交流沟通，促进基层合作，能够通过参与者的共同磨合形成相互认同的价值观念。[⑦] 建省基层工作者对台胞较多的社区推行的“台味”社区服务创新工作，有利于提升他们与大陆民众的情感融合。[⑧] 大陆当前的对台青年政策的发展与完善，交流人数增加和方式多元化，增强了在大陆台湾青年整体适应性和满意度。[⑨]

---

① Thomas F. Pettigrew and Linda R. Tropp. “A Meta - analytic Test of Intergroup Contact Theory”,*Journal of Personality and Social Psychology*, 2006,90(5) : 751-783.

② R. N. Turner, M. Hewstone, A. Voci, S. Paolini & O. Christ. “Reducing Prejudice Via Direct and Extended Cross-group Friendship”, *European Review of Social Psychology,* U.K.: Psychology Press, 2007, pp.212–255.

③ Thomas F. Pettigrew. “Secondary Transfer Effect of Contact: Do Intergroup Contact Effects Spread to Noncontacted Outgroups?”, *Social Psychology,* 2009, 40:55–65；R. N. Turner, R.J. Crisp and E. Lambert. “Imagining Intergroup Contact Can Improve Intergroup Attitudes”, *Group Processes & Intergroup Relations,* 2007,10(4): 427-441; Y. Amichai-Hamburger, K. Y. A. McKenna. “The Contact Hypothesis Reconsidered: Interacting via the Internet”, *Journal of Computer-Mediated Communication,* 2006, 11(3): 825-843.

④ 陈孔立:《从“台湾人认同”到双重认同》,《台湾研究集刊》2012 年第 4 期，第 1—7 页。

⑤ Shiau-Chi Shen, *Democracy and Nation Formation: National Identity Change and Dual Identity in Taiwan, 1991-2011*, COLUMBIA UNIVERSITY, 2013, pp.137-138.

⑥ 张蕾:《台湾青年“国家认同”研究——以“首投族”为例》,《台湾研究》2018 年第 4 期，第 44—52 页；郭艳:《台湾“年轻世代”国家认同的现状及成因分析》,《台湾研究》2011 年第 3 期，第 29—33 页。

⑦ 叶世明:《两岸文化交流合作的新视角 : 文化社区的理念与实务》,《台湾研究》2010 年第 6 期，第 6—11 页。

⑧ 严志兰:《两岸经济社会融合视角下的两岸社区交流合作研究》,《台湾研究》2017 年第 6 期，第 43—52 页。

⑨ 张宝蓉:《从大陆对台青年政策看两岸青年交流发展——基于公共政策分析的视角》,《台湾研究》2017 年第 6 期，第 25—35 页。

在大陆工作的台湾人因为生涯规划，会积极扩展当地社会关系，对当地的认同逐渐增强。[①]台商通过投资与经商经历，与大陆社群有广泛接触，导致跨越体系界线与大陆人民及社会发展出相当深入的了解与感情。[②]次级传递的效应也纳入学者视野，例如耿曙等认为，台商会随着时间变化逐渐淡化对台湾的认同，转而认同大陆，这甚至会影响台湾的政治发展。[③]刘国深以批判性眼光看待两岸交流，认为虽然两岸学生赴对岸交流的增加并没有改变各自思考的出发点与立场，但促进了双方相互理解与包容。[④]

2. 消极与无效说

并非所有群体间的接触都能减少偏见，消极接触效应是对“群际接触理论”的挑战和补充。Amir 很早就指出在不利条件下的接触可能增加偏见和群体的紧张。[⑤]Paolini 等的研究也承认，如果族群间的交往存在冲突和消极情感，接触更容易把冲突对象的族别特征显著化，进而更容易将不良的接触体验扩散到自己的群体中，[⑥]甚至比积极接触产生更大的影响和破坏力。[⑦]部分大陆学者持谨慎悲观的态度，主要认为当前两岸的制度环境、经济关系、文化教育等存在明显差距，原本的认同差距和分歧难以通过交流在短期得到弥合。

2008 年以来，两岸交流与合作的深度与广度空前提升，但是两岸民意仍有巨大落差，认同折裂的情况仍较为严重。[⑧]两岸关系的不断深化导致制度、文化等固有的深层次矛盾逐渐凸显，同时也面临交往理性不足、“协商民主”乏力

---

① 方孝谦:《关系，制度与中国政企研究》,《中国大陆研究》(台北) 2003 年 46 卷第 4 期，第 1—24 页。

② 魏镛:《迈向民族内共同体台海两岸互动模式之建构；发展与检验》,《中国大陆研究》(台北) 2002 年第 45 卷第 5 期，第 1—55 页。

③ 耿曙、林琮盛:《全球化背景下的两岸关系与台商角色》,《中国大陆研究》(台北) 2005 年第 48 卷第 1 期，第 1—27 页。

④ 刘国深:《两岸交流交往 30 年之成效分析》,《台湾研究》2018 年第 1 期，第 13—19 页。

⑤ Yehuda Amir. "The Role of Intergroup Contact in Change of Prejudice and Ethnic Relations", *Towards the Elimination of Racism,. Pergamon*, 1976, pp.245-308.

⑥ S. Paolini, J. Harwood & M. Rubin. “Negative Intergroup Contact Makes Group Memberships Salient: Explaining Why Intergroup Conflict Endures” . *Personality and Social Psychology Bulletin*, 2010,36(12): 1723–1738.

⑦ S. Graf, A. S. Paolini & M. Rubin. “Negative Intergroup Contact is more Influential, but Positive Intergroup Contact is more Common: Assessing Contact Prominence and Contact Prevalence in Five Central European countries” , *European Journal of Social Psychology*, 2014, 44(6)：536–547.

⑧ 孙云:《从“我群”到“他者”：20 世纪 90 年代以来台湾民众认同转变的成因分析》,《台湾研究集刊》2013 年第 3 期，第 29—33 页。

等问题，单靠经济利益和文化交流不足以化解台湾民众的认同危机。[①]台生与大陆的交流互动尚无法改变他们的身份认同及“统独”立场，交流过程中两岸根深蒂固的差异暴露无遗，反而强化了双方认同的距离感。[②]

由此引申出在大陆台湾人的社会疏离感问题，某些公共政策对他们的生活与情感关注仍然不够。胡苏云观察到，在上海的台湾人对经济地位和生活条件较满意，但对政府公共服务管理以及个人权益保障方面还有不满意的地方，同时上海本地人把“台湾人”当“外地人”。[③]大部分台商还是生活在“台湾人社群”的圈子里，在大陆居住的台商对台湾人的信任普遍高于对大陆人的信任，并未否认对台湾认同，没有真正融入大陆社会。[④]台生也有类似问题，他们处于复杂的两岸关系之中，在大陆的工作机会多局限于台商企业，最后台生的跨界流动造成主体认同的重构或族群边界的强化。[⑤]

台湾民众在两岸交流中实际得益的影响也是学者关注的重点。陈陆辉等人指出，许多民众并没正面肯定台湾地区及个人会在两岸经贸交流中获利，最终认为“感性认同”才是影响台湾民众认同的关键。[⑥]有学者直接指出，ECFA 的深化和全面执行会加剧部分台湾社会经济带的消极效应。[⑦]排除前往大陆投资的经济性因素，台商的国家认同意识应该与台湾岛内民众的认同内容相似，台商的国家认同可能还是以自我利益与行事便利的考量为主。[⑧]

① 潘雨、李涛：《后 ECFA 时期台湾民众认同危机及解决路径问题研究——基于“和合主义”理论范式的思考》，《台湾研究》2013 年第 2 期，第 28—32 页；王鹤亭：《两岸民间网络政治交流的内在机制与困境治理》，《台湾研究》2016 年第 3 期，第 21—28 页。

② 耿曙、曾于蓁：《中共邀访台湾青年政策的政治影响》，《问题与研究》（台北）第 49 卷第 3 期，2010 年 9 月。

③ 胡苏云：《上海台湾人的社会融入分析》，《社会科学》2006 年第 8 期，第 125—135 页。

④ 谢华平：《关注来沪台湾白领群体的状况》，《工会理论研究（上海工会管理干部学院学报）》2005 年第 3 期，第 11 页；林瑞华、耿曙：《经济利益与认同转变：台商与韩商个案》，《东亚研究》（台北）2008 年第 39 卷第 1 期，第 165—192 页。

⑤ 吴伊凡、蓝佩嘉：《去中国留学：旅中台生的制度框架与迁移轨迹》，《台湾社会学刊》（台北）2012 年第 50 期，第 1—56 页。

⑥ 陈陆辉、陈映男、王信贤：《经济利益与符号态度：解析台湾认同的动力》，《东吴政治学报》（台北）2012 年第 30 卷第 3 期，第 1—51 页。

⑦ F. Muyard. “The Formation of Taiwan’s New National Identity since the End of the 1980s”, *Taiwan since Martial Law: Society, Culture, Politics, Economy*, 2012, p.297-366.

⑧ 卫民：《台商与台商政策：打造两岸关系的锁钥》，《东亚论坛》2008 年总第 460 期，第 37—48 页。

（二）文献评述与研究假设

已有研究主要从两岸交流政策、特定群体访谈和调查数据的分析展开，研究交流对于台湾民众身份认同的影响，不少研究有丰富扎实的实地调研材料，部分研究也采用多种研究方法，对学术界认识台湾民众的认同变迁有重要贡献。然而，当前就存在两种截然相反的理论和实证观点，台湾民众“登陆”是否以及带来怎样的身份认同变化，仍然没有一个稳健的答案。前述研究存在以下三个问题：

1. 交流深度区分问题

已有部分研究注意到，仅仅关注普通的交流不能完整反映交流后的认同变化，还需要结合交流的深度和强度进行区分考虑。赵永佳等研究香港青年的内地经验时发现，拥有长期内地经验的香港青年，比只有短期和没有经验的有显著较正面的中国观感，而且只具短期经验的受访者的接触一般较为肤浅，某些安排或经历甚至造成反效果。[①]有研究指出，许多目标群体的接触仅仅具有暴露效应，[②]有实验表明，更多接触目标本身才能显著提高对这些目标的喜爱程度。[③]前述研究虽然有关注不同阶段的“登陆”群体的认同变化，但是较少区分交流深浅造成的认同差异。因此，本文提出两个研究假设：

H_1：相对于没有“登陆”的台湾民众，曾经“登陆”的台湾民众的中国人认同感有显著差异；

H_2：相对于没有和“浅度登陆”的台湾民众，“深度登陆”的台湾民众的中国人认同感有显著差异。

2. 经验与预期问题

当前研究关心的是“登陆”经验对研究对象的身份认同造成的直接影响，较少关注研究对象对行为的预期所可能造成的影响。心理学上，未来结果预期（Consideration of Future Consequences, CFC）指个体在当下行动时考虑未来结果

① 赵永佳、梁凯澄、黄汉彤：《内地经验对香港青年中国观感及身份认同的影响》，《港澳研究》2017年第3期，第38—47页。

② T. F. Pettigrew, L. R. Tropp & U. Wagner, et al. “Recent Advances in Intergroup Contact Theory”, *International Journal of Intercultural Relations*, 2011, 35(3): 271-280.

③ Eddie Harmon-Jones and John J. B. Allen. “The Role of Affect in the Mere Exposure Effect: Evidence from Psychophysiological and Individual Differences Approaches”, *Personality and Social Psychology Bulletin*, 2001, 27(7): 889-898; A. Y. Lee. “The Mere Exposure Effect: An Uncertainty Reduction Explanation Revisited”, *Personality and Social Psychology Bulletin*, 2001, 27(10): 1255-1266.

的程度，[①]预期高的人更加关注长期而非短期的收益和损失，研究发现长期结果预期在心理学机制中充当中介或调节角色。[②]政治学也关注预期对主观认知的影响，例如民众对社会流动的乐观预期提升了对执政党的政治信任，[③]民众对未来生活预期也会缓冲对收入不平等的感知。[④]从经验上，如果台湾民众对两岸交流的预期较好，他们一般更加愿意回到大陆。再进一步，台湾民众在两岸交流的过程中，从大陆的生活、工作经历认知两岸交流对台湾社会发展的积极影响，也可能提升他们的中国人身份认同。

尽管当前没有专门的研究探讨长期结果预期对于身份认同的影响机制，但是从文献和经验都可以看到，预期对主观认知有重要影响，考虑到其在因果机制可能充当的中介或调节角色，本文认为需要把台湾民众对于两岸交流的预期纳入考量，进行探索性的研究，呈现“登陆”与身份认同之间更加丰富的因果机制。由此，本文提出第三个假设：

H_3：台湾民众对于两岸交流效果的预期，会显著影响他们的中国人认同感。

3. 自选择偏误问题

台湾民众与大陆的原生性联系，以及基于自身社会属性构成的对大陆发展的功利性认同，既有可能成为他们选择“登陆”的重要推动因素，也有可能影响其中国人身份认同的水平，从而成为台湾民众“登陆”对身份认同影响机制背后的内生性因素。由于“登陆”或“深度登陆”的台湾民众并非随机确定，因此个体最终是否“登陆”，除了政策的驱动因素之外，背后还应存在自身“登陆”意愿的影响。相对于对两岸交流持较为肯定态度、没有价值冲突的台湾民众，对两岸交流持怀疑态度、存在价值冲突的台湾民众则较少出现在“登陆”的行列中，行为个体具有自我选择性（self selection）。已有研究显示，台湾民众认为大陆与台湾在经济、政治与民众素质上相似程度越高，就越容易产生

① A. Strathman, F. Gleicher, D. S. Boninger, et al. “The Consideration of Future Consequences: Weighing Immediate and Distant Outcomes of Behavior”, *Journal of Personality and Social psychology*, 1994, 66(4): 742.

② 相关研究可见：刘宇平、夏嫣雨等:《社会支持对合成类毒品成瘾者戒毒动机的影响：未来结果预期的中介作用》,《中国临床心理学杂志》2019 年第 3 期，第 481—486 页；王渊、秦军昌、边卫军:《序贯决策中时间压力对搜索行为的影响：前景预期的调节作用》,《管理评论》2018 年第 8 期，第 182—193 页。

③ Su, Z., Cao, Y., He, J., & Huang, W. “Perceived social mobility and political trust in China”, *African and Asian Studies*, 2015 14(4), 315-336.

④ 岳经纶、张虎平:《收入不平等感知、预期与幸福感——基于 2017 年广东省福利态度调查数据的实证研究》,《公共行政评论》2018 年第 11 卷第 3 期，第 100—119、211—212 页。

好感。①

从样本选择的角度而言，因为民众这种自我选择偏好所产生的混淆效应，可被理解为“自选择偏误”（self-selection bias），属选择性偏误（selection bias）的一种。由于参与的个体并非随机确定，因此不同个体有不同的参与意愿，这在客观上容易造成“选择性”地只接触到某一种样本，而忽视了另外一些样本，最终导致研究得出一个带有偏向性的结论。②如果把“登陆”或者“深度登陆”作为一种处理（treatment）的话，以上内生性因素的存在，将使得在检验台湾民众“登陆”效应的过程中，难以对其“净效应”（net effect）进行准确评估。因此，为了解决消解自选择偏误带来的内生性问题，需要运用反事实框架进行解构。基于针对“登陆”处理的“事实”与“反事实”状态差异比较，便可得到处理效应的因果关系，③倾向值匹配便是常用方法。因此，本文提出第四、第五个研究假设：

H4a：样本匹配后，相对于没有“登陆”的台湾民众，曾经“登陆”的台湾民众的中国人认同感也有显著的差异；

H4b：样本匹配后，相对于没有和“浅度登陆”的台湾民众，“深度登陆”的台湾民众的中国人认同感有显著的差异；

H5a：样本匹配后，曾经“登陆”的台湾民众的中国人认同感的作用效果比起匹配前有所减弱；

H5b：样本匹配后，“深度登陆”的台湾民众的中国人认同感的作用效果比起匹配前有所减弱。

三、研究设计

（一）数据来源

本研究采用定量研究方法，数据来源于台湾社会变迁基本调查计划。该计

① 王瀚、张遂新、陈超：《“好评”会带来“好感”吗？——基于台湾青年的实证研究》，《台湾研究集刊》2018年第4期，第20—30页。

② J. J. Heckman. “Sample Selection Bias as a Specification Error”, *Econometrica*, 1979, 47(1):153-161；J. J. Heckman & J. A. Smith. “Assessing the Case for Social Experiments”, *Journal of Economic Perspectives*, 1995, 9(2):85-110.

③ 胡安宁：《倾向值匹配与因果推论：方法论述评》，《社会学研究》2012年第1期，第221—242页。

划是一项全台抽样调查研究计划，以提供社会变迁研究数据文件为主要目的。该计划以五年为一期，每年进行两次调查，每一期共有十个不同主题的调查，如宗教文化、风险社会、家庭、环境、社会阶层和国家认同等。本文采用该计划 2013 年六期四次的“国家认同”的统计资料数据。

该计划以台湾地区设有户籍、年龄在 18 岁及以上的民众（1994 年 12 月 31 日以前出生）为研究母体，不包括军事单位、医院、疗养院、学校、职训中心、宿舍、监狱等机构内之居民及通缉犯；实际的调查地区则是以台湾本岛为主要的访查地点。抽样方法采用分层三阶段 PPS 抽样法，正式调查的抽样分层依据是人文区位的人口结构及经济变项，将台湾 358 个乡镇市区分为 6 个层级，作为本次调查的抽样分层架构。① 在所有正式访问的受访个案抽出后，计划会利用台湾当局“内政部”所提供 2013 年 12 月份的人口统计数据进行样本代表性检定，确定所选样本的个人人口特征分布与母体人口结构的一致性，因此该计划的数据具有较高的代表性。

（二）变量设置

1. 被解释变量

根据研究问题和以往研究的相关经验，② 本文研究的被解释变量是台湾民众的中国人身份认同。变量的测量上，采用台湾社会变迁基本调查的六期四次“国家认同”问卷中的问题 v59。该题目使用 0 至 10 分表示被访者自认为是中国人的程度，10 分表示“完全是中国人”，0 分表示“完全不是中国人”。

虽然问卷中也有“中国人”“台湾人”和“两者都是 / 都不是”的单一认同和双重认同的问题（v57，如图 2），但是本文仍然采用“中国人”身份认同 10 分评分题目的测量方式。主要原因是：第一，使用评分式定量变量，相对于

① 分层方法以侯佩君等人（2008）建立的七个乡镇市区发展类型作为抽样分层的分类基础，分别是：都会核心、工商市区、新兴市镇、传统产业市镇、低度发展乡镇、高龄化乡镇、偏远乡镇，正式调查时为求实务调查之便利性，将高龄化乡镇和偏远乡镇合并为一层。分层方法与调查设计的资料来源：傅仰止、夏英章、杜素豪、廖培珊主编：《台湾社会变迁基本调查计划 第六期第四次调查计划执行报告》，台湾“中研院”社会学研究所，2014 年 4 月。

② 所指文章分别为：陈陆辉、陈映男、王信贤：《经济利益与符号态度：解析台湾认同的动力》，《东吴政治学报》（台北）2012 年第 30 卷第 3 期，第 1—51 页；耿曙、刘嘉薇、陈陆辉：《打破维持现状的迷思：台湾民众“统独”抉择中理念与务实的两难》，《台湾政治学刊》（台北）2009 年第 13 卷第 2 期，第 3—56 页；许志嘉：《认同转变：两岸关系的结与解》，《东亚研究》（台北）2009 年第 40 卷第 1 期，第 39—74 页。

"中国人 / 台湾人"问式的定类变量有更高的测量精度；第二，"中国人 / 台湾人"问式的选项概念含义随政治形势变化大，容易被使用者错用或混用；[①] 第三，本文关心的问题是台湾民众"中国人"的身份认同的程度，被访者在对"中国人"身份进行评分前，已在上一个问题（v58）对个人"台湾人"认同进行评分，因此从测量上此评分更有效度，也是相关政策关注的核心。

2. 解释变量和控制变量

本文的核心解释变量是台湾民众"是否登陆"和"是否深度登陆"。问卷中，有两道题目询问被访者去大陆（不含港澳）的次数（v84a）和曾经在大陆居住的时间（v84b）。据此，本文构建了两个核心解释变量：第一个是"是否曾经到大陆"，"是"编码为 1，"否"编码为 0。第二个是"是否曾多次或长时间到大陆"，如果被访者去大陆多于 3 次或者曾经在大陆居住 3 个月或以上，编码为 1，没有到过、少于 3 次或者居住不满 3 个月都编码为 0。其判断标准为调查中台湾居民"登陆"的数据特征。在登陆的民众中，大部分被访者到大陆在 3 次以内（61.03%），居住不满 3 个月（75.45%），数据的中位数和众数都落在此区间。因此，3 次以上或 3 个月以上的"登陆经验"，可以看作台湾民众较为深入接触与认识大陆的体现。

表 1：登陆次数与居住大陆时间回答情况统计表

登陆次数	频数		频率	居住大陆时间	频数	频率
从来没有去过	1168		59.96%	从来没有"登陆"	1168	59.96%
1—3 次	476	61.03%	24.44%	没有居住	10	1.28%
4—6 次	116	14.87%	5.95%	有，未满 3 个月	590	75.45%
7—9 次	35	4.49%	1.80%	有，3 个月以上未满 1 年	101	12.92%
10—19 次	72	9.23%	3.70%	有，1 年或 1 年以上	81	10.36%
20 次或以上	81	10.38%	4.16%	曾经"登陆"小计	780	40.04%
总计	1948		100%	总计	1948	100%

根据假设 H3 的设置，本文需要构筑一个变量测量台湾民众对于两岸交流

① 刘正山、郝志东：《消融台湾与中国的疆界——族群认同、国家与知识分子》，《台湾民主季刊》（台北）2010 年第 7 卷第 2 期，第 230 页。

效果的预期变量，该变量名为“交流效果预期”。问卷的77—80题有相关的题目进·行测量，均采用了李克特量表样式，题目如表2所示。

表2：“交流效果预期”对应问卷题目

题号	题干	提问	选项
77	现在有越来越多的台湾人到大陆投资或工作	请问您认为这对台湾未来的发展，一般来说好不好？	(01) 非常好 (02) 好 (03) 不好 (04) 非常不好 (05) 一半一半（好坏难说）
78	如果有越来越多的大陆人到台湾投资		
79	如果有越来越多的大陆人到台湾工作		
80	如果有越来越多的大陆人成为台湾公民		

本文采用赋分加总法，如果被访者在上述题目选择“非常好”，赋5分，“好”赋4分，“一半一半”赋3分，“不好”赋2分，“非常不好”赋1分，然后把4道题目的赋分加总，得出“交流效果预期”的分值。本文使用因子分析方法证明构造此变量的合理性，如果使用以上4个问题构造一个新的因子，其因子负载都在0.68以上，克隆巴赫系数（Cronbach's alpha，又称 α 信度系数）达到0.7177，属于良好的可接受水平。[①] 另外，似然比检验的结果表示，这4个问题构建的单个探索性因子比单一题目的测量更为恰当。因此，“交流效果预期”测量具有信效度，考虑到读者对实证结果的理解，本文使用赋分加总而非因子分加入模型。

表3：“交流效果预期”因子负载、特征值与 α 信度情况

题号	实测变量 / 测量指标	因子负载		特征值 (Eigenvalue)
77	台湾人到大陆投资	0.6854		
78	大陆人到台湾投资	0.7070		2.188
79	大陆人到台湾工作	0.7919		α 信度系数
80	大陆人成台湾公民	0.7692		0.7177

① R. F. DeVellis. *Scale Development: Theory and Applications,* Los Angeles: Sage, 2012, p. 109–110.

② Lawrence C. Hamilton 著：《应用 Stata 做统计分析》，巫锡炜等译，北京：清华大学出版社，2017年5月第1版，第296页.

表 4：“交流效果预期”因子似然比检验

检验类型		Chi^2	p 值	检验结果含义[②]
似然比检验	独立模型对饱和模型	1359.09	0.000	无因子模型过于简单
	单因子模型对饱和模型	2.15	0.342	单因子模型更有解释力

控制变量方面，定量研究一般采用被访者个人属性变量和与研究问题有密切关系的指标。本文选用年龄、性别、受教育年限、家庭常用语言和是否有宗教信仰作为个人属性变量。另外，“统独”立场作为“国家认同”的测量指标已经有丰富的研究，[①]政党立场和身份认同的关系也是学者持续关注的要点，因此也将这两个加入控制变量之中。

3. 变量描述性统计

本文涉及变量的编码方式和描述性统计表 5 所示，其中定量变量显示变量名称、观测值、均值、标准差和最值的描述，定性变量只显示各类别的数量和所占百分比。

表 5：本文涉及变量描述性统计表

变量	观测值	均值	标准差	最小值	最大值
中国人认同	1902	3.667	3.606	0	10
交流效果预期	1797	10.26	3.187	4	20
是否“登陆”	1948	0.400	0.490	0	1
是	780	40.04%			
否	1168	59.96%			
是否“深度登陆”	1952	0.166	0.372	0	1
是	324	16.60%			
否	1628	83.40%			
统“独”立场	1885	2.190	0.748	1	3
倾向统一	382	20.27%			

① 陈陆辉、周应龙:《台湾民众统“独”立场的持续和变迁》,《东亚研究》(台北)2004 年第 2 期；陈陆辉、耿曙:《台湾地区民众政治支持的实证分析》,《当代中国政治研究报告》, 2009 年总第 7 期，第 259—274 页；张佑宗:《选举事件与选民的投票抉择：以台湾 2004 年“总统”选举为分析对象》,《东吴政治学报》(台北)2006 年第 2 期，第 121—160 页。

续表

变量	观测值	均值	标准差	最小值	最大值
倾向“独立”	763	40.48%			
维持现状	740	39.63%			
政党立场	1922	2.311	0.829	1	3
泛蓝	454	23.62%			
泛绿	417	21.70%			
中立或其他	1051	54.68%			
家庭常用语言	1952	1.931	0.744	1	3
普通话	612	31.35%			
闽南语	863	44.21%			
混合使用或其他	477	24.44%			
受教育年限	1846	12.40	3.939	1	27
年龄	1952	46.22	16.86	19	95
是否有宗教信仰	1952	0.798	0.401	0	1
是	1558	79.82%			
否	394	20.18%			
性别	1952	1.498	0.500	1	2
男	980	50.20%			
女	972	49.80%			

（三）研究方法和研究策略

本文采用定量研究方法，分三步进行实证检验。

第一步，采用线性 OLS 回归模型和中介变量分析策略，检验是否“登陆”、是否“深度登陆”和交流效果预期对于中国人身份认同的影响，并分析其中涉及的机制。本研究不只是简单寻找“登陆”对身份认同的相关关系，更加关心其中可能涉及的机制，从而使研究更能显示现实状况。

第二步，采用倾向值匹配的分析策略。根据台湾民众“登陆”的倾向值进行分层，在每一层里面构造出实验组（“登陆”组）和对照组（非“登陆”组），以及以“深度登陆”进行同样构造，以控制混淆变量的影响，检视和对比“登陆”的真实效应。在进行某项干预（treatment）对被干预对象的效应（effect）时，可以基于可观测协变量的分布，匹配与干预组相对应的反事实组，最后通过比较实验组与控制组在因变量上的平均差异得出平均处理效应（Average Treatment Effect，ATE）。在实际操作上，首先通过 logit 模型得出每个个体成为干预组的概率（即倾向值），其次再基于估计的倾向值配对“平衡”① 的实验组与控制组，最后利用匹配后的样本得出处理效应。

第三步，参考已有研究的做法，② 考察由倾向值加权形成的匹配样本，可以对台湾民众“登陆”的身份认同作用机制进行整体分析。

四、研究发现

（一）“登陆”与“深度登陆”效应检验

表 6 展示的是检验“登陆”与“深度登陆”效应的回归结果，所有模型都加入了控制变量。结果显示，在控制其他因素的情况下，“登陆”的台湾民众的中国人身份认同和交流效果预期都在统计上高于没有“登陆”的民众（$p<0.05$），“深度登陆”也有同样的效应且系数的绝对值更高。这代表深度的交流对于台湾民众的中国人身份认同有更强的提升作用。然而，在控制交流效果预期后，模型 (4) 的“登陆”效应显著性消失。控制变量方面，持有其他“统独”立场和政党立场民众的中国人身份认同和交流效果预期都在统计上低于倾向统一和泛蓝阵营的民众（$p<0.001$），常用语言为闽南语的民众相对于说汉语 / 普通话的民众也有同样的情况。年龄与两岸交流效果预期呈显著的负相关关系，但是与中国人身份认同呈正相关关系，自认有宗教信仰的民众对于中国人的身份认同也显著较低。样本匹配前的 OLS 回归结果基本符合民众和学者对两岸交流情况和效果的一般认知。

① 由于可供匹配倾向值的变量只能是可观测变量，无法包含不可观测变量，因此这里的平衡只能是有限度的“平衡”，这也是倾向值匹配研究的不足之处。

② 胡安宁、周怡:《再议儒家文化对一般信任的负效应——一项基于 2007 年中国居民调查数据的考察》,《社会学研究》2013 年第 2 期，第 28—54 页。

表6:“登陆”与“深度登陆”对中国人身份认同和交流效果预期的模型估计结果

变量	(1)	(2)	(3)	(4)	(5)	(6)	(7)
	交流效果预期	身份认同	身份认同	身份认同	交流效果预期	身份认同	身份认同
“登陆”=是	0.358*	0.392*	0.306				
	(0.159)	(0.172)	(0.176)				
“深度登陆”=是					0.601**	0.754***	0.673**
					(0.217)	(0.220)	(0.225)
交流效果预期			0.155***	0.157***			0.151***
			(0.027)	(0.027)			(0.027)
统“独”立场							
（倾向“独立”）							
倾向统一	1.891***	2.428***	2.096***	2.106***	1.837***	2.361***	2.040***
	(0.209)	(0.224)	(0.238)	(0.238)	(0.211)	(0.225)	(0.238)
维持现状	0.636***	1.357***	1.152***	1.150***	0.608***	1.329***	1.134***
	(0.165)	(0.187)	(0.191)	(0.191)	(0.164)	(0.186)	(0.190)
政党认同							
（泛绿）							
泛蓝	1.071***	2.080***	1.884***	1.906***	1.104***	2.120***	1.923***
	(0.227)	(0.259)	(0.265)	(0.265)	(0.226)	(0.257)	(0.263)
中立或其他	0.702***	0.720***	0.610**	0.612**	0.726***	0.745***	0.633**
	(0.186)	(0.201)	(0.204)	(0.204)	(0.185)	(0.200)	(0.203)
家庭常用语言							
（闽南话）							
普通话	1.223***	0.920***	0.713**	0.745***	1.203***	0.898***	0.696**
	(0.202)	(0.211)	(0.217)	(0.217)	(0.202)	(0.211)	(0.217)

续表

变量	(1)	(2)	(3)	(4)	(5)	(6)	(7)
	交流效果预期	身份认同	身份认同	身份认同	交流效果预期	身份认同	身份认同
混合或其他	0.269	0.675***	0.537**	0.560**	0.251	0.658**	0.517*
	(0.182)	(0.201)	(0.205)	(0.204)	(0.183)	(0.201)	(0.205)
性别 = 女	-0.219	-0.298	-0.261	-0.269	-0.196	-0.265	-0.230
（男）	(0.143)	(0.157)	(0.159)	(0.158)	(0.143)	(0.157)	(0.159)
年龄	-0.028***	0.028***	0.035***	0.039***	-0.029***	0.027***	0.033***
	(0.006)	(0.007)	(0.007)	(0.006)	(0.006)	(0.006)	(0.007)
受教育年限	0.067**	0.011	0.003	0.013	0.066**	0.005	-0.003
	(0.024)	(0.026)	(0.027)	(0.026)	(0.024)	(0.026)	(0.027)
宗教信仰 = 是	-0.031	-0.397*	-0.488*	-0.490*	-0.025	-0.405*	-0.496*
	(0.186)	(0.200)	(0.203)	(0.203)	(0.185)	(0.199)	(0.202)
常数项	8.933***	1.225*	-0.150	-0.373	9.012***	1.377*	0.047
样本数	1,676	1,749	1,659	1,661	1,678	1,752	1,661
R^2	0.186	0.201	0.217	0.216	0.188	0.205	0.220

注：括号中数值为估计参数时的稳健标准误，*** p<0.001, ** p<0.01, * p<0.05

特别的是，模型 (3) 估计的系数（0.306）小于不加入交流效果预期的模型 (2) 的系数（0.392）的绝对值，模型 (7) 估计的系数（0.673）小于不加入交流效果预期的模型 (6) 的系数（0.754）的绝对值，加上“登陆”是一个已经完成的行为，交流效果预期是被访者当下完成调查时的即时回答，两者的因果关系也能满足中介效应模型建立的条件。[①] 模型 (1)—(4) 与 (4)—(7) 模型都符合中介效

① T. D. Cook, D. T. Campbell, W. Shadish. *Experimental and Quasi-experimental Designs for Generalized Causal Inference*, Boston, MA: Houghton Mifflin, 2002, p.103-134.

应模型的检验路径。[①] 因此，交流效果预期在“登陆”机制中呈现完全中介作用，“深度登陆”则呈现部分中介作用。这种效应也可能受到偏误影响，本文在消除偏误后再对中介作用进行解释。

根据以上发现，在样本进行匹配前，在统计上有充分证据证明假设 H1 和 H2 成立。并且，本文通过系数的显著性和绝对值变化，发现交流效果预期在“登陆”和“深度登陆”的中国人身份认同效应中分别担当完全中介和部分中介变量的作用，假设 H3 得到证实。

（二）“登陆”与“深度登陆”的倾向值匹配分析

根据研究策略，本文使用倾向值匹配方法，此方法运用接近随机化的方式解决可观测变量导致的选择性偏差问题。[②] 由于 King and Nielsen 证明有时倾向值匹配反而会使得协变量平衡性变差，并建议采用协变量匹配方法进行样本匹配，[③] 因而本文同时使用此方法来检验倾向值匹配结果的稳健性。为进行随机处理效应的估计，首先将控制变量作为预测变量，以是否“登陆”和“深度登陆”作为因变量；利用 Logit 模型估算每位被访民众“登陆”和“深度登陆”的概率，随后对处理组和对照组的倾向值匹配情况进行平衡检验，并且对比匹配前后协变量标准化百分比的变化来检验匹配的效果。图 3 和图 4 显示分别基于模型 (1)/(5) 和模型 (3)/(7) 进行的处理组与控制组共同支持区域和协变量标准化百分比变化示意图。

---

① 温忠麟：《实证研究中的因果推理与分析》，《心理科学》2017 年第 1 期，第 200—208 页。根据经典中介模型，变量间中介效应的成立，需要满足以下四个条件：（1）自变量 X 对因变量 Y 的总效应达到显著性水平，即系数 c 显著；（2）自变量 X 对中介变量 M 的效应达到显著性水平，即系数 a 显著；（3）在控制了自变量 X 的效应后，中介变量 M 对因变量 Y 的效应达到显著性水平，即系数 b 显著；（4）在控制了中介变量 M 的效应后，自变量 X 对因变量 Y 的直接效应达到显著性水平，即系数 c’ 达到显著性水平。而中介效应则为间接效应，即为系数乘积 ab。在中介效应系数显著的情况下，通过比较中介效应的效应量大小，即间接效应（ab）占总效应（c）的比例（即 ab/c），可以得出较为合理的中介效应模型。

② 孙宗锋、杨丽天晴：《“打老虎”如何影响公众腐败感知差异？——基于广东省的准实验研究》，《公共行政评论》2016 年第 3 期，第 89—107 页。

③ G. King & R. Nielsen. “Why propensity scores should not be used for matching”, *Political Analysis*, 2019, (11):1-20.

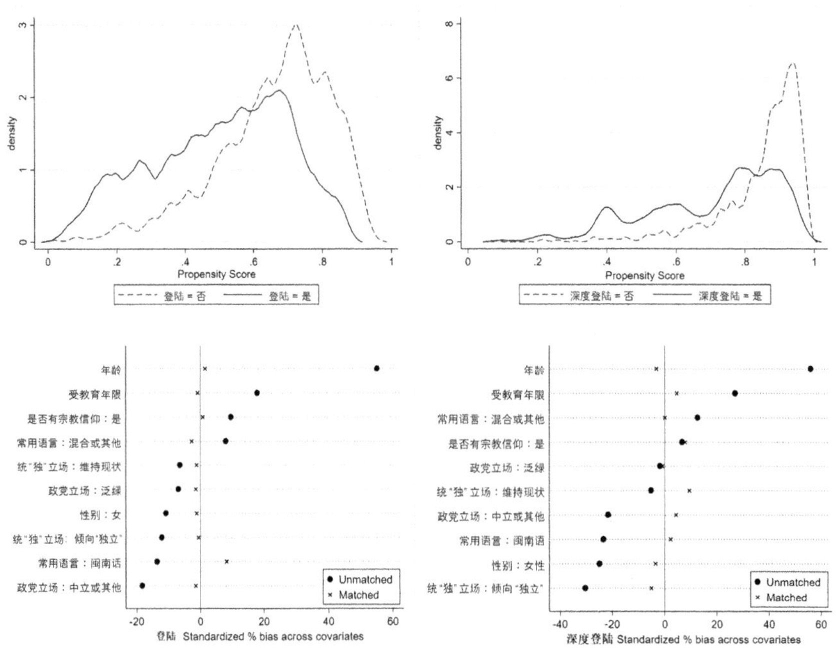

图 3：处理组与控制组的共同支持区域和协变量标准化百分比变化（基于模型 1/5）

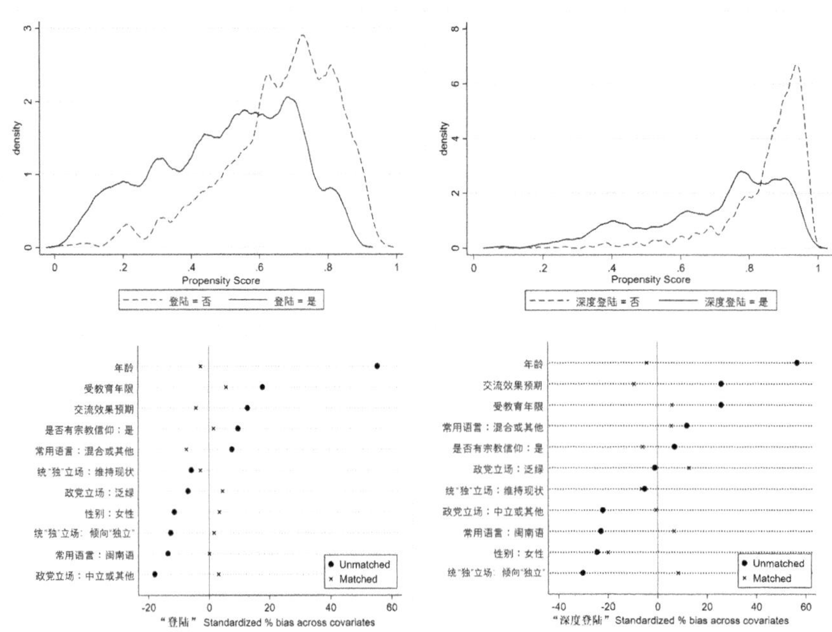

图 4：处理组与控制组的共同支持区域和协变量标准化百分比变化（基于模型 3/7）

图 3 和图 4 所示，绝大部分观察值都在共同支持（Common Support）的区域内，这意味着在进行倾向值匹配的过程中较少产生缺失值，处理组与对照组的匹配情况良好。同时，匹配前和匹配后各个自变量的标准化百分比存在明显的差异：在匹配之前，如图中黑点所示，百分比偏误从 -50 到 50 波动，而匹配后，自变量标准化百分比偏误趋向于 0，且标准偏差绝对值小于 20%，说明匹配结果较好。[①] 综上，倾向值匹配的基本假设在本研究中得到满足，基于该假设所得出的结论是可靠的。

接着通过倾向值匹配和协变量匹配，检验“登陆”与“深度登陆”对中国人身份认同和交流效果预期的因果效应，本文主要使用一对一匹配和一对四匹配方法。首先，从未匹配的情况来看，“登陆”处理组的中国人身份认同均值比对照组的均值显著高出 1.03（$p<0.001$），处理组的交流效果预期则显著高出 0.44（$p<0.01$），“深度登陆”样本也有类似的结果。

表 7：“登陆”对中国人身份认同和交流效果预期匹配结果

匹配方法	实施方法	登陆样本	中国人身份认同			交流效果预期		
			系数	标准误[②]	Z 值	系数	标准误	Z 值
未匹配		Unmatched	1.03	0.18	5.82***	0.44	0.16	2.77**
倾向值匹配	1:1 匹配	ATET[③]	0.14	0.22	0.66	0.41	0.24	1.72
	1:4 匹配	ATET	0.12	0.29	0.41	0.46	0.20	2.33*
协变量匹配	1:1 匹配	ATET	0.70	0.33	1.72	0.51	0.20	2.24*
	1:4 匹配	ATET	0.66	0.24	2.85*	0.41	0.19	2.83**

注：* p<0.05，** p<0.01，*** p<0.001

① P. R. Rosenbaum & D. B. Rubin. “Constructing a Control Group Using Multivariate Matched Sampling Methods That Incorporate the Propensity Score”, *The American Statistician*, 1985, 39(1):33-38.

② Stata 在使用非官方命令 psmatch2 估计结果时已经声明“所提供的标准误并未考虑到倾向得分是估计的（S.E. does not take into account that the propensity score is estimated）”，因此 Abadie 和 Imbens 在 2016 年提出获得 PSM 方法的正确标准误的方法即充分考虑到了第一阶段估计倾向得分的误差的一致估计标准误，称为“AI 稳健标准误”（AI Robust Standard Errors），本文使用此指标。资料来源：A. Abadie & G. W. Imbens. “Matching on the Estimated Propensity Score”, *Econometrica*, 2016, 84(2): 781-807.

③ 这里是用没有“登陆”的个案去匹配“登陆”的个案，关注点是“登陆”个案的处理效应。因此，此处因果关系系数是“受到处理的个体的平均处理效果”（Average Treatment Effect of the Treated, 即 ATET）。

表 8："深度登陆"对中国人身份认同和交流效果预期匹配结果

匹配方法	实施方法	深度登陆样本	中国人身份认同			交流效果预期		
			系数	标准误	Z 值	系数	标准误	Z 值
未匹配		Unmatched	1.64	0.23	7.20***	0.88	0.21	4.27***
倾向值匹配	1:1 匹配	ATET①	0.72	0.32	2.23*	0.48	0.32	1.50
	1:4 匹配	ATET	0.49	0.26	1.87	0.50	0.24	2.09*
协变量匹配	1:1 匹配	ATET	0.74	0.33	2.31*	0.66	0.32	2.08*
	1:4 匹配	ATET	0.75	0.24	3.23**	0.74	0.24	3.07**

注：* p<0.05，** p<0.01，*** p<0.001

然而，进行倾向值匹配以后，"登陆"对于中国人身份认同的提升效应消失（Z 值 0.66 和 0.41 均未达到 0.05 的显著性水平），即使运用协变量匹配方法也未能完全否定此结果。样本匹配后"登陆"对于交流效果预期的效应仍然存在，可是效应系数存在不确定性。对于"深度登陆"的样本，"深度登陆"对于中国人身份认同和交流效果预期的效应仍然存在，效应系数都呈现明显的下降情况。

综上所述，倾向值匹配和协变量匹配的结果存在不确定性，没有足够的证据接受或者拒绝 H4a、H4b、H5a 和 H5b，因此仍需要通过倾向值加权的方式进行验证。

（三）"登陆"与"深度登陆"的倾向值加权分析

参考已有研究的做法，② 通过对由倾向值加权形成的匹配样本进行考察。在控制了自选择偏误后，"登陆"对于中国人身份认同的提升效应的显著性在各个模型都消失；然而交流效果预期对于身份认同的正向效应仍然存在，效应量为 0.17，高于加权前模型的 0.16。"深度登陆"模型倾向值加权后所有效应仍然存在，效应量均出现下降情况，但是交流效果预期在"深度登陆"模型中的部分中介效应仍然存在。

以上结果证实，"登陆"存在明显的自选择偏误的问题。"登陆"的台湾民

① 这里是用没有"深度登陆"的个案去匹配"深度登陆"的个案，关注"深度登陆"个案的处理效应。

② 胡安宁、周怡：《再议儒家文化对一般信任的负效应——一项基于 2007 年中国居民调查数据的考察》，《社会学研究》2013 年第 2 期，第 28—54 页。

众本来大多对大陆有着良好认同基础，因此只有“深度登陆”才能真正促进认同。如何理解其中的部分中介机制呢？可能的机制有两个：一方面，台湾民众深度接触大陆社会后，感受到经济与社会的高速发展，消除了以往的偏见，从而直接带来中国人认同的提升；另一方面，“深度登陆”的台湾民众一般在大陆读书、工作和创业，更加了解大陆发展的多元面向，能够对两岸的发展前景进行对比，明白两岸经济的进一步融合对台湾未来发展会带来积极效果，从而提升了对两岸交流积极效果的预期和信心，进而提升身份认同。

表 9：样本匹配后“登陆”对中国人身份认同和交流效果预期的模型估计结果

模型	(8) 身份认同	(9) 身份认同	(10) 身份认同	(11) 交流效果预期	(12) 身份认同	(13) 身份认同	(14) 身份认同	(15) 交流效果预期
“登陆”	0.228	0.314		0.312				
	(0.18)	(0.17)		(0.19)				
“深度登陆”					0.593**	0.685**		0.469*
					(0.26)	(0.27)		(0.23)
交流预期	0.171***		0.170***		0.142**		0.142**	
	(0.04)		(0.04)		(0.04)		(0.04)	
控制变量	是	是	是	是	是	是	是	是
样本数	1,659	1,749	1,659	1,676	1,661	1,598	1,678	1,678
R^2	0.230	0.205	0.228	0.232	0.225	0.205	0.214	0.195

注：括号中数值为估计参数时的稳健标准误，*** p<0.001, ** p<0.01, * p<0.05

结合倾向值匹配和加权的结果，在自选择偏误被处理后，“登陆”对于中国人身份认同的提升效应消失，“深度登陆”的提升效应在统计上的显著性得以保持，但是效应量出现下降。因此，在统计上没有充分的证据接受假设 H4a 和 H5a，可以接受假设 H4b 和 H5b。

五、结论与讨论

（一）研究结论和效应机制

两岸交流日益频繁，厘清交流提升认同的真实效应与机制尤为重要。本文发现，在不考虑自选择偏误的情况下，“登陆”确实可以显著地提升台湾民众的中国人认同感，“深度登陆”也有同样的作用。交流效果预期在“登陆”和“深度登陆”效应中分别呈现完全中介和部分中介作用。然后，本文通过倾向值匹配、协变量匹配和倾向值加权方法，处理自选择偏误问题。样本匹配后，“登陆”的认同效应消失；“深度登陆”的认同效应虽仍然存在，但效果有所减弱；交流效果预期在“深度登陆”模型中仍然发挥着部分中介作用。图5为处理自选择偏误前后的效应机制。

换而言之，首先，只有多次数、长时间的“深度登陆”才能真正提升台湾民众的中国人身份认同，短暂、浅层次的交流活动（如旅游、游学团等）大多流于形式，并未使他们对大陆社会有足够的涉入。① 然后，经历“深度登陆”的台湾民众，切实见证甚至参与到大陆的高速发展进程中，认识到大陆发展的新思维与新机遇，一方面，这帮助他们摆脱对大陆经济社会的偏面和错误信息，身为中国人的自豪感得到直接提升；另一方面，他们由此产生更多对于两岸交流的积极预期，大陆经验能够推动台湾经济社会的进步，从而间接地加强他们的身份认同感。

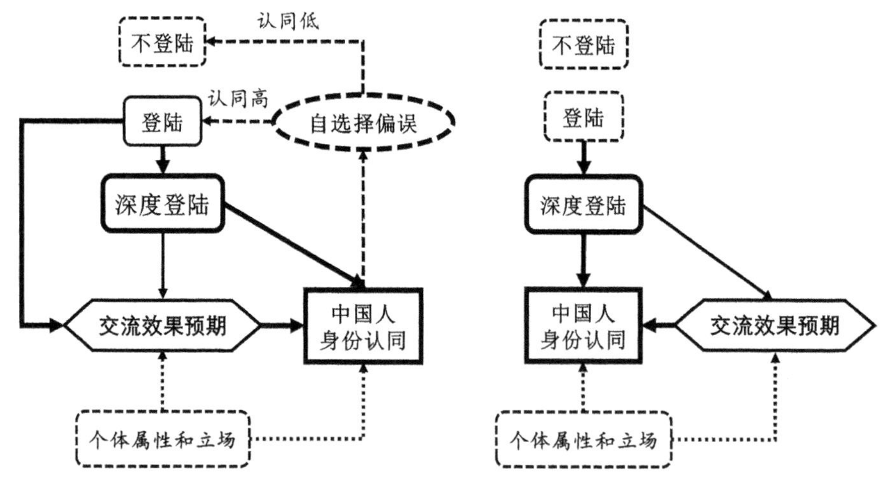

图5：自选择偏误存在前后的“登陆”和“深度登陆”的效应机制

诚然，本研究也存在一定的局限性。由于所使用的调查数据每十年才调查

① 赵永佳、梁凯澄、黄汉彤：《内地经验对香港青年中国观感及身份认同的影响》，《港澳研究》2017年第3期，第46页。

一次“国家认同”主题，因此无法使用多期数据或者跟踪数据提升研究的解释力。另外，交流效果预期的测量也较为粗糙，没有采用实证证明有效的社会心理学或者政治学的精确指标，日后的研究需要继续改进。本文的贡献主要是消除“登陆”效应机制中的自选择偏误，得出更干净的因果效应，引入预期的作用丰富群际接触理论的作用机制，验证了该理论在中国情境下的适用性，为两岸交流的政策制定提供了更为科学的决策依据。

（二）政策建议

根据研究结果与效应机制可以发现，增进台湾民众中国人身份认同的重要抓手，就是“登陆”质量、对台政策思维和民众对两岸交流效果的积极预期。

首先，从“登陆”升级至“深度登陆”与“优质登陆”，推动“体验式交流”。台湾民众到大陆交流，走马观花式的旅游和人数的增加并不意味着认同的必然提升，台湾民众深入了解大陆，甚至融入大陆的社会人文环境，才能达致提升中国人身份认同的目标。2016 年，国家提出“体验式交流”，就是希望通过关联体验、机会体验、合作体验、角色体验和融入体验等五种体验交叉式的互动模式，实现交流升级。[①]“有效经历”的转化，才能解决民众接触政策过程中的“玻璃门”问题，消解部分民众“登陆”后形成的“大门开了，小门没开”的感觉，多渠道协助台湾民众真正融入大陆的社会生活和文化体系当中。

其次，改变“错位吸纳”局面，实现“精准吸纳”。因为台湾民众的“登陆”行为存在明显的自选择偏误，因此在制定相关政策时，容易忽略因缺乏认同基础而选择不到大陆的台湾民众。然而，他们本应是两岸交流政策的重点推动对象。如果没有针对性的政策吸引，他们就会更加缺乏了解大陆的机会，游离在“登陆”政策的大门之外。这是当前对台政策中的“错位吸纳”现象：现有政策更多是围绕着同一批具有认同倾向的、并非最需要被政策吸纳的青年群体重复运转，而对于其他存在认同困难的、最需要被政策吸纳的青年群体则始终缺乏吸引力。因此，需要挖掘与提升“精准吸纳”的能力，将缺乏认同基础的群体作为今后的资源精准投放的对象。

最后，惠台政策在扩大两岸交流的同时，也要着力让台湾社会共享大陆发展的成果和机遇。“惠台 31 条”聚焦台商和台胞在大陆的发展，未来应该着力

---

① 唐桦：《建构主义视角下的两岸青年“体验式交流”研究》，《青年探索》2018 年第 6 期，第 71—77 页。

研究如何将大陆发展的经济成果扩散和外溢到台湾，将大陆的优秀经验通过多种交流方式带去台湾，惠及台湾的未来发展，增进台湾民众对两岸交流效果的积极预期，从而提升血浓于水的中国人认同。

"两岸族"台胞的社会身份认同与两岸命运共同体

——从社会认同理论的本土文化心理机制出发的阐释*

王　茹**

一、"两岸族"台胞的现状与"两岸生活圈"

"两岸族"，在本文中特指较长时间居留于祖国大陆、富有两岸生活经验的台湾同胞（广义上还应该包括大陆去台的同胞，但限于篇幅，不在本文中论述）。自1987年两岸人员有所往来之后，经过20多年来的发展，台湾同胞为生活、求学、工作等原因来到祖国大陆后，或常居大陆，或在大陆置产，或频繁往来两岸，已经不在少数。

"两岸族"台胞的状况可以概述如下：①数量。据台湾海基会《2006海峡两岸交流民意调查》显示，受访者有家人在大陆投资、工作或居住者占15%，受访者本人或家人曾在大陆居住累计超过三个月者占到了17%。[①] 照这个比例推算，这20多年来有过往来大陆经验的台胞达到了400万左右；[②] 而近年来在大

* 本文发表于《台湾研究集刊》2010年第1期。基金项目：本文为国家社科基金重大项目"两岸关系与中国统一大业"（项目批准号06&ZD032）子课题"两岸交流交往及相关法律问题研究"的阶段性研究成果。

** 作者简介：王茹，女，上海国际问题研究院台港澳研究所助理研究员。

① 台湾海基会：《2006海峡两岸交流民意调查》，2006年，http://www.sef.org.tw/doc./news/95/951213/doc。

② 不过据大陆方面统计，自台湾1987年开放探亲以来截至2008年底，来过大陆的台胞约有700万，数据不同是因为700万人当中包括来大陆旅游观光等短期逗留者。

陆长期居留的台胞，据不完全统计，大约在百万人左右。[①] ②来源地分布。虽然这些台胞来自台湾各地，但存在着地域上的集中度，台湾西海岸尤其是北部和发达的都市区较多，例如对上海的“两岸族”的调查显示，其中七成来自台北、台中和高雄等地，台北为54.09%，台中为6.43%，高雄为5.83%。[②] ③年龄、性别分布。“两岸族”中占多数的是年富力强的中青年男性。例如在上海的“两岸族”当中，男性占62.25%，女性37.75%，年龄在30—49岁之间占到48.83%，并且女性受访者没有就业的比例显著高于男性，原因即为年富力强的中青年男性先来大陆创业和发展，有了一定的基础之后，再将其家人迁移过来，做好长期发展的打算。[③] ④在大陆的分布与聚集状况。台胞闯荡大陆，无所不至，但主要的几个聚集地区则与大陆经济发展的区域热点有很强的相关性，例如以上海为中心的长三角地区、以广州深圳为中心的珠三角地区、以厦门漳州泉州为中心的闽南三角地区、以北京天津为中心的环渤海地区，都是“两岸族”台胞比较密集分布的地区。长三角地区的聚集更为显著，据统计，台商投资大陆前五位的省市，除广东、福建外，江苏、上海、浙江都属于长三角地区。[④] ⑤学历和收入状况。据台湾104人力银行2008年下半年的数据统计，大陆台干75%为大学及以上教育程度，91%从事主管级别及其上的工作；在大陆的台湾人平均年薪为28.8万人民币，而到了高级管理层平均年薪为170万新台币，总经理级别为227万新台币，专业人员为125万新台币，至于基层人员则为74万新台币；从业的前几位分别为制造加工建设业、IT通讯业、贸易物流业、批发零售业、金融服务业等；九成受访者在大陆工作的总年资超过5年，六成受访者在大陆工作的总年资达到10年及以上，55%受访者在台湾均有5年以上的工作经验。[⑤] 过去到大陆工作的台干薪酬水平一般是台湾岛内的薪水再加上5000—7000人民币，但随着2008年美国“次贷危机”蔓延到实体经济，影响全球，

① 台湾有关部门委托大陆95个台商协会调查，持有台胞证、截至2006年9月在大陆居留超过183天以上的台胞，就达75万。这个数字是不完全的统计数字，实际只会更多。见陈怡慈，彭涟漪:《台湾消费动能，每年流失逾1500亿》，台湾《中国时报》，2006年11月20日，A8版。

② 李雷鸣、陆红梅:《兰薰桂馥——沪台交流交往20年》，上海：上海人民出版社，2008年，第194—197页。

③ 李雷鸣、陆红梅:《兰薰桂馥——沪台交流交往20年》，上海：上海人民出版社，2008年，第194—197页。

④ 石正方:《闽台经贸交流回顾与展望——基于区位优势变迁视角的分析》，《台湾研究集刊》2008年第3期。

⑤ 林克伦:《台干薪水，金融最高制造最低》，台湾《中国时报》，2009年1月9日，A15版。

在珠三角一带以制造业为主的台商企业给台干的薪水大幅缩减，据称一些企业给出的月薪降到了 4.5 万新台币左右。①

“三通”后“两岸一日生活圈”的加速形成将会惠及“两岸族”台胞。2008 年 10 月陈云林访问台湾，二次陈江会签署了开启两岸直接“三通”的四项协议。台湾媒体认为，这使所谓“大三通”的时代已经来临，未来两岸的互动更为频繁，“两岸族”往来两岸更为便捷，会有更多人有机会到大陆就业，拥有两岸上班经验或证照的人才更抢手。愿意前往大陆工作的台干中有 2/3 表示愿意到大陆企业上班，而不像过去那样只愿意到台资或外资企业工作。据台湾 104 人力银行统计，2007 年 11 月台湾 35 岁以上想到大陆求职人数为 6970 人，到 2008 年已经上升为 8774 人，而从 2008 年 3 月开始想来大陆求职的台胞总数从原来平均 1.5 万人迅速增加为 2 万人。② 2008 年 9 月台湾民航主管部门对岛内乘往来两岸包机的旅客进行调查，结果 74.8% 的被调查者表示，扩大两岸包机可提高他们返台投资的意愿，56.2% 表示会提高他们到大陆投资的意愿。这样的结果显示，实现两岸直航，将会对台商往来两岸的活动形态及互动产生影响，过去台商单身赴大陆所产生的家庭及子女教养等问题都会发生变化，而“两岸一日生活圈”将加速形成。③ 台湾的电视上早已在大量播放“两岸一日生活圈”的广告，认为“两岸共同生活圈”的百花齐放，将不只展现在海运空运市场上，会广泛触及两岸的贸易、文化、旅游、就业、求学、医疗等。④ 而以往苦于两岸来往不便的“两岸族”，则普遍看好“三通”能够减少他们的辛苦。他们形象地说，“台湾跟大陆两个家其实不远”，“台商早出晚归住家里，艺人不必再万里寻亲”。⑤

二、“两岸族”台胞、沟通与两岸命运共同体

交往是在一定的历史条件下，作为社会主体的人或人群共同体之间相互沟

---

① 林克伦:《大厂发港币，小厂“45 千包两岸”》，台湾《中国时报》，2009 年 1 月 9 日，A15 版。

② 《后两岸时代来临》，《工商时报》，2008 年 11 月 10 日，A9 版。

③ 台湾《中时电子报》报道，2008 年 9 月 5—8 日。

④ 陈俍任、曾懿晴:《直航百花齐放，“一日生活圈”起飞》，台湾《联合报》，2008 年 11 月 5 日，A3 版。

⑤ 曾懿晴:《两个家不远》，邹秀明:《一日生活圈》，均见台湾《联合报》，2008 年 12 月 16 日，A1 版，A3 版。

通、相互作用、彼此了解的最基本的途径。以历史经验而言，两岸一旦被隔绝，两岸之间可以作为共同体或共同生活的联结纽带就会有所损害，所以首先恢复两岸交往是基础。在交往的过程中，彼此之间的了解、理解和沟通极为重要，从这个角度看，承担两岸之间沟通桥梁的群体能否发挥修补和重新联结的功能，促进双方理解就非常重要。

通常被人们用来与两岸做比较或觉得有相似性的其他国家和地区，例如朝韩两国和东西德，其实在同胞之间的接触、交流往来方面，与两岸大不相同。在统一之前，著名的“柏林墙”横亘在东西德的边界，两德民众之间的联系和交往基本上处于隔绝状态；而朝韩两国之间的军事对峙至今尚未得到缓解，“三八线”造成两国亲人离散不得团聚的悲剧仍然在持续。目前除了几次少量民众探亲和一些经济项目合作之外，朝韩民众之间的接触仍属不可能之事。然而，两岸与之非常不同，尽管由于台湾当局过去的阻挠，两岸之间长期未能实现双向直接的“三通”，但很多台湾同胞自台湾开放探亲以来，就可以自由地往来两岸，乃至于在祖国大陆长期居留。实际上，自两岸开始交流交往以来，两岸的民间社会就已经接续和重新形成了关联到生活各个方面如血缘的、情感的、经济的、文化的、理念的种种联结纽带。因此，在两岸取得完全统一之前，两岸民间社会通过交往、交流、沟通和相互联结，以达到两岸民众的相互理解、信任，在统一进程中不可或缺，而这必定是需要时间和经历来磨合的过程。从这个角度来看，“两岸族”台胞在大陆的形成与壮大，在大陆的社会适应与社会融入的状况，以及他们对自身在两岸之间所能起到的作用的认知，正是其中重要的组成部分。故而，这些“两岸族”在大陆的社会生活状况及其在大陆的生活适应与社会融入的好坏，就不仅仅关乎台胞个体的社会生活适应状况，也关系到两岸民间社会的联结与沟通程度，也即两岸的社会互信的建立与深化问题。探究这些台胞在祖国大陆的社会适应和社会融入状况，有助于我们从微观的层次、从更细致的角度来探寻两岸民众的沟通和交流之道，探寻进一步深化两岸社会互信，以及维系和建构两岸命运共同体的道路与方式。

“两岸族”台胞作为移居者在大陆的社会适应、社会融入，是移居者对新居住地社会环境和周边人际关系的适应或展开新的社会联结，在这个过程中，他们对不同的环境之间的差异会有感受并且有自己的应对方式。对于这些台胞而言，因为两岸在血缘、亲缘、语言、文化、习俗等方面的相亲相近性，所以他们对大陆的地理与人文环境并非全然陌生，甚至有熟知感、亲近感。他们所感受到两岸之间的差异在相当的程度上，不单来自单纯的自然环境或社会环境的不同，更来自成长背景、历史记忆、生活方式、经济水平、政治文化等主客观因素所形成的两岸民众的种种差异甚至是歧义的认知、态度与评价，而这些差异与分歧在岛内往往被“台独”势力利用、歪曲为不可调和、不能相容的矛盾，甚至制造出“两岸是敌对的他者”的不实意象。这些台胞来到祖国大陆，一方面使得这些差异与分歧有所袒露有所显现，另一方面却是直面这些差异和分歧，从具体的生活切入，在两岸民众之间搭起沟通桥梁，使分歧的广度与强度在一段时期里限于一定的范围内而不是无限地被夸大，并从各方面点点滴滴地推进两岸“同质性的发展与增强”、转化与容忍差异或分歧。一些台商认识到，“虽然大陆和台湾同根同源，但毕竟分离太久，不仅是口音，在思维方式、认知上多少还是存在差异，所以，对于台商而言，认识差异和沟通差异一定是在大陆创业发展的必修课”。[①] 当然，在这个过程中，因为上述所言的种种差异与分歧，特别是两岸不同的生活方式、个体在交往中所采取的态度、两岸各自的制度约束以及两岸政治僵局等因素，不少台湾同胞也会发生种种尴尬、难适应的状况，乃至于由于不愉快的经验而导致或加深了负面印象，甚至有些人一直没有转变这种负面印象。然而，虽然存在着负面因素，但总体而言，“两岸族”台胞已经在两岸间搭建起厚实的经济、社会与文化等方面的交往与联结网络，这种网络在相当的程度上已经成为两岸民间社会沟通的纽带。因此，“两岸族”台胞在大陆的社会适应与融入，就不仅是普通意义上的移居者与新环境的互动，他们其实是跨越海峡两岸有形无形界线的群体。

“两岸族”台胞来自台湾各地、各族群和各阶层，他们在台湾的生活中形成了原有的习惯、观念、行为方式和表述方式，来大陆之后，不仅将这些带入到大陆的生活当中，而且也在摸索大陆的习惯、观念、行为方式和表述方式。因此，在两岸交流交往的方方面面，他们无论是对台湾社会还是对大陆社会，都有相当的影响，在客观上承担着沟通两岸的功能：一方面，这些台湾同胞在两岸都有生活经验，其体验是两岸之间当下最鲜活的感受，尤其对台湾社会而言，影响更广，“在一般的民众，特别是青壮年就业人员的生活经验中，中国（大陆）因素早已经从抽象的政治议题逐渐转为影响社会生活的核心因素，在日常的街巷议谈中，流传着亲友一个又一个在中国（大陆）发财或垮台的故事，一

① 《台商王其鑫：没有台湾腔，入乡随俗做上海人》，《人民日报》海外版，2008 年 8 月 28 日，第 3 版。

个又一个的家庭面临着是否接受外派，接受外派后是否举家迁移的难题……”[①]另一方面，无论是在大陆还是在台湾，他们都有一定的社会关系与社会联结，其在两岸的形象也会影响到两岸民众如何看待对方。实际上，在长期往来两岸的过程中，这些台胞主观上也主动开展更多的促进两岸感情加深的行动。很多“两岸族”台胞一直以来就有不少回馈乡梓的义举，如慈善捐助、修桥铺路、捐资办学等，其中已逝的台商温世仁在大陆西部偏远地区的捐助惠及了数百个乡镇；2008 年汶川大地震发生后，台湾同胞，包括大陆台商在内的众多台胞慷慨的无偿捐赠行为更是感动了全中国，2008 年 12 月民政部颁布的“第三届中华慈善奖”名单中，就有富士康、台塑、长荣、霖园、润泰、顶新、旺旺等台资企业在内。

而在往来两岸的移居生活当中，这些台胞对自我的认知也有了变化。在诸如台胞 / 台湾人、本省人 / 外省人、闽南人、客家人等各种不同身份的界定与被界定当中，这些居留于大陆的台胞中已经渐渐浮现出“两岸族”的称谓，这不仅见诸岛内的媒体和学者笔下，而且也为这些台胞所认同，成为其自我身份的选择，发出了“根在台湾，打拼在大陆”“台湾心，大陆情”“两岸心情”等声音。[②]

三、从本土文化心理机制出发对“两岸族”台胞社会身份认同的阐释

“两岸族”作为这些台胞的自我认同越来越得到扩展，因为它是这些台湾同胞在两岸之间的往来和生活经验所带来的感受、思考，经过时间的沉淀和累积，所得出的一种身份认同。在台湾，“族”的命名并不只限于民族或族群，而是相当泛化，只要有相同点就会被以“族”称之，例如“草莓族”“上班族”“追星族”等。“两岸族”在一定程度上也是如此，它是用来指称具有“往来两岸具有两岸生活经验”共同特点的台胞群体；但放在台湾岛内“省籍—族群”的解构与重构纷纷扰扰，族群认同、国家民族认同与“统独”分歧纠缠不清的背景

① 郑力轩:《人的问题不能消失于“大三通”之中》，见台湾《中国时报》，2008 年 12 月 21 日，A10 版。

② 耿曙:《“两岸族”？大上海地区台商的国家认同》，http://www.ntpu.edu.tw/pa/news/94news/attachment/950221/3-3pdf。

下，特别是当前阶段两岸关系的特殊情境当中，应该说“两岸族”是一种较为特殊的社会身份认同。在两岸未完全统一之前，这些台胞以“两岸族”的名称来定位自身，虽与“两岸中国人”这样的政治身份认同不无关系，但在当前阶段它还主要是一种社会身份认同，并且其内涵较为微妙甚至有复杂的面向与意味。这种社会身份认同，其特殊性在于：第一，在当前阶段，因为上述的差异与分歧的存在，容易产生种种误解，两岸民众在接触交流中其实还处于沟通、理解的摸索时期，因此虽然从客观的特征看这些台胞具有“富有两岸经验”这样的共同特征，但从主观上认知自身作为两岸沟通桥梁的功能的自觉意识尚处于发育当中，甚至有些意识还处于游移和碎片化的状态中；第二，从消极面看，某种程度上一些台胞认可这种社会身份认同，有规避政治身份认同或有避免对“统独”倾向表态的意味，因为在这方面，这些台胞仍然会受到相当的压力，特别是台湾岛内，绿营从其所谓的“台湾意识”出发，指责这些台胞“不爱台湾”“钱进大陆，债留台湾”，甚至还有斥骂他们为“台奸”“卖台”的极端言论；第三，从积极面看，在某种程度上这种社会身份认同也是这些台胞中的一些人，开始对自身在两岸社会交往实践中能作为沟通与联系的“桥梁”的客观功能有了进一步的主观认知，其所言的“台湾心，大陆情”“两岸心情”“两个家”等便表明他们对两岸都有相当的认同与情感，而个体如同时归属于多个群体或团体而具有重叠的成员身份，会形成心理上的交叉压力，形成中庸温和的态度，再加上他们在这些群体或集团之中的社会联结，就具有弥合社会断裂、降低极端化的功能；第四，“两岸族”的形成与存在，其背景是目前两岸尚未完全统一，而两岸民众还存在着历史记忆、经济水平、生活方式、政治文化等方面的种种差异乃至分歧，但在“两岸族”台胞的认知当中，海峡两岸的人民仍同属于中华民族，“两岸族”一头联结着台湾人，一头联结着大陆人，这是一种重叠、交互的身份认同。

社会认同理论认为，要全面地理解社会行为，必须研究人们如何建构和认同自己和他人的身份，依据社群成员资格来建构的身份被称为社会身份（Social Identity），而建构时会包含类化、认同与比较等过程，在此等过程中，当个体将自我与某个群体类别建立心理联系之后，就会形成对该群体的认同，并因此强调与该群体以外的人或其他群体的特异性，形成“我们”的概念，个体所认同的类别被称为“内群体”，其他群体被称为“外群体”。[①] 西方的身份认同理论对现代社会的分析强调“文化和社会身份的建构过程，正是通过这种建构，使具有相同属性的人们被吸引到一起，成为‘想象的共同体’，构建出具有象征意义的疆界，用来界定谁不属于这个共同体、或在此共同体之外……所有这些差异性建构了这个团体，并使之区别于其他”。[②] 沿着这种分类化的思维，西方身份理论还强调“他者”的“否定视角”对身份认同的功能，“身份总是被建构出来的表征体系，正是通过否定的视角确立了其肯定的成分，必须通过他者的视角才得以建构自身”。[③] 因此，在强调类化、“内外群体”之别的西方理论当中，欠缺对“两岸族”在大陆人与台湾人之间的沟通联结的一面的理论解释力，有其理未透、其义未明、其情未尽的缺憾。笔者认为，“两岸族”是同时与大陆人和台湾人两个身份群体在做交互性的类比、对比，不仅如此，还同时与之相联结，“两岸族”认同不是自外于大陆人和台湾人的身份，而是在其间生成既有差异对比又有联结沟通功能的中间群体，并且混同其间。因此，对“两岸族”身份认同的这一面的解释与阐述有必要另辟蹊径。

其实，认同是一种心理过程，具有相当深厚的社会文化心理渊源，因此必须考虑本土的文化心理，而“两岸族”的认同就牵涉到中华文化背景下的群己心理联系。据实证研究发现，相比较而言，“现代西方人比东方人更倾向于对物体进行归类，……东方人比西方人更会从感知到的各种关系及相似性方面来组织这个世界”。[④] 就中华文化背景下的群己心理联系与群体认同而言，中国社会特有的“关系”更有重要的意义。在中国文化中，“人”的概念与“人与人之间的关系”密不可分，儒家经典将“人”与“仁”相联系，“仁”指“爱他人”的人，即“仁”是指人们之间心意相通，而离开了与他人之间的交往和关联，就不成其为人；换言之，没有关系的时候，中国人各自为政、一盘散沙，有关系

---

① 赵志裕、温静、谭俭邦:《社会认同的基本心理历程——香港回归中国的研究范例》,《社会学研究》, 2005 年第 5 期，第 202、214、215 页。

② Stuart Hall , “Introduction” , Formation of Modernity eds. Stuart Hall, Bram Gieben , Polity Press & Open University , 1992, pp.6-7 , 转引自武桂杰:《霍尔与文化研究》, 北京：中央编译出版社, 2009 年，第 149—150 页。

③ Stuart Hall , “The Local and the Global : Globalization and Ethnicity” , Anthony D. King eds. Culture , Globalization and the World-system : Contemporary Condition for the Representation of Identity, Macmilian in Association with Department of Art and Art history, State University of New York at Binghamton , 1991, p21 , 转引自武桂杰:《霍尔与文化研究》, 北京：中央编译出版社, 2009 年，第 47 页。

④ [美] 理查德·贝尼斯特:《思维的版图》, 李秀霞译，北京：中信出版社, 2006 年，第 87—88 页。

的时候，中国人就会肝胆相照、共享共担。[①]因此，中国人的“我们”观念，就有了费孝通先生在《乡土中国》中所揭示的“差序格局”的含义，“我们不是一捆一捆扎清楚的柴，而是好像把一块石头丢到水面上所发生的一圈圈推出去的波纹，每一个人都是他社会影响所推出去的圈子的中心，被圈子的波纹所推动的就发生联系，每一个人在某一时间某一地点所动用的圈子是不一定相同的”；这即意味，中国人的“我们”的范畴具有情境性与边界的伸缩性，“自家人的范围是因时因地可伸缩的，大到数不清，真是天下可以是一家”。[②]从“我们”或“自己人”边界这样的变动性而言，这与西方身份认同理论强调根据同质性形成的“范畴”或“类别”有相当大的差异。其实，在中国人日常生活中被视为理所当然的关系式“我们 / 自己人”的心理格局，是以个体为中心，根据先赋性（即亲缘身份）以及交往性的关系，划分的边界依不同情境而大小不同，形成一个同心圆结构，其“自己人 / 外人”的类别只具有相对的内外区分的意义。同时，在儒家的传统里，能够将更多的人包容进入自己的边界，以其忧乐为自己的忧乐，是君子的美德，如此，“我们”的概念即有了道德的含义，是从自己内心出发建立自己与他人乃至天下人的心理关系。[③]这种心理结构扩展到民族认同上，正如费孝通先生所阐述的那样，就形成了中华民族“多元一体”的格局。在数千年的历史长河中，活跃在中华大地的许许多多分散、孤立存在的民族单位，经过接触、混杂、联结和融合，同时也有分裂与消亡，形成了“你来我去、我来你去、我中有你、你中有我、各具个性”的“中华民族多元一体”这样一个自在的民族实体，很早就取得了大一统的格局，这与西方各民族形成的历史有较大的差别。所以，当我们中华民族在近代进入现代国家体系当中，虽然遭到了巨大的挑战与冲击，然而“中华民族多元一体”的生命力和中华文化的深厚底蕴不仅让我们自1840年以来在西方列强和日本的压力下形成了休戚与共的自觉的民族实体，[④]而且仍然让两岸中国人共享着相当一致的文化认同与心理联系。

① 杨宜音：《关系化还是类型化：中国人“我们”概念形成的社会心理机制探讨》，《中国社会科学》2008年第4期。

② 费孝通：《乡土中国》，南京：江苏文艺出版社，2007年，第23、28页。

③ 杨宜音：《关系化还是类型化：中国人“我们”概念形成的社会心理机制探讨》，《中国社会科学》2008年第4期，第156页。

④ 费孝通：《中华民族多元一体格局》，北京：中央民族学院出版社，1989年，第1、29—33、36页。

以中国文化概念中的“我们 / 自己人”观念来观察“两岸族”，当可更进一步阐述与解释其在两岸之间的联结功能。这些台胞即或在一个时段里难以脱离台湾岛内对政治身份认同存在着的分歧与争议（例如统、“独”），乃至悬置、游移（例如“维持现状”）这样的政治与社会环境，有时难免被少数持有所谓的“台湾意识”的台湾人所排斥，而有时也难免感到没有被一些大陆人完全当成是“自己人”看待，然而，这些生发出“两岸心情”的台胞的认同感表明，虽然仍有可能在不同的场合与心境对大陆人、台湾人之间的亲疏远近的感受会有所差别，然而总体上他们是在“重叠的认同”中将“大陆人”和“台湾人”都视为“自己人”，而非“他者”。相比之下，岛内“台独”势力企图否认“大陆人”和“台湾人”同属于一个民族，“台独”势力当权的时期，就是通过种种手段挑起两岸的对立与冲突，来塑造两岸是“敌对的他者”的形象，力图离间两岸人民的感情，制造所谓“两岸是民族主义冲突”的不实之象。事实上，“两岸族”并不否认两岸、两岸民众之间存在着差异，并且也在与大陆人和台湾人群体做交互性的类比、对比时定位自己的社会身份认同，但他们并不是在类比、对比中将这些差异、分歧扩大化或视为不可调和的矛盾，也主要不是以“他者”的“否定”的视角来看待自身，不将自己自外于大陆人和台湾人的身份，而是肯定两岸皆是“自己人”；不仅如此，还同时与之相联结，以沟通的姿态来弥合过去因历史所造成的部分断裂，面对现实的差异与分歧，接续与发展出两岸更多的同质性。

结语

从长远和总体上看，“两岸族”在两岸之间所起的联结与沟通的功能，就是消解或弥合了由于过去长期的隔绝和政治军事对峙以及这些年来两岸政治僵局所造成的两岸在某些方面的断裂以及一些对立对抗的心态。连民进党执政时期的台湾海基会也不得不承认，到过和没到过祖国大陆，是否有家人在大陆，对大陆的认同与好感是不一样的。[①]《联合报》的民调也发现在大陆经商或长期工

① 台湾海基会:《2006 海峡两岸交流民意调查》，2006 年，http://www.sef.org.tw/doc./news/95/951213/doc

作者，希望子女认同自己是中国人或华人，要比长期在台湾的工作者高出7%。[1]甚至连一些有见识的民进党人也看到了这股潮流所带来的影响，看到了当前来往两岸的台胞加上涉及的家庭人数，已经超过台湾总人口的1/3，认为直航后将会形成“两岸一日生活圈”，使得两岸民众互动的广度和深度迈向新的阶段，生活圈的紧密联系将使交流逐渐从经济贯穿到文化和私人生活领域，最终塑造出混合台湾和大陆思想的新台湾人。[2]正所谓，“认同永远不是停滞的，认同永远是在辩证式地发展，两个不同的认同接触后会有冲突，冲突之中一定有交流，交流之后会融合，融合之后才能产生新的认同，所以过去的对立，可以变成现在的一致”。[3]未来更多的“富有两岸经验的台胞”必将进一步认知到自身在两岸之间起到的联结与沟通的功能，大陆民众也会在交往中进一步了解、理解台湾同胞，那么两岸民众定会在交往中充实“同胞”的丰富意涵，在日常交往的点点滴滴中汇流成血脉相连、荣辱与共、互信互赖的命运共同体。

---

① 林琮盛:《我是台湾人，棒球输大陆，台商之子气》，台湾《联合报》，2009年4月7日，A3版。

② 郭正亮:《三通政策，民进党战略错误》，台湾《中国时报》，2008年12月1日，A12版。

③ 许倬云:《我者与他者》，香港：香港中文大学出版社，2008年，转引自叶雨:《江河入海——中国文化的双重使命》，《21世纪经济导报》，2008年12月30日，第29版。

工作整合型社会企业参与“大陆单亲妈妈”服务的探索性研究

——基于台湾人安基金会的个案分析*

李　健　向勋宇**

引言

近年来，随着台湾家庭少子化问题日益严峻、南进政策的实施以及台湾社会形态的转变，外籍配偶特别是大陆配偶人数迅速增加。据台湾“内政部户政司”统计，截至2015年8月17日，申请在台湾居留的大陆配偶已达341601人，占所有外籍配偶的67.6%。近10年申请在台居留的大陆配偶，平均每年约1.2万人，其中，女性配偶占95%。然而，许多大陆女性嫁到台湾以后，面临家庭经济窘迫、生活文化差异乃至家庭暴力等问题，婚姻状态并不稳定。台“内政部”早期进行的一项调查显示：2001—2006年间，台湾男性与女性的离婚率约在1.1%～1.3%，但女性大陆配偶离婚率约为12.14%，是台湾有偶人口离婚率的10倍。① 按照台湾“移民署”政策，未获定居权的大陆配偶一旦离婚即面临“因居留许可被废止而遭强制出境”，除非“在台湾地区已设有户籍未成年亲生子女造成重大且难以回复损害之虞”才得以依亲居留在台。为了满足夫家的

* 本文发表于《台湾研究集刊》2018年第1期。基金项目：国家社科基金青年项目“互嵌式民族社区异质性与族际融合关系研究”（15CMZ024）。

** 作者简介：李健，男，中央民族大学管理学院副教授，博士生导师；向勋宇，男，香港大学社会科学学院社会工作与社会行政学系博士生。

① 吕宝静：《人口政策“白皮书”及实施计划之研究》，台湾“内政部”研究报告，2007年，第95—104页。

期待，大陆及外籍配偶平均会在来台半年到一年间就怀孕，[①] 进而造成大量单一大陆籍母亲与至少一位依赖子女所组成的家庭出现，这类女性通常被称为“大陆单妈”。

作为台湾进入 21 世纪的一项重要社会议题，大陆单亲妈妈的生活境遇已经得到广泛关注。归纳起来，这一群体所面临的问题与困境可以分为以下几个层面：一是就业与经济问题。许继峰和廖坤荣针对台南县外籍与大陆配偶的就业现状与需求进行调研，发现她们大多从事低技术劳动力密集行业，工资偏低以及工时较长。[②] 王美文和彭淑华发现大陆单亲妈妈在经济、就业、子女教养与照顾和个人层面上处于弱势。由于单亲家庭的经济来源缩减为一人，加上性别因素造成工作薪资报酬有所差异，女性收入往往低于男性，因此，大陆单亲妈妈易于陷入贫穷化（female of poverty）。[③] 二是社会支持系统的转变。大陆单亲妈妈的社会支持较弱。先生死亡者，照顾子女的工作可以由夫家的父母承续，女性在家庭中的地位不容易受到质疑，同时夫家也会提供经济或生活的协助，但是因离异而成为单亲妈妈，往往少与夫家维持往来，也难以得到娘家的协助与支持。三是子女教养问题。由于工作时间与性质因素，缺少管教子女或辅导子女的时间。[④] 最后是心理压力与调试。成为单亲家庭后，大陆配偶在社会中需承受角色转变和社会舆论带来的负向标签，形成大陆单亲妈妈生活中的另一种压力。[⑤]

面对大陆单亲妈妈面临的复杂社会适应状况与多重生活困境，台湾传统部门始终未能给出合适的解决方案。从公权力部门来看，尽管“内政部”推出了“外籍新娘生活适应辅导实施计划”，但陈定铭认为，这种接受当局协助者的数目与比例很少，并且最需要的新移民，往往没有走出来接受协助。[⑥] 吴季芳也指出当局公共补助的金额相当微薄，援助效果不大，无法帮助单亲女性脱离贫

① 王宏仁：《社会阶层化的婚姻移民与国内劳动市场：以越南新娘为例》，《台湾社会研究》（台北）2001 年第 41 期，第 99—127 页。

② 许继峰、廖坤荣：《台南县九十九年度外籍与大陆配偶职训需求及就业状况需求调查成果报告》，台南县政府研究报告，2010 年，第 56—61 页。

③ 王美文、彭淑华：《女性单亲家长之生活处境与学习需求》，《成人及终身教育学刊》（台北）2004 年第 3 期，第 132—163 页。

④ 林万亿、秦文力：《台北市单亲家庭问题及其因应策略之研究》，台北市政府研考会，1992 年，第 132—163 页。

⑤ 李亚惠：《单亲妇女离婚历程之探讨》，台湾东吴大学社会工作学系硕士学位论文，2001 年。

⑥ 陈定铭：《台湾非营利组织在新移民妇女照顾政策之研究》，《非政府组织学刊》（台北）2008 年第 4 期，第 35—50 页。

穷。[①]从市场部门来看，传统劳动力市场对大陆单亲妈妈的差别待遇和就业歧视依然存在。大陆单亲妈妈考量家庭生活经济因素，如欲增加工作机会与投入长时间的工作，则需将子女寄托于相关教育机构中，便将增加子女的照顾支出，使经济情况更加恶化，造成单亲女性落入贫穷循环，更难脱离贫穷的情况。[②]从第三部门来看，尽管台北市赛珍珠基金会、天主教善牧社会福利基金会以及基督教女青年会等慈善组织长期耕耘于新移民女性的教育和服务，但由于缺乏服务对象的细分，干预手段也仅限于少量资金和教育援助，服务效果比较有限。

综上所述，大陆单亲妈妈群体处于公权力管不了，市场不愿管，第三部门又管不好的“三不管”地带。在这一背景下，台湾人安社会福利慈善事业基金会(以下简称“人安”)因其帮扶大陆单亲妈妈产生的积极效果而进入了我们的研究视野。该方案以“给鱼给杆，拉人一把”的理念，运用优势视角把工作整合型社会企业引入大陆单亲妈妈的帮扶服务，为实现这一群体的可持续发展开辟出一条创新路径。为更好地探究和回答“如何有效解决大陆单亲妈妈面临的社会适应及多重困境”这一问题，本文采用“发现导向”的个案研究方法，在多次实地调研的基础上，对人安运用工作整合型社会企业服务大陆单亲妈妈的实践经验进行深入考察，寄希望于为改善大陆单亲妈妈群体的生活境遇带来启发；与此同时，也可以为服务其他弱势群体的工作整合型社会企业实现有效运作提供参照系。

一、工作整合型社会企业

工作整合型社会企业（Work Integration Social Enterprise, WISEs）主要关注在高度失业情形下，弱势就业者的社会与专业整合，它包括为就业劳动市场中有严重障碍者提供的一系列活动的部门展现，如互相劳动合作、废物利用、资源回收、维护公共环境等。在二次大战后欧洲许多国家建立了短暂的就业服务来帮助身心障碍者，同时也增加了许多基金，来帮助全球就业市场发展出替代

① 吴季芳:《男女单亲家长生活适应及其相关社会政策之探讨》，台湾大学社会学研究所硕士学位论文，1993年。

② 童小珠:《台湾省女性单亲家庭经济困扰之研究》，中正大学社会福利研究所硕士学位论文，1992年。

性的工作方案。[①]正式的工作整合型社会企业于20世纪70年代最早出现在苏格兰地区，其主要目标是对抗特殊群体的高失业率，帮助长期被排除在劳动力市场之外或是在就业市场遭遇困难的风险失业者，透过生产活动提供给这些风险失业者职业训练与就业发展机会，整合失业者重返劳动市场与融入社会。

整体而言，工作整合型社会企业所服务的人群特征是多样性的，主要包括六大类：身心障碍者、有社会性问题者、长期事业很难在一个地方固定就业者、年轻人、弱势之少数族群及女性失业者等。[②]工作者本身在工作整合型社会企业中有三个主要形态：（1）正式工作契约（work contract），工作者受雇于合法性的就业制度下，所获得的报酬多半是以国家的薪资架构为主；（2）受训状态（traineership），生产性工作提供所有的训练者有机会体验工作经验，训练期间并不接受薪酬，但在一些个案中有接受一些利润，因此训练的期间程序一般比较短暂；（3）就业情形（occupational），生产性的工作提供了社会的弱势者一个社会化的机会，因此工作情况很容易与开放的就业市场相联系，工作并不接受薪酬的给予，但有时会通过共同生活的津贴辅助来提供社会性的支持方式。[③]

近年来，工作整合型社会企业在两岸悄然兴起，但由于引入时间较短，尚未引起学者广泛关注。社会期许在工作整合型社会企业的助力下，可以使社会弱势边缘群体重返就业职场或是获得就业训练的机会，建立受益对象的自信心与充实就业技巧和能力，如此一来不但能够减少社会照顾的负担成本，更可进一步将之转化为社会资产，并促进社会进步。[④]但由于两地的实际情况不同，大陆与台湾工作整合型社会企业的关注对象略有差别，大陆工作整合企业主要指向传统制造业失业的低技术职工、社区弱势就业者和服刑人员，[⑤]采取包括提供培训、因人设岗和扶持创业等方式；[⑥]而台湾的工作整合型社会企业更多关注身

① Aiken M., *What is the Role of Social Enterprise in Finding, Creating and Maintaining Employment for Disadvantaged Groups?* Cabinet Office of the Third Sector,2007:4-6.

② 邱怡薇：《工作整合型社会企业在原住民社区产业之运作——以台东八八希望园区重建中心为例（下）》，《神学与教育》（台北）2004年第2期，第337—367页。

③ 邱怡薇：《工作整合型社会企业在原住民社区产业之运作——以台东八八希望园区重建中心为例（下）》，《神学与教育》（台北）2004年第2期，第337—367页。

④ 林怡君：《社会企业在台湾的发展与限制，以多元就业开发方案经济型计划为例》，《就业安全》（台北）2008年第1期，第63—67页。

⑤ 时立荣：《从非正规就业组织到社会企业》，《理论学刊》2005年第9期，第42—44页；康健：《发展社会企业，改善社区服刑人员就业状况》，《法制与社会》2008年第1期，第183—190页。

⑥ 董晓华、晏华：《社会企业介入我国弱势群体就业的优势与途径》，《佳木斯大学社会科学学报》2012年第3期，第71—72页。

心障碍者领域，最常见的方法就是成立庇护工厂或商店，借此提供弱势群体训练或就业的机会，目的系尝试将身心障碍者重新整合进入劳动力主流市场，并透过劳动力来创造生产价值。[①]既有的文献数量偏少，且普遍从宏观层面出发论述工作整合企业的积极作用，缺少从微观层面揭示工作整合型社会企业帮助弱势群体的运营模式和实际效果的研究，尤其是工作整合性社会企业是否可以用于帮扶包括外来移民或流动人口的就业生计问题尚不清晰。

二、研究设计

（一）研究对象与方法

本文的研究对象是人安基金会。人安前身是由曹庆先生于1986年创立的人安清寒植物人赡养院，早期专门从事植物人照顾。随着机构不断发展，人安基金会服务范围也扩大到"街友"、单亲妈妈等弱势群体，并发展出"给鱼给竿拉人一把"服务理念，即针对不同的帮扶对象采取差异化的救助方式。在研究方法上，本文主要采用个案研究法。运用个案研究方法的目的不仅在探究问题的症结所在，且希望能够更具体地归纳出适当的因应对策，并引导将问题的解决方案付诸行动。本研究旨在深入总结人安基金会运用工作整合型社会企业服务大陆单亲妈妈的实践经验，以为解决这一群体所面临的多重困境提供启示与借鉴。作为一项探索性研究，其兼具描述性与解释性的功能，同时也可以建构理论与验证假设，符合个案研究方法的特性。

（二）资料搜集与研究过程

本文作者2014和2015年暑期两次赴台湾进行蹲点研究，对相关研究对象进行了多次访谈，访谈对象包括人安"地瓜妈妈"方案的负责人、大陆单亲妈妈、台湾大陆配偶社团负责人、大陆和台湾的社会企业研究者等。在数据收集上，本研究透过半结构化的深度访谈为主要搜集方法，再对获得的资料进行编码整理。访谈初期，研究者主要访谈人安"地瓜妈妈"方案负责人。由于负责人同时也是该方案的创始人，从2009年开始就一直负责该项目，能够给我们提供项目的充分信息；其次，选择两位参与该方案3年以上大陆单亲妈妈进行访

① 黄佳蓥:《非营利组织社会企业经营管理之研究：以台湾地区身心障碍社会福利机构为例》，台湾中正大学社会福利所硕士学位论文，2006年。

谈，获得对该项目的实际效果的体验和认知；最后，我们将访谈中获得的信息向台湾大陆配偶社会团体进行求证，多源验证研究结论的信度与效度。

三、案例分析

工作整合型社会企业是人安在长期帮扶单亲妈妈等弱势女性的过程中不断探索和创新的结果，在时间跨度上，大致可以分为组织形式选择、服务领域选择和工作形式选择三个阶段。

（一）组织形式选择阶段

2008 年 6 月，人安开始从事单亲妈妈服务，但对外籍或本地单亲妈妈并没有限定。当时恰逢台湾社会创新思潮盛行，许多非营利组织都尝试通过社会企业方式来帮扶社会弱势群体，人安也不例外。在具体实践中，人安首先尝试通过生产合作社的方式为单亲妈妈服务。

2008 年 6 月开始，我们做的第一个阶段，就是把单妈带到苗栗农场，在里面养鸡种菜，然后我们帮她们把产出卖掉后进行平均分配。(150814ZLW)

然而，单亲妈妈对金钱的需要是即时性的，种菜或者养殖的生产周期过长，显然无法满足她们的生活需要，于是，这一方案很快就夭折了。不久，尤努斯的小额信贷模式开始风靡台湾，人安也选择跟风开展小额信贷，但这一模式最终也没有获得成功。

我们当时完全模仿尤努斯模式，找了 5 个单妈组成一个团体，……我们贷款利率比商业贷款要低，目的是帮助单妈去创业。半年时间里我们贷出去了 6—7 笔，金额从 5 到 30 万不等，但发现她们只是开始象征性还 2—3 个月，后面就都不还了。因为她们一部分人是欠了很多钱的，有钱后首先拿过去还钱，也没有拿去创业，还有一些人去搞加盟，但因为没有 know-how，钱也都亏掉了。(150814ZLW)

从上面的分析可以看出，人安在初期阶段就选择以社会企业为方向服务单亲妈妈，但这一阶段的尝试主要是简单模仿。尽管考虑到服务对象的需求，但没有从单亲妈妈的实际情况出发寻求解决方案，导致两种常见类型的社会企业形式都没有成功。

（二）经营领域选择阶段

模仿失败以后，人安开始反思失败原因。他们发现尤努斯模式成功的一个重要前提是孟加拉国女性普遍擅长手工编织，而人安服务的单亲妈妈通常并不具备谋生的专业本领，帮助单亲妈妈需要充分挖掘女性的内在力量和优势资源。遵循这一思路，他们想到台湾面积比较小，小吃等流行起来比较容易，而女性在制作食品方面有着天然的长处，于是便决定选择食品行业作为突破口。在转型过程中，人安一改以往直接就让单亲妈妈进行项目尝试的做法，而是让自己的工作人员先行先试，直到证明某一方案真正可行后才让单妈介入。从 2009 年 11 月开始，人安开始培训单亲妈妈制作果汁、饭团、牛肉面、红豆饼、小笼包、鸡蛋糕等小吃，并通过流动摊贩的形式售卖。与此同时，人安透过人潮、产品摊位重复性、摊位安全性评估后，试卖一至两星期，并由站长陪同实际指导设摊技巧及客户互动，经评估认可才可独立出摊，并定期进行销售评估，针对销量不佳的个案协助改善。

我们看到台湾摊贩非常的多，应该说世界各地都一样……因为你租店面，就有租金的问题，租金可能会吃掉你所有的利润。(150814ZLW)

我们做餐饮是很强大的，我爸爸是长荣集团的宴会总厨……我叔叔是福华饭店的主厨……我们做得好吃就把他们的客人都吸走了。(150814ZLW)

由于流动摊贩在台湾是被禁止的，单亲妈妈的“非法”经营影响了门店的生意，早餐店开始向警察举报。这件事让人安重新思考社会生态的重要性，即如何在服务受益群体的同时又不会影响到社会其他人的利益。经过内部讨论，他们最后将小吃锁定在烤地瓜上。这样做的原因在于：一是烤地瓜这种食品曾经风靡台湾，在当地有十分广阔的市场需求空间；二是人安在为“街友”服务时曾经尝试过烤地瓜的方式，具有一定的经验；三是烤地瓜不会破坏现有的社会生态。

现在做烤地瓜的在台湾主要有三类人，一类是老贩，一类是推着小货车，卖点玉米菱角什么的，还有一类是超商。前两类不会来举报你，因为他们也是非法经营，超商因为卖的东西品类比较多，兼着卖而已，根本没有必要和你形成对立，也不会因为你做了某一样（小吃）而去找你麻烦。(140720ZLW)

尽管烤地瓜依然是流动摊贩方式经营，但由于没有给社会带来外部成本，为人安与警察之间实现“策略合作”提供了可能。

我有朋友是议员，我和他讲了我们的方案，他觉得这些单妈是挺不容易的。于是就帮我们和警察协调。警察能做到的就是，如果没人举报，他来查的时候，我们就走，我们也别让人家难做。这样他们也不管这些单妈。下一步我们打算向政府部门倡导单妈摊贩合法化。为什么台湾艺术可以有艺人证公开卖艺，而这些弱势群体不可以呢？(150814ZLW)

此外，人安在经营中充分强调“地瓜妈妈”方案的公益性质，在单亲妈妈的烤箱车上专门插上旗帜，上面印有“木炭烤地瓜，拉把单亲妈”的宣传语，并在每个烤箱车上配备了募捐箱，消费者可以直接捐赠发票和零钱。

（三）工作形式选择阶段

2010 年 11 月，人安把小吃摊全部撤掉，开始尝试贩卖烤地瓜，自此人安的工作整合型社会企业雏形开始形成。经过调研发现，台湾非营利组织服务单亲妈妈的工作整合型社会企业方案主要集中在正式工作契约和受训状态，主要形式是开设庇护工厂，但这种整合模式和工作形式存在着较大的弊端，无法从根本上解决单亲妈妈的可持续发展问题。

庇护工厂主要与工人是聘用关系，把他们纳入工厂的生产线，比如 XX 做的巧克力工坊，主要针对这些单亲妈妈，但每个月工资都很低，而且只能聘请你半年，也就是 19000 台币，折合人民币 4000 元，半年后你必须要离开……台湾当局有个规定叫“以工代赈”，特殊情况你最多再延长半年，比如这个人养了五六个小孩。可是你想这个办法有没有可能让一个人站起来？失去工作她又陷入了贫穷，而且巧克力这个东西是个冷门的东西，不是谁做的都会有人买，别人不知道是怎么做成的。XX 做得好一点，因为他们有自己的店铺，但也基本

上要吃政府的补贴。(150814ZLW)

XX 教妈妈编手工做毛线，三个月给工资，三个月以后你就回家自己去编毛线。他们一种是培训编制，完了之后就没有了，我们不管后面的行销和产品销路问题，而实际上这个东西编了一天也没人愿意买，毛线不是必需品，毛线制品还有审美的关系，编完了很丑，没人买。(150814ZLW)

因此，人安将其社会企业定位为永久性自负盈亏整合模式和社会化就业情形。主要做法是免费为单亲妈妈提供生财工具(包含烤炉、雨伞、背心、旗帜等)；另提供三袋地瓜(50 台斤 ×3)、一箱纸袋、一袋木炭。首次所得，其中一半可为设摊成本，另一半将作为家庭生活费，逐渐改善单亲妈妈及其孩子生活。

我们现在资金 95% 来自社会捐赠，5% 来自公权力机构。因为都来自公权力的机构你长不大。我们是做社会创业方案的，主要是让服务对象自我创业。你技术好的话你可以换个池子去钓，你技术好、能力强的话可以去大海里捞鱼，不需要总在我们这个池子里限制你。(140720ZLW)

工作整合型社会企业实施几年以来获得了明显的成效，截至 2015 年 8 月，人安在全台相继建立了 17 个平安站，并设置了上千个地瓜烤箱，先后服务外籍、大陆及本地单亲妈妈共 264 人，其中大陆单亲妈妈 30 余人。方案的实施为大陆单亲妈妈带来了一系列积极改变。

第一个积极改变是帮助大陆单亲妈妈解决了生计问题。针对被传统劳动力市场排斥的弱势女性，该方案为其创造出工作机会并带来了相对客观的收入。这一点得到了项目负责人和大陆单亲王妈的支持。

大陆单妈相对其他东南亚国家的外籍配偶而言，并不算“弱势”，他们在语言、文化适应性和能吃苦方面都有优势。大陆单妈的经营收入最为可观，我们这里销量前三名都是大陆来的。有一个河南籍的王妈，她非常能干，是我们这里的销量冠军，一年能够有 100 万台币的纯收入，家里五口人生计全靠她一个人卖烤地瓜维持。(150814ZLW)

做这个（指烤地瓜）收入也还可以，虽然不能发大财但养活我两个孩子还够用，而且工作很轻松，像我之前去 XX 做事就没有什么钱，每次回来还把手

都累的做不了饭。(150814WM)

第二个积极改变是解决了大陆单亲妈妈的子女照护问题。人安的“地瓜妈妈”方案使大陆单亲妈妈在贩卖烤地瓜的同时照顾孩子，她们可以灵活地安排自己的工作时间。

这个工作（指烤地瓜）好呀，我想来就来，家里有事就不来，现在老二（指二女儿）年纪还小，每天的三袋地瓜大约5点就卖完了，我一般一天就卖三袋，卖完就可以去接她，有时候卖得快中午就下班了。(150814YM)

第三个积极效果是形成了大陆单亲妈妈社会网络支持。人安不仅教给她们碳烤的技能，更重要的是为她们提供了社会网络支持，包括认识更多的大陆单亲妈妈及与台湾本地人更多的接触机会。

我就是那个王妈带出来的。刚来的时候，张主任让我跟着她学习，我就看着她卖，慢慢地我就学会了。我们因为是各自负责一片，王妈也肯教我，我们建了LINE群，现在还保持着联系。(140720YM)

现实认识不少老客户，他们十分喜欢吃。有一天下雨，我就没去，结果有个客人专门给我打电话说要买烤地瓜。还有一次，我跑到另外一条街上，一个客人找了半天才把我找到。(150814WM)

四、经验总结

社会企业作为一种新生事物需要不断地摸索和尝试，尤其是非营利组织在成功转型社会企业时需要建构一套经营策略。[①]Chiuand Wong曾运用制度理论视角建立了社会企业分析的PRAMS框架，结合工作整合型社会企业的定义、特性及经营策略，我们将该框架修正为PRAMC（problem-resource-agent-marketing-culture），并用于总结和梳理人安运作工作整合型社会企业服务大陆单

① Sangmi Cho, Razia Sultana, “Journey from NGO to Sustainable Social Enterprise: Acceleratory Organizational Factors of BRAC”, *Asian Social Work and Policy Review*, 2015(9):293-306.

亲妈妈的经验。[①]

（一）问题识别（problem）

人安之所以转型工作整合型社会企业，乃是为了解决本地、大陆及外籍单亲妈妈等弱势群体的就业困扰，前期探索的失败使其逐步认知到要实现这一目的，需要运用优势视角，立足发现和寻求、探索和利用单亲妈妈的优势和资源，[②]并兼顾就业者能力提升、工作条件与环境和工作机会创造，进行均衡周延的思考与规划。[③]尽管大陆单亲妈妈在政策上相对于其他外籍单亲妈妈是弱势群体，但在语言、文化适应和工作态度等方面具有明显优势，[④]“地瓜妈妈”方案十分有利于大陆单亲妈妈上述优势的发挥，在一定程度上预设了工作整合型社会企业给这一群体带来的积极效果。

（二）资源基础（resource）

对母体资源的依赖性构成台湾工作整合型社会企业的重要特色。人安的工作整合型社会企业采取了“母体嵌入”的方式，[⑤]在这种不设实体的模式下，社会方案通过经营收入实现自我运转，而商业活动也可以成为一个可持续的项目策略，财务和社会受益是同时实现的。在具体的经营领域选择上，人安除了发掘单亲妈妈的长处之外，也充分审视了团队内部资源，适合的领域介入是“地瓜妈妈”方案取得成功的要件之一。马才专认为社会企业必须兼具在地化的思考脉络，思考如何在方案的推动过程中有效整合人力、社会与环境资源的链接，并从此链接过程中创造更多的工作机会，并透过方案持续的推动强化参与者与

---

① Chiu, W. K. ,Wong, K. C. ,*Welfare Reform and Social Enterprise: Towards an Institutional Theory of Social Enterprise*. Hong Kong: The Chinese University of Hong Kong. Hong Kong Institute of Asia-Pacific Studies, 2010:3-7.

② Saleebey, D. ,*The Strengths Perspective in Social Work Practice*. Boston: Allyn and Bacon,2006:278-302.

③ 胡哲生、李礼孟：《社会企业参与特定对象就业扶助的观念创新》，《就业安全》2013 年第 12 期，第 134—151 页。

④ 王灿槐、林艾蓉：《台湾女性劳动力之运用比较：以东南亚配偶、大陆配偶、本国有偶妇女为例》，《台湾东南亚学刊》（南投）2009 年第 2 期，第 67—72 页。

⑤ Alter S. K. , “Social Enterprise Models and Their Mission and Money Relationships” , In A. Nicholls(ed.), *Social Entrepreneurship-New Models for Sustainable Social Change*. Oxford: Oxford University Press, 2006:205-232.

所在地区特色的整合。[①]本研究的另一个发现是，对于面积较小的国家或地区，食品行业或许是工作整合型社会企业十分适合的经营领域，来自新加坡的一些经验发现也证实了这一点。[②]

（三）外部合作（agent）

由于弱势群体的生产率低下，工作整合型社会企业通常都需要政府补贴。[③]人安认为，社会企业最好不要拿政府的补助，一是容易受政府设定的一些指标影响营运方向，无法弹性因应市场需求来调整经营方式。二是计划执行者可能拿政府补助用于补贴其他经营项目的亏损或租金，会使基金运用在不同的项目上而失去补助原意。为此，人安所采取的永久性自负盈亏模式力图实现帮扶自身的永续化，实践证明，这种模式的工作整合型社会企业对于就业创业型工作状态的大陆单亲妈妈是有效的。然而，不接受公权力机构的补助，并不意味着人安没有与公权力机构建立策略合作。在服务大陆单亲妈妈的过程中，人安一直扮演着积极的政策倡议角色，推动政府加强对新移民妇女的政策照顾。

（四）市场营销（marketing）

除了认识地瓜类别及学习烤地瓜技术外，人安通过内部工作人员和单亲妈妈的两阶段试卖并结合后续的销售评估，对销售业绩不佳的单亲妈妈辅之以个案辅导，有效降低了大陆单亲妈妈的经营风险，确保了服务方案的有效性。与此同时，人安的社会营销策略也起到了较好的效果，能够唤起公众道德消费，不仅增加了地瓜的销量，也为基金会增加了筹款收入，而摊贩的流动性本身又是一种很好的宣传策略和方式。杨贤铭等认为，以人作为传达的媒介可以有效地宣扬社会企业社会关怀的使命，而社会企业借由营销手段建立与消费者之间的互动，除了可以宣扬组织的社会使命外，更可以强化消费者对社会企业活动的参与。[④]

① 马才专：《社会企业发展过程之社会关系与工作机会创造——以多元就业失业单位为例》，《劳动及职业安全卫生研究季刊》（台北）2015年第2期，第411—479页。

② 梁焕炜：《新加坡社会企业——以商业模式创新就业》，《台湾劳工季刊》（台北）2013年第36期，第111—122页。

③ 王仕图、官有垣、林家伟、张翠予：《工作整合性型社会企业的角色与功能——台湾与香港的比较分析》，《人文社会科学研究》（屏东）2010年第2期，第130—143页；林建文：《工作整合型社会企业的策略定位之初探》，《非营利组织管理学刊》（嘉义）2011年第10期，第106—130页。

④ 杨铭贤、吴济聪、苏哲仁：《社会企业经营模式之建构》，《创业管理研究》（台北）2009年第12期，第29—49页。

（五）组织文化（culture）

工作整合型社会企业对大陆单亲妈妈重新回到劳动力市场的重要性，除了提供保障就业机会外，还通过建立组织文化等方式提供工作训练、社会网络和帮扶责任，进一步建立弱势者的信心，充实就业技巧以及资源获取。人安在服务大陆单亲妈妈的过程中始终致力于建立“助人自助”的组织文化，通过“母鸡带小鸡”等形式的团队互助，建立起弱势群体的社会网络链接，这一做法也是大陆单亲妈妈通过就业情形实现社会化的有效过程，为其带来了社会资本支持。Borzaga 和 Luca 认为，创造第二、第三层组织是社会企业取得最佳组织规模的方法之一，包括经济规模与知识共享，并确保可以用以创新与发展之额外资源的提供。①

结语

尽管人安“地瓜妈妈”方案作为一个工作整合型社会企业依然有进一步完善的空间，包括提升大陆单亲妈妈的参与热情和项目自身的经营业绩等，但作为一项探索性研究，上述问题依然不能埋没该案例的实践意义和学术价值。在实践意义方面，该研究在一定程度上揭示了工作整合型社会企业在服务大陆单亲妈妈方面的独特优势和积极效果。工作整合型社会企业以特有的选拔方式与低成本的训练给人以激励，与此同时，把那些被劳动力市场排斥的、具有潜在生产能力的弱势群体的潜能开发出来，通过成员的组织化为弱势群体提供工作机会与社会包容，对于大陆外来移民和流动人口的安置与帮扶也能够带来借鉴与启发。在学术价值方面，在 PRAMC 框架下，该研究为我们澄清了组织运营策略上的一整套方式方法，其运用优势视角对服务对象进行“保护性因素”挖掘、利用有形与无形资源发挥在地优势、与政府进行策略性互动以及建立助人自助的组织文化等做法为其他类型的社会企业经营运作也提供了经验指导。

当然，本研究的缺陷在于个案研究，其研究结论存在不可避免的片面性，未来研究有待于在多案例甚至定量分析的基础上得出更为全面的结论。

---

① Borzaga, C. , S. Luca, “Management Challenges for Social Enterprise” , In J. Defourny, C. Borzaga (eds).*The Emergence of Social Enterprise*. London: Routledge,2004: 364-372.

【青年研究】

“实用主义的过客”：台湾青年在大陆社会融入的指标建构与现状评估*

陈　超　蔡一村　张遂新**

引言

近年来，随着两岸关系和平发展进程的巩固和深化，越来越多台湾青年有了在大陆求学、就业的经历。正如习近平所指出，“两岸青少年身上寄托着两岸关系的未来”，作为充满活力和希望的“两岸使者”，这些台湾青年不仅是两岸彼此认识和联结的重要纽带，更将在两岸关系未来发展中发挥不可或缺的作用。遗憾的是，当前对于在大陆台湾青年群体的研究较为缺乏，我们并不确切知晓他们能否融入在大陆的生活，又在哪些方面需要帮助。本研究即试图实际了解台湾青年在大陆社会融入的基本状况，以期对今后进一步做好在大陆台湾青年工作有所助益。

为达成上述研究目的，本研究建构了一套包括“发展融入”“生活融入”“文化融入”“心理融入”等四个维度共18个指标在内的指标体系，旨在对台湾青年在大陆社会融入状况进行专门评估。通过问卷调查，本研究得出两点基本结论：第一，台湾青年在大陆社会融入大多从工具性的需要出发，并缺乏扎根意愿。因此，他们是一群“实用主义过客”。这一特征在四个维度上的具体表现分

---

* 本文发表于《台湾研究集刊》2018年第1期。基金项目：教育部人文社会科学研究青年基金项目“台湾青年在大陆社会融入状况研究”（17YJCGAT001）。

** 作者简介：陈超，男，两岸关系和平发展协同创新中心成员，厦门大学台湾研究中心、台湾研究院政治研究所助理教授；蔡一村，男，博士，广州大学台湾研究院讲师；张遂新，男，两岸关系和平发展协同创新中心、厦门大学台湾研究院政治研究所博士研究生。

别是：在发展融入上，他们意愿高，但渠道少；在生活融入上，他们能适应，但不参与；在文化融入上，他们能接受，但不认同；在心理融入上，他们有关切，但无归属。第二，台湾青年在大陆社会融入的过程，并不简单依循“从经济到身份”的线性发展模式，而是在多维度上同时展开。

一、文献综述

从研究对象上看，有关社会融入的先行研究主要聚焦于农民工与海外华人这两大群体。这些研究的核心关注点在于农民工的城市融入问题与华人在移居国的融入问题。然而，针对台湾青年在大陆社会融入状况的研究较为罕见。下面将对这三类有关社会融入的研究进行简要的回顾与总结，以期为本文理论框架的建构提供基础。

（一）农民工：城市融入

概括而言，有关农民工城市融入的问题主要有两类研究：一类是有关农民工城市融入“是什么”的研究，集中探讨城市融入的程度与状况；另一类则是有关农民工城市融入程度“为什么”的研究，重在挖掘影响城市融入程度的不同因素。

在第一类研究中，如何构建出一套测量农民工城市融入的指标体系成为许多文章关注的重点。总的来看，尽管各个研究者在城市融入的具体指标设定上颇有争议，但是在几个基本维度上存有共识。这几个维度分别是经济融入、社会融入、制度融入与文化心理（身份）融入。[①]有趣的是，学者们基于这些相似的测量维度进行研究，却得出了不同的结论。一个较为普遍的观点是，当前新

① 王佃利、刘保军、楼苏萍：《新生代农民工的城市融入——框架建构与调研分析》，《中国行政管理》2011 年第 2 期，第 111—115 页。

生代农民工与他们的父辈没有大的差别，整体城市融入状况并不理想。① 然而，通过对安徽搓澡工的深入调查，赵莉指出，当前城市部分农民工的经济适应性良好，通过老乡之间的"强关系"以及他们同客户之间的"弱关系"，他们甚至能够在一定程度上完成在城市中的社会交往适应。②

在第二类研究中，先行文献主要从企业、社区、社会环境与制度环境四个方面来分析对农民工城市融入状况的影响。从企业出发的研究发现，工人劳动时间与城市融入状况呈现显著的负相关，③ 而适当的员工帮扶计划则有利于推动农民工城市融入的进程。④ 从社区出发的研究提出了许多令人耳目一新的观点。罗竖元指出，社区的开放性、接纳度与共享性文化对于农民工城市融入都有显著的正向作用。⑤ 徐延辉、罗艳萍将社区作为一个主体，把社区文化进一步整合进了"社区能力"的概念之中，更加系统地阐释了社区对农民工城市融入的影响。⑥ 与关注微观企业与社区因素的研究不同，关注宏观制度环境与社会环境的研究指出，广泛的社会信任、社会距离与制度排斥才是影响城市融入的关键因素。⑦

① 如张庆武、廉思、冯丹：《新生代农民工经济融入状况研究——以北京为例》，《学习与实践》2015 年第 12 期，第 103—111 页；孙国峰、张旭晨：《欠发达地区新生代农民工社会融入实证分析》，《调研世界》2014 年第 8 期，第 44—47 页；张庆武、卢晖临、李雪红：《流动人口二代社会融入状况的实证研究——基于北京市的问卷调查分析》，《中国青年研究》2015 年第 7 期，第 61—67 页；李培林、田丰：《中国农民工社会融入的代际比较》，《社会》2012 年第 5 期，第 1—24 页；熊易寒：《整体性治理与农民工子女的社会融入》，《中国行政管理》2012 年第 5 期，第 79—83 页；王佃利、刘保军、楼苏萍：《新生代农民工的城市融入——框架建构与调研分析》，《中国行政管理》2011 年第 2 期，第 111—115 页。

② 赵莉：《新生代农民工多维性社会适应研究》，《中国青年政治学院学报》2013 年第 1 期，第 126—131 页。

③ 潘泽泉、林婷婷：《劳动时间、社会交往与农民工的社会融入研究——基于湖南省农民工"三融入"调查的分析》，《中国人口科学》2015 年第 3 期，第 108—128 页。

④ 张宏如、李群：《员工帮助计划促进新生代农民工城市融入模型——人力资本、社会资本还是心理资本》，《管理世界》2015 年第 6 期，第 180—181 页。

⑤ 罗竖元：《城市社区文化对农民工随迁子女城市融入的影响——基于厦门、长沙、贵阳等地的调查》，《中国青年政治学院学报》2014 年第 2 期，第 8—14 页。

⑥ 徐延辉、罗艳萍：《社区能力视域下城市外来人口的社会融入研究》，《社会科学辑刊》2015 年第 1 期，第 28—35 页。

⑦ 徐延辉、史敏：《社会信任对城市外来人口社会融入的影响研究》，《学习与实践》2016 年第 2 期，第 110—119 页；闫伯汉：《制度排斥、社会距离与农民工社会融入——基于广东省东莞市的分析》，《北京社会科学》2015 年第 5 期，第 65—72 页；杨磊：《资源、支持与适应：失地农民市民化的影响因素研究——基于多样本的扎根理论分析》，《华中科技大学学报（社会科学版）》2016 年第 2 期，第 123—129 页。

综上所述，虽然有关农民工城市融入的研究成果丰硕，但是在融入程度以及影响因素这两大问题上并没有形成较为一致的看法。这其中最为重要的原因或许是样本选择的问题。先行研究一个较为普遍的做法是，以一省、一市甚至是一个行业作为抽样总体，从而使得结论的外部适用性受到局限，最终导致不同研究之间的争议大于共识。但值得充分肯定的是，先行研究在有关“社会融入”的测量上实现了较为一致的观点，为本文指标体系的建立提供了有力的依据。

（二）华人：移居国融入

海外华人群体是有关社会融入问题的又一重要研究对象。围绕这一群体的核心研究问题是，海外华人融入当地社会所面临的问题，一般而言，海外华人如何融入当地社会。

董庆文与陈迅通过对中国留美大学生的研究发现，中国留学生在当地文化适应主要面临三个挑战，即学习方法的差异性、自我管理与发展的难题以及沟通技巧的缺乏。① 显而易见的是，由于研究对象的特殊性，以上三种挑战并不能概括所有海外华人在地融入所面临的全部问题。在某种程度上，如果我们可以把留学生看作是海外精英华人群体构成之一的话，那么对于更多的非精英华人来说，他们在地融入面临的首要问题是如何将不同形式的非法身份合法化。② 在这一过程中，合法化进程的难易直接与当地政府政策相关。在对荷兰印尼华裔群体的研究中，李明欢曾明确指出，“如果所在国政府对当地华侨华人基本上采取不歧视、不排斥的政策，那么移民家庭在三代之后大多自然而然地认同于当地。可是如果当地政府采取排外主义，或一厢情愿地强迫加速同化，其结果只能是（1）迫使有能力、有可能再移民者远走高飞；（2）从反面唤醒并强化已植根于当地者的‘祖籍国’意识，造成华裔心灵上的扭曲。”③

由此可见，如何破解难题，令海外华人实现在地融入并非易事。对于如何实现在地融入这一问题，一个较为普遍的共识是，海外华人通过构建丰富密集

① 董庆文、陈迅：《中国留美大学生学业和文化适应性问题研究——以美国加州太平洋大学为例》，《中国高教研究》2015 年第 7 期，第 48—52 页。

② 王春光、Jean Philippe BEJA：《温州人在巴黎：一种独特的社会融入模式》，《中国社会科学》1999 年第 6 期，第 106—119 页。

③ 李明欢：《一个特殊的华裔移民群体——荷兰印尼华裔个案剖析》，《华侨华人历史研究》1993 年第 2 期，第 60—66 页、65 页。

的社会网络来实现资源的共享与互助，从而帮助华人群体融入当地社会。社会网络的构建基础是多元的，它既包括传统的亲缘与乡缘，也包括现代性的业缘，甚至是源于对某种政权的认同。①

总之，海外华人的社会融入问题与农民工的城市融入问题差异巨大。对于海外华人而言，他们不仅需要面临相似的经济融入的问题，更要在政治、语言、文化、心理等方面经历更大规模、更高程度的调试与适应。因此，二者对比来看，海外华人的在地社会融入问题更多的围绕"群体文化"展开，而农民工的城市融入问题则更多的围绕"公民权利"展开。

（三）台湾青年：大陆融入

与农民工与海外华人相比，台湾青年在大陆的社会融入问题因兼具二者的特征而与众不同。一方面，在"一中框架"下，台湾青年移居大陆应当被看作是在"一国"境内的迁移，他们在大陆的升学、就业与创业问题都与"公民权利"紧密相关；另一方面，由于两岸当前特殊的形势，以及两岸在政治、经济、社会文明和价值取向等各方面的差异，使得台湾学生在大陆同样会遇到与海外华人相似的"文化冲击"。因此，台湾青年在大陆的社会融入问题具有更高程度的复杂性。遗憾的是，绝大多数的研究聚焦于青年的身份认同问题，②而鲜有学者对这一复杂问题进行深入探讨。③

张宝蓉与王贞威的研究可以看作是大陆学者在这一问题上的开创之作。在这一研究中，二位学者围绕台湾学生在大陆的社会适应性、满意度、适应策略

① 相关论述请参：王春光、Jean Philippe BEJA：《温州人在巴黎：一种独特的社会融入模式》，《中国社会科学》1999年第6期，第106—119页；李明欢：《群体效应、社会资本与跨国网络——"欧华联会"的运作与功能》，《社会学研究》2002年第2期，第30—39页；李明欢：《"侨乡社会资本"解读：以当代福建跨境移民潮为例》，《华人华侨历史研究》2005年第2期，第38—49页。

② 例如，郭艳《大陆台湾的认同变迁：一种基于理论的探讨》，《北京联合大学学报（人文社会科学版）》2008年第4期，第40—43页；王茹：《"两岸族"台胞的社会身份认同与两岸命运共同体——从社会认同理论的本土文化心理机制出发的阐释》，《台湾研究集刊》2010年第1期，第76—83页。

③ 严志兰与胡苏云分别对台商与上海台湾人在大陆的社会融入问题颇有研究，但是他们研究的主要对象并未放在青年这一特殊群体上。相关研究参见严志兰：《跨界流动、认同与社会关系网络：大陆台商社会适应中的策略性——基于福建台商的田野调查》，《东南学术》2011年第5期，第126—146页；胡苏云：《上海台湾人的社会融入分析》，《社会科学》2006年第8期，第125—135页。

以及问题成因等内容进行了探讨。[①]无疑，该研究对于后续研究具有巨大的启发意义，而文章中存在的一些问题也为后续研究保留了进一步发展的空间。首先，对台生社会适应的考察不够全面，缺乏系统性的测量指标；其次，以被访人主观判断（如“很难适应”，“比较难适应”）为基础的测量在相似选项之间不稳定，从而在不同时期获取的数据容易产生偏差。段皎琳针对珠三角青年台商群体的研究，通过构建一个相对完整的测量体系在一定程度上弥补了以上不足。[②]但是，由于该研究关注对象的特殊性，因此，并不能反映在大陆台湾青年的整体状况。

综上所述，有关农民工城市融入与海外华人在地融入的研究，不仅为台湾青年在大陆社会融入指标体系的构建提供了扎实的理论基础，更为理解台湾青年在大陆社会融入问题的复杂性本质提供了重要的比较群体。这在当前指标体系缺失、青年群体选取偏颇的研究现状下，具有重要的借鉴与启示意义。因此，如果说当前有关台湾青年在大陆社会融入研究的不足提出了本文研究的必要性，那么针对农民工城市融入与海外华人在地融入的研究则为下文的展开提供了可能。

二、研究框架

（一）概念界定

关于什么是“社会融入”，国内外学者有不同的看法。英国社会学家吉登斯认为，“融入”意味着公民资格，即公民所拥有的实质性的民事、政治权利与相应的义务；[③]柯林斯认为，社会融入是一种关于社会如何整合与和谐的理论，关注的是如何令社会成员在遵守社会规范与法律的前提下充分参与社会；[④]而帕森斯则指出，“融入”不是让个人去适应已经存在的补缺性或支持性的制度安排，而是要确保制度安排能够满足所有人的合法参与需求和希望从国家制度安排中

① 张宝蓉、王贞威：《在大陆的台湾青年社会适应性与满意度分析》，《台湾研究集刊》2014年第5期，第1—8页。

② 段皎琳：《大陆地区青年台商社会融入问题与对策研究：以珠三角青年台商群体调查为中心》，《中国青年研究》2016年第3期，第63—69页。

③ 安东尼·吉登斯：《第三条道路——社会民主主义的复兴》，郑戈译，北京：北京大学出版社，2000年。

④ Parsons, Carl, “Social Inclusion and School Improvement”, *Support for Learning*, 1999, Vol. 14(4):179-183.

受益的愿望。[①] 国内人口研究学者杨菊华则更加具体地指出，"融入"指的是流动人口对流入地主流社会体系在经济、行为、文化和观念上的融入。[②]

从以上的不同理解可以看出，社会融入是一个内容涵盖丰富的复杂概念。在价值上，它不仅意味着公民公平地享有权利，同时也意味着不被排斥地进行社会参与；在内容上，它不仅强调经济上的整合，更强调在文化、观念与心理上的认同。鉴于此，本文认为，社会融入指的是某类流动人群在流入地公平享有、参与并能够正面认同当地生活的状态。针对在大陆台湾青年而言，社会融入指的是台湾青年公平享有、参与并能够正面认同所在大陆城市生活的状态。

（二）指标建构

根据以上各派学者的基本观点，以及本文对"社会融入"概念的基本定义，本研究认为，在陆台湾青年的"社会融入"至少应当包括以下四个维度的内容：发展融入、生活融入、文化融入与心理融入。

发展融入指的是台湾青年在大陆就学与就业的机会获得与个人价值实现的状况。当前，台湾青年主要通过访问、交换、攻读学位以及创业就业的形式进入大陆社会。在这一过程中，机会获得的多寡关系到台湾青年能否"进得来"，而个人价值实现情况的好坏则影响到台湾青年能否"留得住"。因此，发展融入这一维度是台湾青年在大陆社会融入的根本性问题，直接关系到他们能否在此展开长期的生活。如果台湾青年能够大陆获得更多的就学与就业机会、职业成就与职业发展前景，则意味着他们在个人发展层面上较为成功地融入当地社会，反之则意味着他们在个人发展方面存在问题。本研究通过三个权重相同的指标对这一维度进行测量，这三个指标分别是：就学 / 就业机会、职业发展、长期在大陆学习 / 工作意愿。

生活融入指的是台湾青年在大陆居住城市中人际交往、生活资讯、社区活动等方面的了解和参与程度。具体说来，这一维度由四个权重相等的指标构成：人际交往、日常生活、组织参与以及后代期望。人际交往指的是台湾青年在大陆与同事以及朋友之间关系的情况；日常生活考察的是台湾青年在大陆的婚恋、

① Collin, Hugh, "Discrimination, Equality and Social Inclusion", *The Modern Law Review*, 2003, Vol. 66(1):16-43.

② 杨菊华：《从隔离、选择融入到融合：流动人口社会融入问题的理论思考》，《人口研究》2009 年第 1 期，第 17—29 页。

消费、居住习惯以及新媒体使用的情况；组织参与主要测量的是台湾青年对所属居住社区信息了解与活动参与的情况；后代期望指的是台湾青年对于是否支持后代在大陆发展的意愿情况。

文化融入指的是台湾青年对在大陆居住城市的语言、风土人情、社会理念与社会规则等方面的接受程度。不可否认，大陆与台湾共享“五缘文化”，[①]但是由于两岸长期分离，并且在政治与经济发展上均处于不同的阶段，亦受到不同外来文化与本地文化的影响，所以不能简单地认为当代的台湾青年能够在文化上自然而然地融入大陆社会。因此，在考察台湾青年在大陆社会融入程度时，文化融入也是不可或缺的一个重要组成部分。该维度由六个权重相等的指标构成，分别是对语言、服饰、饮食、价值观、节日风俗、非正式社会规则的接受程度。

心理融入指的是台湾青年对所在大陆居住地的心理归属感。在以往的研究中，大多数学者将“身份认同”而非“心理融入”作为考察社会融入的一个重要维度，并且以“你是否认为自己是 ** 人”为具体的测量问题。[②]显而易见，身份认同是一种由多方力量共同建构起来的个体认知，是一个个体长期的社会化过程。然而，对于绝大多数的台湾青年来说，他们在大陆的居住时间往往并不长久。因此，本研究认为，对于大陆进城务工人员，以“身份认同”作为考察他们社会融入的一个重要维度或许是合理的，然而对于在大陆的台湾青年而言，这一维度并不具有测量效度。本研究从五个方面对“心理融入”进行测量：对当地新闻事件的关心度、未来离开后重返本地的意愿度、为城市公共事务付出的意愿度、长期居住的意愿、是否认为自己是城市的一部分。五个指标权重相等。

综上所述，本研究认为，台湾青年在大陆社会融入状况的指标体系由四个维度共 18 个指标构成（见表 1）。

---

① “五缘文化”指的是：地缘相近、血缘相亲、文缘相承、商缘相连、法缘相循。

② 例如张文宏、雷开春针对城市新移民的研究、崔岩针对流动人口的研究以及杨菊华对流动人口的研究。参见张文宏、雷开春：《城市新移民社会融合的结构、现状与影响因素分析》，《社会学研究》2008 年第 5 期，第 117—141 页；崔岩：《流动人口心理层面的社会融入和身份认同问题研究》，《社会学研究》2012 年第 5 期，第 141—160 页；杨菊华：《流动人口在流入地社会融入的指标体系——基于社会融入理论的进一步研究》，《人口与经济》2010 年第 2 期，第 64—70 页。

表 1：台湾青年在大陆社会融入状况指标体系

概念	四个维度	18 个指标
社会融入	发展融入	就学 / 就业机会
		职业发展
		长期在大陆学习 / 工作意愿
	生活融入	人际交往
		日常生活
		组织参与
		后代期望
	文化融入	语言
		服饰
		饮食
		价值观
		节日风俗
		非正式社会规则
	心理融入	当地新闻事件的关心度
		离开后重新返回本地的意愿
		为城市公共事务付出的意愿
		长期居住的意愿
		是否认为自己是城市的一部分

三、研究方法

台湾青年在大陆的社会融入状况如何？本研究通过问卷调查尝试回答这一问题。此次问卷通过现场发送与网络调查两种途径完成。现场发送的问卷主要在厦门市完成；网络问卷开放填写的时间为 2016 年 7 月 28 日至 10 月 17 日。通过两种方式共回收问卷 271 份，剔除 40 岁以上的样本以及漏答的问卷，共收集有效问卷 213 份。

从抽样的方式来说，本研究所使用的现场发送近似于方便抽样；而网络调查则更近似于滚雪球抽样，即首先寻找一定数量符合条件的台湾朋友，以他们作为初步的调查对象，待完成调查后请求他们将问卷通过手机转发给相关友人。需要指出的是，无论是方便抽样还是滚雪球抽样都属于非概率的抽样方法，以此方法获取的样本使研究者无法对抽样误差进行确认，因此并不能在统计意义上确保样本的代表性。本研究采用非概率抽样的主要原因在于，我们无法获得一个关于总体的完整清单。从本文的研究问题出发，年龄在 18—40 岁之间来过大陆的所有台湾青年共同构成了研究对象总体，而几乎不太可能获取关于这一总体的完整清单，更无法在此基础上进行概率抽样。幸运的是，从基本背景与人口学特征看（见表 2），本研究最终获得的样本没有表现出明显的偏误（bias）。

表 2：样本基本变量描述性分析

指标		比例（频数）	指标		比例（频数）
性别	男	54 (115)	在陆累计居住时间	1 年以下	25.82 (55)
	女	46 (98)		1—4 年	26.29 (56)
年龄	18 岁及以下	5.63 (12)		4—7 年	11.27 (24)
	19—29 岁	75.12 (160)		7 年以上	36.62 (78)
	30—39 岁	19.25 (41)	政治倾向	泛蓝	25.35 (54)
婚姻状况	已婚	7.98 (17)		泛绿	4.69 (10)
	未婚	91.55 (195)		中立	42.25 (90)
	离异	0 (0)		不表态*	27.70 (59)
	丧偶	0.47 (1)	族群	外省人	23.94 (51)

续表

<table>
<tr><th colspan="2">指标</th><th>比例（频数）</th><th colspan="2">指标</th><th>比例（频数）</th></tr>
<tr><td rowspan="5">受教育程度</td><td>初中及以下</td><td>0.47 (1)</td><td rowspan="4">族群</td><td>闽南人</td><td>64.32 (137)</td></tr>
<tr><td>高中</td><td>4.69 (10)</td><td>客家人</td><td>6.57 (14)</td></tr>
<tr><td>专科</td><td>0.94 (2)</td><td>少数民族</td><td>2.82 (6)</td></tr>
<tr><td>大学</td><td>55.87 (119)</td><td>新住民</td><td>2.35 (5)</td></tr>
<tr><td>研究所</td><td>38.03 (81)</td><td>在台湾原居地</td><td>北部</td><td>76.53 (163)</td></tr>
<tr><td colspan="2"></td><td></td><td rowspan="3">在台湾原居地</td><td>南部</td><td>19.25 (41)</td></tr>
<tr><td colspan="2"></td><td></td><td>东部</td><td>2.35 (5)</td></tr>
<tr><td colspan="2"></td><td></td><td>离岛</td><td>1.88 (4)</td></tr>
</table>

* 需要说明的是，政治倾向指标中选择“泛绿”频次较低。鉴于研究者的大陆背景，很可能有相当一部分“泛绿”样本选择了“不表态”项。

在本研究中，发展融入维度的取值区间为 [4，22]，生活融入维度的取值区间为 [10，52]，文化融入维度的取值区间为 [6，30]，心理融入维度 的取值区间为 [5，25]。因此，总体社会融入指标的取值区间为 [25，129]。

在对问卷进行数据编码的基础上，为了进一步考察本研究样本数据的总体特征与问卷测量质量，研究者依据 213 个样本在总体社会融入程度以及四个维度融入程度的取值分别绘制了箱线图（图 1、图 2）。总的来看，箱线图呈现出以下几个特征：第一，异常值出现频数较低；第二，以各取值区间为参照，每个箱线图中的最大非异常值与最小非异常值距离相对较短；第三，矩形盒以中位线为界基本呈对称分布。由此可见，本项研究的测量结果没有明显偏误，并且具有较好的测量信度（reliability）。综上所述，虽然本研究在抽样方法上有局限性，但由于所获样本并未表现出明显偏误，并且问卷测量具有较好的信度，因此，本文对台湾青年在大陆社会融入状况的考察可以看作是一项初步、但具有一定参考意义的探索性研究。

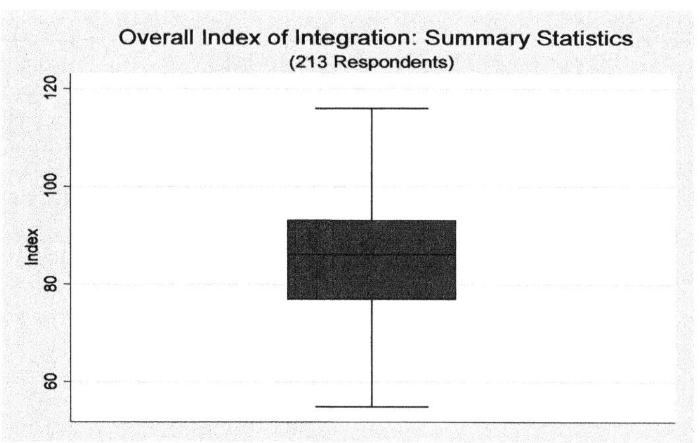

图 1：总体社会融入程度的样本箱线图

注：作者自制。

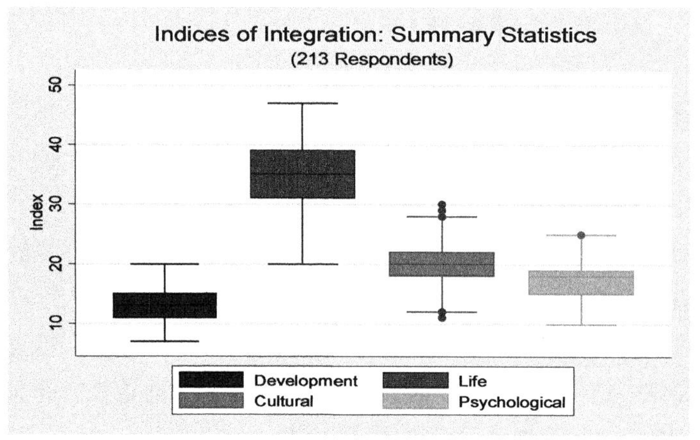

图 2：四个维度融入程度的样本箱线图

注：作者自制。

四、实证结果

由上文可知，总体社会融入程度的取值区间为 [25,129]。如果我们按照社会融入程度“非常低”“比较低”“一般”“比较高”“非常高”来进行划分的话，那么以上五种不同程度社会融入的取值区间分别是：[25.00,45.80]、

[45.80,66.60]、[66.60,87.40]、[87.40,108.20]、[108.20,129.00]，数值越大表示社会融入程度越高。本次调查所获样本在整体社会融入程度的均值为 86（标准差 11.90）。因此，大体上可以认为，当前台湾青年在大陆的总体社会融入程度一般。沿用以上对融入程度进行五类划分的逻辑，下文将对发展融入、生活融入、文化融入与心理融入四个维度分别进行讨论。

首先，在发展融入方面，该维度的取值区间为 4—22，数值越大表示台湾青年在大陆能够获得越优良的就学、就业与职业发展前景。本次调查所获样本在发展融入这一维度的均值为 12.95（标准差 2.35），表示台湾青年在大陆的总体发展融入状况一般，并且在"非常低"与"比较低"方面表达出了略微强烈的倾向。在"就学 / 就业机会""职业发展"与"长期在大陆学习 / 工作意愿"这三个指标中，"就学 / 就业机会"的获值最低。该指标的取值区间为 1—7，均值为 1.63（标准差 0.95），落在"非常低"的区间中。通过对回收问卷的进一步分析可以发现，台湾青年获得就学 / 就业资讯的管道比较单一，可能是影响台湾青年就学 / 就业机会的一个重要原因。他们的就学 / 就业资讯主要通过"朋友介绍"的方式获得，而其他途径，如"单位招聘""网络与新媒体"和"自行投递简历"等相对匮乏。"职业发展"（取值区间为 2—10）的状况则"比较高"，均值为 7.56（标准差 1.42）；同时，台湾青年也更愿意在大陆长期学习 / 工作，这一指标的取值区间为 1—5，均值为 3.76（标准差 0.99），落在"比较高"区间中（三个指标融入程度的相对位置如图 3 所示）。由此可见，大陆虽然能够为台湾青年提供公平、甚至比较优越的就学、就业与职业发展前景，但台湾青年目前主要依靠各自人际关系网络获取就学 / 就业机会，缺乏多元化的信息获取渠道。

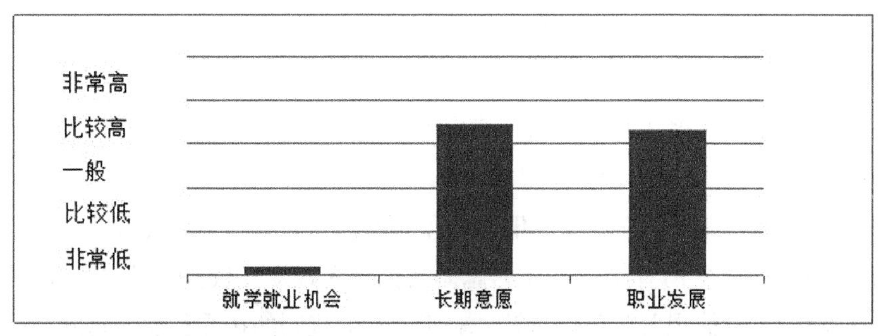

图 3：发展融入指标

注：作者自制。

其次，在生活融入方面，该维度的取值区间为 10—52，数值越大表示台湾青年越能够适应在大陆的生活。本次调查所获样本在生活融入维度的均值为 34.70（标准差 5.96），表明当前台湾青年在大陆总体的生活融入状况一般。值得注意的是，尽管无一例融入程度“非常低”的样本，但融入程度“比较低”的样本占了总体的 10.33%。进一步考察四个指标可以发现，台湾青年在“人际交往”指标（取值区间为 5—23）的均值为 16.62（标准差 2.91），在“日常生活”指标（取值区间为 2—14）的均值为 9.67（标准差 2.70），在“组织参与”指标（取值区间为 3—15）的均值为 8.50（标准差 3.07），在“后代期望”指标（取值区间为 3—15）的均值为 9.48（标准差 3.37）。由此可见，台湾青年在“人际交往”和“日常生活”方面融入状况较好，但在“组织参与”和“后代期望”方面表现一般（如图 4 所示）。这说明由于共通的语言和文化环境，台湾青年大多能够适应在大陆的生活，但仍自限于“外来者”身份，很少参与社区的公共事务，也缺乏扎根落户的意愿。

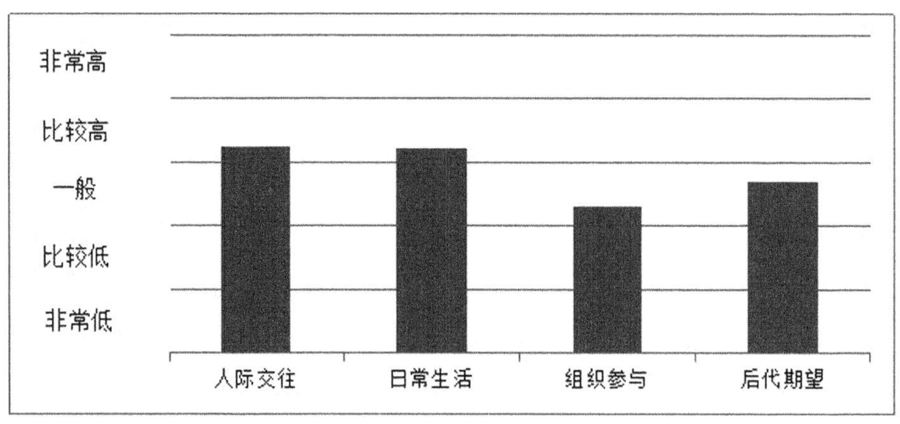

图 4：生活融入指标

注：作者自制。

第三，在文化融入方面，这一维度的取值区间为 6—30，数值越大表示台湾青年在大陆能够更好地接受在陆居住城市的语言、风土人情、社会理念与社会规则。本次调查所获样本在文化融入这一维度的均值为 20.45（标准差 3.29）。也就是说，当前台湾青年在大陆的总体文化融入程度比较高。从“语言”“服饰”“饮食”“价值观”“节日风俗”“非正式社会规则的接受程度”这六个指标（取值区间均为 1—5）来看，“价值观”的获值最低。该指标的均值为 2.74（标准差 0.94），落在“一般”区间中，但在“非常低”与“比较低”方面表达出了略微强烈的倾向。有趣的是，虽然台湾青年对所在大陆地区的价值观认可度较低，却在“非正式社会规则的接受程度”这一指标上，表现出了“比较高”的融入程度，该指标的样本均值为 3.64（标准差 0.79），落在“比较高”的区间，表明台湾青年基本了解所在大陆地区人际交往中的人情世故与潜规则。六个指标中，“饮食”“语言”和“服饰”指标也都落在“比较高”的区间，均值分别为 3.74（标准差 0.87）、3.59（标准差 1.14）、3.49（标准差 1.05）；“节日风俗”指标落在“一般”区间，均值为 3.25（标准差 0.93）（具体如图 5 所示）。综上可以看出，在文化融入方面，浅层次的文化指标如“语言”“服饰”“节日风俗”“饮食习惯”等方面的区别不会影响台湾青年在大陆的社会融入；但在价值观等深层次的文化指标方面，当前台湾青年在总体上处于一种接受但不认同的状态。这可能是由两岸在政治、经济发展上的不同阶段，以及两岸社会的长期区隔造成的。

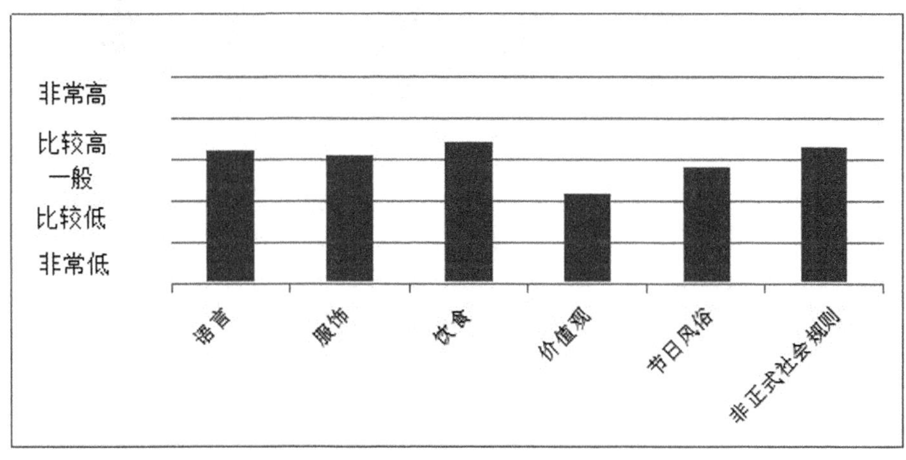

图 5：文化融入指标

注：作者自制。

最后，在心理融入方面，该维度的取值区间为 5—25，数值越大表示台湾青年对所在大陆居住地的归属感越强。本次调查所获样本在生活融入维度的均值 17.54（标准差 3.10），可知当前台湾青年对大陆居住地的归属感总体较高。但是，深入考察此维度中的各个指标情况可以看出，台湾青年对大陆居住地的归属感较高，主要是因为他们在“对当地新闻事件的关心度”（取值区间 1—5，所获样本均值 3.45，标准差 0.93）、“重返本地的意愿度”（取值区间 1—5，所获样本均值 3.95，标准差 0.78）和“为城市公共事务付出的意愿度”（取值区间 1—5，所获样本均值 3.47，标准差 0.86）三项指标上融入程度“比较高”，并且以“重返本地的意愿度”尤其强烈。但是，他们在所在城市的“长期居住意愿”（取值区间 1—5，所获样本均值 3.32，标准差 1.01）和“是否认为自己是城市的一部分”（取值区间 1—5，所获样本均值 3.35，标准差 0.95）两项指标的融入度却表现“一般”（具体如图 6 所示）。由此可见，一定时期的生活经历能够孕育对当地基本的关切，因此不少台湾青年都愿意关怀当地发展，甚至为此付诸行动，但这样的情感体验未能完全内化为“乡情”，对于所在城市他们往往自视为“过客”，并没有产生稳固的身份认同。

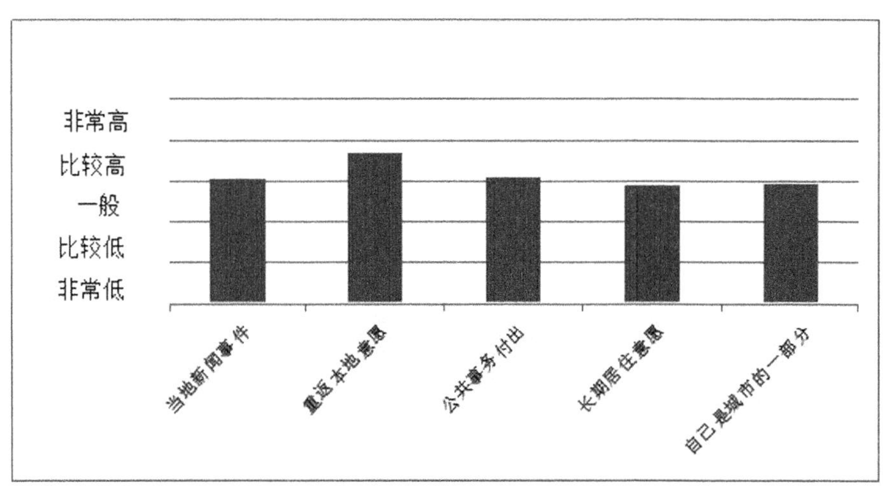

图 6：心理融入指标

注：作者自制。

五、结论：“实用主义的过客”

当前，在大陆就学、就业与创业的台湾青年已经是一个数量庞大的群体。如何认识这一群体在大陆的社会融入状况，是地方各级政府做好在陆台湾青年工作的基本前提。为了能够更加准确地对这一问题进行考察，本文尝试建立了一套测量台湾青年在大陆社会融入状况的指标体系。以该指标体系为基础，借助问卷调查，本文对台湾青年在大陆社会融入的现状进行了初步的评估。

总的来看，台湾青年在大陆的社会融入程度一般。这种一般性主要表现为，台湾青年群体是大陆的“实用主义的过客”。说他们是“实用主义”的，因为台湾青年在大陆的社会融入仅停留于工具上的需要性，而没有进一步拓展为认知上的亲近性；说他们是“过客”，因为他们既鲜有进城务工人员那种去留的纠结，更少有海外华人移民那种扎根的决心，而是呈现出一种暂时性、流动性和不确定性的特征。因此，台湾青年在大陆的社会融入，更接近于杨菊华对融入模式进行分类当中的“选择型融入”模式，即“流动人口在劳动就业、经济收入、社会福利等方面可能与当地人群并无明显二致，其行为举止也符合目的地的规范要求，但在文化方面却既接受流入地的文化，也保留自己的文化传统与特色，二者兼具，且在身份认同方面与自己的家乡更为亲近，保持着与流入地的心理距离。”

台湾青年在大陆社会融入的状况再一次向我们显示，流动群体社会融入的过程并非沿着“经济—身份”线性发展的，而是在多维度上同时展开的。这就要求我们的青年工作应当同时着力于不同的方面。根据本研究实证结果中发现的问题，本文提出以下几点政策建议：

第一，发挥用人单位的主体性作用，建立起与台湾青年相连接的制度化机制。当前，不少企业面向大陆学生定期组织“实习生项目”“夏令营计划”，或者以多种不同的形式资助大陆高校学生的基本生活与课外活动。这些企业与青年的制度化连接机制同样可以有侧重、有选择地应用于台湾青年。这样不仅有利于拓宽台湾青年获取就业信息的渠道，更有利于树立大陆企业的形象，并建立起与台湾优秀青年的长期联系。

第二，充分发挥基层社区与企业的力量，提高台湾青年在大陆日常生活与工作中的参与度。对于那些有台湾青年居住的社区和有台湾青年工作的企业，相关单位应大力支持并鼓励他们积极参与到社区建设与企业发展的过程中来，听取并落实他们提出的有建设性的意见与建议。对于在社区与企业中组织的文娱、公益与社交等活动，也要充分调动台湾青年的积极性，将他们真正纳入大陆的社会生活中。

第三，进一步推动政策“松绑”，为台湾青年在大陆就学、就业、旅行、婚姻、设籍、参政议政创造便利条件。当前台湾同胞在大陆时常受到“特殊待遇”，不论这些待遇对他们而言是便利抑或限制，都会在无形中固化“他群”意识和对祖国大陆的距离感，不利于台湾同胞在陆社会融入乃至两岸社会整合。因此有关部门可逐步改革过往的区别政策，消弭台胞证和身份证在功能和效力上的差别，使台湾同胞在社会生活中享有与大陆民众同样的便利条件，不再因台湾人身份而受到不同对待。在这一方面，福建公安部门或可率先放宽台湾居民旅行、就业、婚姻、设籍等方面的限制，力争使台胞证在福建省内的使用效力等同于省外居民身份证，同时简化户政手续，帮助台湾人才在福建落户，鼓励两岸青年往来，促进两岸通婚。相关政策可从金门、马祖居民开始试点，再逐步放宽至台湾其他地区。

第四，珍视台湾青年对所居地事务的关切之心，着力塑造台湾青年对所居城市的认同感与归属感。诚如上文所示，本次调查的一项重要发现是，虽然当前台湾青年并没有产生对大陆的认同，但是他们却对居住城市有较强的关切之心。这对我们有关台湾青年工作的一个重要启示在于，在最终形成对大陆的认同之前，我们的工作或许可以首先着重落实台湾青年对大陆某一城市的认同。从这一逻辑出发，各级地方政府对台湾青年的工作，需要在方针与思路上进行一次“从全局到局部”“从面到点”的转变。换句话说，在面对台湾青年时，各地工作人员不仅是“大陆”的代言人，更是不同城市的代言人。例如，在语言上少用“大陆”作为交流的主体，而是选择“上海”“厦门”“苏州”等城市称呼来展开对话。

通胀记忆与地域认同：基于三地调查数据的年龄—时期—世代效应分析*

刘于思　亓　力　赵舒成**

引言

海峡两岸暨香港、澳门民众的身份认同问题是各界关注的焦点。民众对现代国家的理解和认同常与主权、边界、种族、集体记忆及文化相关联。① 调查发现，香港回归后，记忆的塑造伴随着传统文化意义上内地人在香港构建集体想象中的缺席，导致了香港族群认同和中华文化认同的冲突；② 历史上多次殖民使台湾人产生了悲情意识和怨恨心理，1945 年后，本省人与外省人的关系一直处于持续的微妙变化当中。③ 随着互联网的出现，记忆与认同的观念、国家的意涵以及虚拟社区与外部社群的界限都产生了变化。④ 寻找可能的共同记忆，将对全球化和数字化时代重构三地民众的认同产生重要作用。

在现代社会中，集体记忆和身份政治密切相关：一方面，集体记忆连接了

* 本文发表于《台湾研究集刊》2019 年第 5 期。基金项目：2015 年度国家社会科学基金青年项目“怀旧社会学视角下两岸三地民众数字化集体记忆与认同重构研究”（15CXW030）。

** 作者简介：刘于思，女，浙江大学传媒与国际文化学院副教授，新闻传播学博士；亓力，女，清华大学新闻与传播学院硕士研究生；赵舒成，男，浙江大学传媒与国际文化学院硕士研究生。

① C. Calhoun. *Nationalism,* Minneapolis: University of Minnesota Press, 1997.

② F. L. Lee. “Generational Differences in the Impact of Historical Events: The Tiananmen Square Incident in Contemporary Hong Kong Public Opinion”, *International Journal of Public Opinion Research*, 2011, 24(2): 141-162.

③ M. A. Matten (Eds.). *Places of Memory in Modern China: History, Politics, and Identity*, Leiden: Brill, 2012.

④ A. García, P. Beltrán, S. Puente. “An Approach to the Concept of a Virtual Border: Identities and Communication Spaces”, *Revista Latina de Comunicación Social,* 2010, 65(4): 214-221.

个体与群体，并随着认同的冲突和矛盾重新对记忆加以保留、修改或删除；[①] 另一方面，集体记忆又为符号建立与社会区隔提供意义，形塑差异与认同。[②] 集体记忆是影响地域认同的关键要素，多元地域身份需要动用特定价值主体的历史、语言及文化资源，在当前对过去进行建构。[③] 国家认同往往由国家统治阶层的传播与文化形式定义，通过强调或改变国家成员的集体记忆来完成认同再生产。[④] 集体记忆既为群体认同提供事实基础和情感叙事指引，也为群体认同研究提供了新的视角和路径，使记忆研究得以跳出政治事件的限制，将社会思潮事件、经济事件、军事事件等公共议题重新纳入视野。[⑤]

经济生活领域的通货膨胀是指社会总需求大于总供给导致物价上涨的现象，此类事件影响或构成了人们的集体记忆。伴随着风险社会的来临，不可见的风险通过计算而被建构和触及。[⑥] 不同于传统的贫困或健康风险，现代性风险往往超出一般专家的解决范畴，成为难以通过理性克服的重大变故，使人们的风险观产生两极化倾向：或将全人类作为命运共同体，把风险理解为需要集体面对的挑战；或在以个人为基础的生活政治和风险自担的社会中质疑专家权威，加深风险应对的个体自主性。

综上，通货膨胀作为一种全球性风险，可能在现代化过程滋生不确定的当下，通过差异化的集体记忆形塑多元认同。对海峡两岸和香港而言，民众对通货膨胀事件的记忆强度是否存在差别？通胀记忆更可能将三地凝聚为命运共同体，加强民众的群体认同，还是使个体走向地域性的自主身份认同？本文采用"年龄—时期—世代"分层模型（hierarchical age-period-cohort, HAPC），[⑦] 从个人、时期、世代和地区等多层次效应入手，探索海峡两岸与香港民众在通货膨

---

① M. Halbwachs, L. A. Coser. *On Collective Memory*, University of Chicago Press, 1992.

② H. Schuman, J. Scott. "Generations and Collective Memories", *American Sociological Review*, 1989, 54(3): 359-381.

③ K. Woodward. *Identity and Difference* (Vol. 3), London: Sage, 1997.

④ P. Aguilar, C. Humlebæk. "Collective Memory and National Identity in the Spanish Democracy: The Legacies of Francoism and the Civil War", *History and Memory*, 2002, 14(1-2): 121-164; E. Zerubavel. "Social Memories: Steps to a Sociology of the Past", *Qualitative Sociology*, 1996, 19(3): 283-299.

⑤ J. Scott, L. Zac. "Collective Memories in Britain and the United States", *Public Opinion Quarterly*, 1993, 57(3): 315-331.

⑥ U. Beck. *The Risk Society: Toward a New Modernity*, London: Sage, 1992.

⑦ S. E. Fienberg, W. M. Mason. "Specification and Implementation of Age, Period, and Cohort Models", In W. M. Mason, S. E. Fienberg (Eds.). *Cohort Analysis in Social Research*, New York: Springer-Verlag, 1985: 45-88.

胀记忆和地域认同上的差异，避免传统 APC 模型内时期、年龄与世代的共线性带来的模型识别问题，试图厘清通货膨胀记忆时间效应层次，为增进三地民众的地域认同提供可信的经验证据。

一、文献综述

风险社会理论认为，经济发展与现代性衍生了难以预测的未知风险，渗透到社会体系的各个环节。[①] 在现代工业社会中，通货膨胀是一种更多货币追逐更少商品的经济现象，[②] 被认为是由于货币供应量增加导致的物价上涨和购买力下降。[③] 温和通货膨胀往往能促进经济发展，但却在无意间为恶性通货膨胀（hyperinflation）提供大灾变的温床。从全球范围来看，风险的不平等分配也体现在发达国家与发展中国家的关系上。全球化背景下的通货膨胀在消弭地域边界和促进各国协同共渡难关的同时，也对弱势国家的经济系统造成了致命的威胁。中国曾与其他国家共同经历通胀的危害（如 2007 年美国次贷危机引发的经济滞胀），尽管大多数时间内的 GDP 平减指数低于 2.5，处于温和通胀区间内（参见图 1），但民众的焦虑依然存在。[④] 大陆在 1949 年后结束了长达 12 年的通货膨胀怪圈，[⑤] 台湾开展了币制改革，在 20 世纪 60 年代进入价格稳定的经济高速成长阶段，但通货膨胀问题无法一蹴而就地得到解决，这一问题仍在很长一段时间内困扰着海峡两岸与香港。20 世纪 70 年代，世界范围内的通货膨胀与美元浮动汇率密切相连，90 年代的亚洲金融风暴也与新兴市场引入过剩国际资本有关，台湾地区在 70 年代与美国、日本同步经历了两次通货膨胀，[⑥] 香港则在 1997 年以前备受滞胀困扰。风险抵御能力的不同将使各地区、各阶层民众对通货膨胀产生差异化记忆。

---

① U. Beck. *The Risk Society: Toward a New Modernity*, London: Sage, 1992.

② M. Friedman, A. J. Schwartz. *A Monetary History of the United States, 1867-1960*, Nber Books, 1963.

③ F. A. Hayek. *The Constitution of Liberty*, Routledge, 1960.

④ Y. Zheng. “China in 2011: Anger, Political Consciousness, Anxiety, and Uncertainty”, *Asian Survey*, 2012, 52(1): 28-41.

⑤ E. Alexander. *China's Economic Revolution*, London/New York: Cambridge University Press, 1977.

⑥ 高新林：《台湾的三次通货膨胀及其对策》，《经济社会体制比较》1988 年第 3 期。

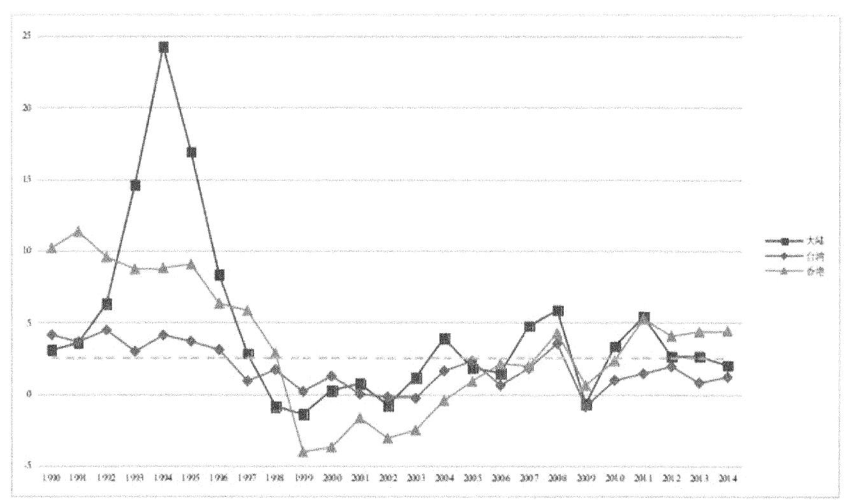

图 1：海峡两岸暨香港的通货膨胀率 /GDP 年度缩减指数（1990—2014）

注：GDP 平减指数（deflator）是当前本币国内生产总值与国内生产总值的比值，用 GDP 年增长率衡量的通货膨胀指数反映了整个经济的价格变化率。

数据来源：世界银行国民核算数据和经合组织国民账户数据文件

社会学范式下的集体记忆研究将“事件”视为个人历史经验的主要单元，将集体记忆操作化为特定时间和空间内，大部分民众认为重要的主要公共事件以及围绕事件重要性产生的共识。个人对事件的不同记忆取决于其差异化习得方式。①记忆之所以是集体的，是因为人们与许多其他同龄人共同经历了重要的事件，将其保留为一代人共有的记忆。②历史上的经济动荡已经在多国和多个时期的调查中被证实为进入公共记忆的重要事件，如美国 20 世纪 30 年代的大萧条、2007 年以来的财政危机和经济衰退，③中国大陆 20 世纪 70 年代末的经

① M. K. Jennings. “Political Knowledge Over Time and Across Generations”, *Public Opinion Quarterly*, 1996, 60(2): 228-252.

② H. Schuman, A. Corning. “The Conversion of Generational Effects into Collective Memories”, *International Journal of Public Opinion Research*, 2017, 29(3): 520-532.

③ H. Schuman, A. Corning. “Generational Memory and The Critical Period: Evidence for National and World Events”, *Public Opinion Quarterly*, 2012, 76(1): 1-31.

济改革、[①]通货膨胀、[②]物价及房价上涨等。[③]通货膨胀可以被视为由多个子事件组成的复合事件，其内部的各个子事件记忆彼此关联且内在一致。[④]

不同于经济学研究考察金融体系内通胀预期存续的“记忆性”问题，[⑤]社会学意义上的通货膨胀记忆研究更关注工业化国家中行动主体经历恶性通货膨胀后对物价稳定性的感知和偏好，对理解社会心态更具意义。[⑥]人们对通货膨胀的期待及其对物价变化的态度受到人口变量和社会文化价值观的多元影响，[⑦]各国公众的通货膨胀态度亦有不同。[⑧]海峡两岸、香港三地民众对物价稳定的需求和通货膨胀记忆差异可能首先体现在各地因经济发展水平和金融风险抵御能力不同而展现出的空间效应上。本文据此提出如下研究问题：

RQ1：1990—2014 年间，在控制了其他人口变量和文化价值观变量后，与大陆（内地）相比，台湾和香港地区民众的通货膨胀记忆水平有何不同?

通货膨胀记忆的层级效应兼具空间性与时间性，如代群效应（cohort effect）或世代效应（generational effect）的影响。同一代个体在历史进程上被赋予了共同的社会位置，拥有相似的特征、思想、经验、行动、社会单元、共同命运（common destiny）和共同精神。个体凝聚成的代群作为精神共同体形成整体态度和倾向，开展集体奋斗，参与集体生活。尽管代群内存在彼此分化的更小单元，但共同经验与命运仍在结构上制约着个体阐释。代际更替蕴含推动社会变革的潜力，在文化进程中，新的参与者不断涌现，旧的参与者消失，一代成员只能参与历史进程中有限的部分，因此要继续和传播积累的文化遗产，从一代

① M. K. Jennings, N. Zhang. “Generations, Political Status, and Collective Memories in the Chinese Countryside”, *Journal of Politics*, 2005, 67(4): 1164-1189.

② S. V. Constantin. “The Post-80s Generation in Beijing: Collective Memory and Generational Identity”, *International Journal of Area Studies*, 2013, 8(1): 5-36.

③ 刘于思：《民族主义、国家认同与数字化时代中国网民的集体记忆》，《全球传媒学刊》2015 年第 2 卷第 4 期。

④ H. Schuman, W. L. Rodgers. “Cohorts, Chronology, and Collective Memories”, *Public Opinion Quarterly*, 2004, 68(2): 217-254.

⑤ R. T. Baillie, Y. W. Han, T. G. Kwon. “Further Long Memory Properties of Inflationary Shocks”, *Southern Economic Journal*, 2002, 68(3): 496-510.

⑥ M. Ehrmann, P. Tzamourani. “Memories of High Inflation”, *Social Science Electronic Publishing*, 2012, 28(2): 174-191.

⑦ G. Tabellini. “Culture and Institutions: Economic Development in the Regions of Europe”, *Journal of the European Economic Association*, 2010, 8(4): 677-716.

⑧ K. Scheve. “Public Inflation Aversion and The Political Economy of Macroeconomic Policy-making”, *International Organization*, 2004, 58(1): 1-34.

人过渡到下一代人，构成连续的历史过程。根据曼海姆的政治世代（political generation）理论，世代为社会所建构，由关键年龄段（critical period）形塑，通货膨胀记忆可能在不同世代间有所差异。[①] 在其启发下，美国学者将人口样本概念化为连续的代际队列，通过多个国家的调查，发现代际队列承载着关键年份发生的重大事件的集体记忆，民众尤其记得那些发生在他们 10 到 30 岁（即童年晚期到成年早期）之间的重大事件，这一结论为关键年份假说提供了证据。[②] 人们第一次经历的重大事件将为其带来巨大的情感影响，并成为比较后续事件的基准。一旦建立起这种集体记忆，它就会随着一代人的成长而被保留，即便经历新的事件，也依然能保持活力。[③] 人们对通货膨胀的态度也呈现出明显的代际差异，那些在生命早期经历过恶性通货膨胀的民众将终生受影响，甚至波及其作为经济活动参与者的个体福祉。[④]

在社会学的集体记忆调查中，政治世代的解释机制占据着核心地位，相较于事件的客观重要性和新近性而言更具优势。然而，随着时间的流逝，世代中直接经历过高通胀时期的人口比例将持续下降，通货膨胀记忆可能消退。既有研究使用单次横断面样本，[⑤] 以脱离历时数据的纵向比较来推论代群效应，往往缺乏足够的经验证据，需要通过标准化重复调查检验该机制。同时，政治世代假说更可能在一个单一的、突然的、定义明确的事件被大量人口经历时产生预测力。由于通货膨胀记忆在家庭和社会生活中可能跨代际传递，[⑥] 通胀记忆在

① K. Mannheim. *The Problem of Generations in Sociology of Knowledge*, London: Routledge & Kegan Paul, 1928, pp. 276-322.

② H. Schuman, H. Akiyama, B. Knäuper. “Collective Memories of Germans and Japanese about the Past Half-Century”, *Memory*, 1998, 6(4): 427-454; H. Schuman, A. Corning. “Collective Knowledge of Public Events: The Soviet Era from the Great Purge to Glasnost”, *American Journal of Sociology*, 2000, 105(4): 913-956; H. Schuman, V. Vinitzky-Seroussi, A. D. Vinokur. “Keeping the Past Alive: Memories of Israeli Jews at the Turn of the Millennium”, *Sociological Forum*, 2003, 18(1): 103-136.

③ N. B. Ryder. “The Cohort as a Concept in the Study of Social Change”, *American Sociological Review*, 1965, 30(6): 843-861.

④ A. Alesina, R. Di Tella, R. MacCulloch. “Inequality and Happiness: Are Europeans and Americans Different?”, *Journal of Public Economics*, 2004, 88(9): 2009-2042.

⑤ H. Schuman, A. Corning. “Comparing Iraq to Vietnam: Recognition, Recall, and the Nature of Cohort Effects”, *Public Opinion Quarterly*, 2006, 70(1): 78-87; H. Schuman, C. Rieger. “Historical Analogies, Generational Effects, and Attitudes toward War”, *American Sociological Review*, 1992, 57(3): 315-326.

⑥ B. Hayo. “Inflation Culture, Central Bank Independence and Price Stability”, *European Journal of Political Economy*, 1998, 14(2): 241-263.

不同世代之间可能既存在变化，又保持相对连续一致。[①] 仅探讨代群效应，将遮蔽集体记忆形成机制中的其他竞争性时间假设，忽略了年龄效应和时期效应等极易与世代效应混淆但实则有所区别的替代性机制。其中，年龄效应（age effect）是指个体被观察时的年龄所带来的差异，通常来自人们在不同生命阶段的心理成熟、社会经验积累、社会角色或地位变化，反映了个体内在衰老和生命历程变迁在生理和社会上的双重进程。经验研究表明，曼海姆关于代际身份形成的社会位置解释实际上是与年龄相关的。[②] 时期效应（period effect）是由观察时段不同引起的差异，反映了变迁时机与事件因素之间的共变关系，其影响机制源于特定时间点上一系列复杂历史事件和环境要素的集合，包括世界大战、经济动荡和技术变迁等。这些剧烈的环境变化往往能够影响所有年龄群体的记忆。[③]

既有集体记忆调查常常无法区分代群、年龄和时期效应，造成这一缺憾的主要原因是研究设计和模型识别两方面的方法论挑战。在研究设计上，由于大多数重大记忆事件仅发生一次，即便对孤立事件的记忆进行多次调查，发生时期都将是一个常量，时期效应等同于代群在人口比例中的稀释效应，难以获取更大的内部差异，而通货膨胀在历史上多次重复发生，可获取多时间跨度下的比较数据。在模型识别上，“时期 = 年龄 + 世代”的恒等式关系使年龄、时期和世代效应产生共线性，[④] 而多水平“年龄—时期—世代”交叉分类随机效应模型（HAPC-CCREM）能够有效地区分年龄、时期和世代的影响，[⑤] 将时期和世代视为随机情境效应置于多水平模型的更高嵌套层次中，能够精确分解和验证

① S. Mihelj. “The Persistence of the Past: Memory, Generational Cohorts and the ‘Iron Curtain’”, *Contemporary European History*, 2014, 23(3): 447-468.

② L. J. Griffin. “‘Generations and Collective Memory’ Revisited: Race, Region, and Memory of Civil Rights”, *American Sociological Review*, 2004, 69(4): 544-557.

③ Y. Yang, K. C. Land. *Age-Period-Cohort Analysis: New Models, Methods, and Empirical Applications*. Taylor & Francis Group, LLC, 2013.

④ W. C. Lee, R. S. Lin. “Autoregressive Age-Period-Cohort Models”, *Statistics in Medicine*, 1996, 15(3): 273-281; K. Mason, W. Mason, H. Winsborough, W. Poole. “Some Methodological Issues in Cohort Analysis of Archival Data”, *American Sociological Review*, 1973, 38(2): 242-258.

⑤ Y. Yang, K. C. Land. “A Mixed Models Approach to the Age-Period-Cohort Analysis of Repeated Cross-Section Surveys, with an Application to Data on Trends in Verbal Test Scores”, *Sociological methodology*, 2006, 36(1): 75-97; Y. Yang, K. C. Land. “Age-Period-Cohort Analysis of Repeated Cross-Section Surveys: Fixed or Random Effects?”, *Sociological Methods & Research*, 2008, 36(3): 297-326.

社会变迁趋势的时间效应。

就通货膨胀记忆的年龄效应而言，生命周期论认为，个人对于物价稳定的偏好将随着年龄而变化，当遭遇高通胀率时，拥有较大规模家庭者更易遭遇支出短缺。① 对时期效应来说，人们对通货膨胀和物价上涨的记忆衰退程度将因其经历过的通胀激烈程度而异，②在通胀率较高的调查年份，人们将呈现出更高的通胀记忆强度。本文提出如下研究问题：

RQ2：在控制了其他人口变量和文化价值观变量后，海峡两岸暨香港三地民众的通货膨胀记忆程度将呈现出何种时间性差异，包括个体层面上年龄的固定效应以及时期和世代的层级随机效应？

风险社会加速通货膨胀的风险，通货膨胀也形塑着社会记忆。现代性的反思性主要体现在人们一边对共同体失去兴趣，③ 另一边又日益抗拒个体化过程，向往重返集体归属感。全球化在剥夺民族国家权力、消解身份认同的同时，也给个体寻找新的安全感提供出路。这时，个体的身份故事固然重要，但通过集体行动建构地方共同体，保存集体记忆，也成为人们获取身份认同的路径之一。④ 可见，人类的记忆既是一个认同化过程，也是一种去认同化过程。⑤ 在风险社会中，个人为了获得更多资源而关注和依赖自身，消解阶级和集体认同，这种对应得权利的追逐在一定程度上加速了通货膨胀，⑥ 自我实现和追求生活质量的价值观促进个体化的循环；⑦ 另一方面，由于风险在本质上是社会或集体性而非个人性的，风险社会也将促使个体依靠群体解决风险，最终走向集体化。

命运共同体始终拥有特定边界。共同体是一种原始或天然状态下人类意志的完善统一体，⑧ 记忆是共同体结合的有力方式之一。传播技术的发展使各国民众的多重地域身份认同得以建立和延续，国家认同不再是一个孤立的存在，而

① U. Malmendier, S. Nagel. "Depression Babies: Do Macroeconomic Experiences Affect Risk-Taking?" , *Quarterly Journal of Economics*, 2011, 126(1): 373-416.

② M. Ehrmann, P. Tzamourani. "Memories of High Inflation" , *Social Science Electronic Publishing*, 2012, 28(2): 174-191.

③ ［英］齐格蒙特·鲍曼：《个体化社会》，范祥涛译，上海：上海三联书店，2002 年。

④ ［美］曼纽尔·卡斯特：《认同的力量》，曹荣湘译，北京：社会科学文献出版社，2006 年。

⑤ 章清：《"策问"中的"历史"——晚清中国"历史记忆"延续的一个侧面》，《复旦大学学报（社会科学版）》2005 年第 5 期。

⑥ F. Hirsch. *The Political Economy of Inflation*, Harvard University Press, 1978.

⑦ R. Inglehart, W. E. Baker. "Modernization, Cultural Change, and the Persistence of Traditional Values", *American Sociological Review*, 2000, 65(1): 19-51.

⑧ ［德］斐迪南·滕尼斯：《共同体与社会》，林荣远译，北京：北京大学出版社，2010 年。

是伴随着民族主义、世界主义和地方主义的相互交织和形构，[①]使社会意识围绕全球性、民族性和地方性三个主题变化。[②]国家是成员间分享信仰、传统、习俗、历史、领土、共同神话、历史回忆和社会文化并与其他群体区别开来的集体，成员共同分担经济、法定权利和责任。[③]国家认同是对国家主观或内在的归属感，[④]强调文化和历史在构成国家边界中的重要性。本地认同是个体与地方相互作用的过程，人们根据对特定的地方归属描述自己，[⑤]这种认同建立在居住地的物理和象征特征上，[⑥]能够区别自我和他人，保持身份的连续感。[⑦]

在全球化时代，国家和地区的地理界限逐渐消失，分散的文化被联结起来，人们可以有多种文化身份。双重文化身份部分植根于本土文化，另一部分源自与全球文化联系的感觉，[⑧]超越国家界限的全球认同和世界公民身份，使人们意识到文化的多样性并将其付诸行动。[⑨]怀有全球认同的人更能接受新思想，认为生活在世界另一端的人像邻居一样。[⑩]全球认同、民族认同和本地认同不必然矛盾，人们可以因不同情况而采用相关身份。[⑪]国家认同徘徊在全球认同和地方认同之间，呈现出复杂和丰富的特质。综上，本研究将认同区分为个体认同、本地认同、民族认同和全球认同四个维度，提出如下研究问题：

---

① 陆晔：《媒介使用、社会凝聚力和国家认同——理论关系的经验检视》，《新闻大学》2010年第2期。

② 黎熙元：《全球性、民族性与本土性——香港学术界的后殖民批评与香港人文化认同的再建构》，《社会学研究》2005年第4期。

③ A. Triandafyllidou. "National Identity and the 'Other'", *Ethnic and Racial Studies*, 1998, 21(4): 593-612.

④ L. Huddy, N. Khatib. "American Patriotism, National Identity, and Political Involvement", *American Journal of Political Science*, 2007, 51(1): 63-77.

⑤ R. C. Stedman. "Toward a Social Psychology of Place: Predicting Behavior from Place-Based Cognitions, Attitude, and Identity", *Environment & Behavior,* 2002, 34(5): 561-581.

⑥ H. M. Proshansky, A. K. Fabian, R. Kaminoff. "Place-Identity: Physical World Socialization of the Self", *Journal of Environmental Psychology*, 1983, 3(1): 57-83.

⑦ C. L. Twigger-Ross, D. L. Uzzell. "Place and Identity Processes", *Journal of Environmental Psychology*, 1996, 16(3): 205-220.

⑧ J. J. Arnett. "The Psychology of Gobalization", *American Psychologist*, 2002, 57(10): 774-783.

⑨ S. Reysen, I. Katzarska-Miller. "A Model of Global Citizenship: Antecedents and Outcomes", *International Journal of Psychology*, 2013, 48(5): 858-870.

⑩ S. A. Westjohn, M. J. Arnold, P. Magnusson, S. Zdravkovic, J. X. Zhou. "Technology Readiness and Usage: A Global-Identity Perspective", *Journal of the Academy of Marketing Science*, 2009, 37(3): 250-265.

⑪ E. Shokef, M. Erez. "Global Work Culture and Global Identity, As a Platform for a Shared Understanding in Multicultural Teams", *National Culture and Groups*, 2006, 8: 325-352.

RQ3：控制了其他变量后，海峡两岸暨香港民众的个体认同、本地认同、民族认同和全球认同将呈现出何种时空差异，包括个体层面地域和年龄的固定效应以及时期和世代的层级随机效应？

二、研究方法

（一）样本描述

本研究使用了世界价值观调查（World Values Survey, WVS）从1990年到2014年在海峡两岸暨香港收集的五期调查数据。WVS起源于1981年，曾在世界范围内，围绕文化价值观进行了长时间的跨区域数据收集，通常以五年为一期进行调查。其中，大陆（内地）参与了从第二期开始的五期调查（1990—2014），台湾参与了第三期（1995—1998）、第五期（2005—2009）和第六期（2010—2014）调查，香港参与了第五期（2005—2009）和第六期（2010—2014）调查。将来源于不同调查地区和调查时期的数据合并，剔除样本中变量缺失比例大于5%的个案后，最终有效样本量为11062 。在样本中，平均年龄为42.24岁（SD = 14.78），女性占51%。

（二）变量测量

因变量。在WVS问卷中，受访者被问及“下列选项中哪个最重要 / 第二重要”，选项包括“维持国内秩序”“有更多发言权”“控制物价上涨”“保障言论自由”。如果受访者认为“控制物价上涨”第一重要，赋值2分，认为其第二重要赋值1分，认为其他选项第一或第二重要赋值0分，两题赋值分加总后的平均值代表通货膨胀记忆（Mean = 0.46, SD = 0.40）。这一计算方法与有提示自报告式集体记忆调查中广泛采用的操作化方式和事件排序测量的权重比例一致，[①]也被既有文献作为通过WVS数据测量通货膨胀记忆的方法，[②]其折半信度

① H. Schuman, J. Scott. “Generations and Collective Memories” , *American Sociological Review*, 1989, 54(3): 359-381; M. K. Jennings, N. Zhang. “Generations, Political Status, and Collective Memories in the Chinese Countryside” , *Journal of Politics*, 2005, 67(4): 1164-1189; H. Schuman, W. L. Rodgers. “Cohorts, Chronology, and Collective Memories” , *Public Opinion Quarterly*, 2004, 68(2): 217-254.

② M. Ehrmann, P. Tzamourani. “Memories of High Inflation” , *Social Science Electronic Publishing*, 2012, 28(2): 174-191.

良好。[①] 对于身份认同，研究根据受访者对 4 级量表中“我把自己看作是一个自主的个人 / 自治个体 / 自己做主的个人”“我把自己看作是本社区 / 村的一个成员（大陆）/ 香港人 / 台湾人”“我把自己看作是中国公民（大陆）/ 中华民族一分子（香港 / 台湾）”以及“我把自己看作是一个世界公民”陈述的同意程度，对受访者的个体认同（Mean = 2.91, SD = 0.86）、本地认同（Mean = 2.00, SD = 0.75）、民族认同（Mean = 3.14, SD = 0.71）和全球认同（Mean = 2.66, SD = 0.89）进行测量。

个体层面控制变量。个体层面的人口变量包括年龄、性别、受教育程度（1 = 未受过正式教育，9 = 完成大学教育并有学位，Mean = 5.56, SD = 2.40）、收入等级（1 到 10，Mean = 4.60, SD = 2.07）、社会阶层（1 到 4 ，Mean = 2.38, SD = 0.76）、工作状态（有工作 71%，其他 29%）、婚姻状况（已婚 74%，其他 26%）和子女数（Mean = 1.67, SD = 1.40）等。此外，研究控制了媒介信任、政治信任、国际信任和政治兴趣等个体层面文化价值观方面变量的影响，以 4 级量表中对“新闻出版业”和“电视台”信任度的平均值来测量媒介信任（Mean = 2.53, SD = 0.70）；政治信任测量受访者对“法院”“中央政府”“政党”“人民代表大会”“行政机关”的平均信任程度（Mean = 2.79, SD = 0.66）；国际信任涵盖了对欧盟、北大西洋公约组织、联合国、东盟、APEC 亚太经济合作组织等国际组织的信任程度（Mean = 2.46, SD = 0.77）；政治兴趣则通过向受访者询问“您对政治感兴趣吗”的题项测量（Mean = 2.39, SD = 0.93）。

（三）数据处理与分析

由于样本中媒介信任变量的缺失值比例为 16.6%，政治信任缺失值比例占 31.6%，国际信任缺失值比例达 42.3%，为了在保留重要研究变量的同时避免由缺失值比例过高造成的研究偏差，本研究采取多重插补（multiple imputation）方法对数据的缺失值问题进行处理。在模型设定与拟合方法上，本研究借鉴

---

① H. Schuman, J. Scott. “Problems in the Use of Survey Questions to Measure Public Opinion”, *Scientific American*, 1987, 236(4804): 957-959.

HAPC-CCREM 方法，[①] 并将地区影响视为随机情境效应纳入两水平随机截距项模型的层 2 进行分析，探讨地区对通货膨胀记忆以及身份认同的可能影响。其中，时期来自每一期 WVS 在该地区的调查年份，代群以 5 年为一代的方式进行划分，[②] 世代与时期交叉表中的单元格数字代表着该地区样本在这一调查时期从属于特定出生世代的人数。研究建立的模型如下所示：

通货膨胀记忆层 1 模型：

$$\begin{aligned}\text{通货膨胀记忆}_{ijt} &= \beta_{0jt}+\beta_1\text{地区}_{ijt}+\beta_2\text{年龄}_{ijt}+\beta_3\text{性别}_{ijt}+\beta_4\text{教育程度}_{ijt}+\beta_5\text{收入}_{ijt}\\&+\beta_6\text{社会阶层}_{ijt}+\beta_7\text{工作状态}_{ijt}+\beta_8\text{婚姻状况}_{ijt}+\beta_9\text{子女数}_{ijt}\\&+\beta_{10}\text{媒介信任}_{ijt}+\beta_{11}\text{政治信任}_{ijt}+\beta_{12}\text{国际信任}_{ijt}+\beta_{13}\text{政治兴趣}_{ijt}\\&+\varepsilon_{ijt},\varepsilon_{ijt}\sim N(0,\sigma^2)\end{aligned}$$

通货膨胀记忆层 2 模型：

$$\beta_{0jtk}=\gamma_0+\mu_{0j}+v_{0t},\ \mu_{0j}\sim N\left(0,\tau_\mu\right),\ v_{0t}\sim N\left(0,\tau_t\right)$$

此外，为了进一步探讨通货膨胀记忆对身份认同感的影响以及相关的世代、时期和地区效应，本研究分别以个体认同、本地认同、民族认同和全球认同为因变量，采用 HAPC-CCREM 分析方法，建立如下模型：

个体 / 本地 / 民族 / 全球认同层 1 模型：

$$\begin{aligned}\text{个体/本地/民族/全球认同}_{ijt} &= \beta_{0jt}+\beta_1\text{地区}_{ijt}+\beta_2\text{年龄}_{ijt}+\beta_3\text{性别}_{ijt}+\beta_4\text{教育程度}_{ijt}+\beta_5\text{收入}_{ijt}\\&+\beta_6\text{社会阶层}_{ijt}+\beta_7\text{工作状态}_{ijt}+\beta_8\text{婚姻状况}_{ijt}+\beta_9\text{子女数}_{ijt}\\&+\beta_{10}\text{媒介信任}_{ijt}+\beta_{11}\text{政治信任}_{ijt}+\beta_{12}\text{国际信任}_{ijt}+\beta_{13}\text{政治兴趣}_{ijt}\\&+\beta_{14}\text{通货膨胀记忆}_{ijt}+\varepsilon_{ijt},\ \varepsilon_{ijt}\sim N(0,\sigma^2)\end{aligned}$$

---

① Y. Yang, K. C. Land. “A Mixed Models Approach to the Age-Period-Cohort Analysis of Repeated Cross-Section Surveys, with an Application to Data on Trends in Verbal Test Scores”, *Sociological methodology*, 2006, 36(1): 75-97; Y. Yang, K. C. Land. “Age-Period-Cohort Analysis of Repeated Cross-Section Surveys: Fixed or Random Effects?”, *Sociological Methods & Research*, 2008, 36(3): 297-326.

② W. J. Fu, K. C. Land, Y. Yang. “On the Intrinsic Estimator and Constrained Estimators in Age-Period-Cohort Models”, *Sociological Methods & Research*, 2011, 40(3): 453-466; Y. Yang. “Social Inequalities in Happiness in The United States, 1972 to 2004: An Age-Period-Cohort Analysis”, *American Sociological Review*, 2008, 73(2): 204-226; H. Zheng, Y. Yang, K. C. Land. “Variance Function Regression in Hierarchical Age-Period-Cohort Models: Applications to the Study of Self-Reported Health”, *American Sociological Review*, 2011, 76(6): 955-983.

个体 / 本地 / 民族 / 全球认同层 2 模型：

$$\beta_{0jt} = \gamma_0 + \mu_{0j} + \nu_{0t}, \ \mu_{0j} \sim N$$

在公式中，i =1, 2, 3, ...n_{jt}，指第 j 世代 t 时期的第 i 个人；j = 1, 2, 3, ...19，指 19 个世代；t = 1, 2, 3, ...8，指 8 个调查时期。β_{0jt}是个人层次的截距，代表第 j 世代 t 时期的平均通货膨胀记忆，β_1到β_{20}是层 1 的固定效应，ε_{ijt}是个体随机效应，即个体 ij 的通货膨胀记忆或身份认同与 j 世代 t 时期通货膨胀记忆或身份认同均值的偏差。γ_0指整体样本中通货膨胀记忆或身份认同的总均值（grand mean），μ_{0j}是世代 j 的残差随机效应，ν_{0t}是时期 t 的残差随机效应。$\beta_{0j} = \gamma_0 + \mu_{0j}$代表所有时期中各世代的平均通货膨胀记忆或认同，$\beta_{0t} = \gamma_0 + \nu_{0t}$代表所有世代中各时期的平均通货膨胀记忆或认同。模型中，对年龄进行总均值对中，连续自变量按世代均值对中。通过 R 软件以及 SAS 对多重插补后的 20 个数据集分别进行模型分析后，对得到的参数估计值和标准误按照鲁宾规则（Rubin’s Rules）合并。①

三、研究发现

为了考察通货膨胀记忆程度差异的年龄、时期、世代和地区差异，探讨个体层面变量对通胀记忆的可能影响，本研究的模型分析结果如表 1 所示。在考察层 1 的固定效应时，控制人口和文化价值观变量后，将地区作为个体层面变量。数据分析结果显示，大陆（内地）受访者的通货膨胀记忆强度显著高于香港（$p < 0.01$）和台湾受访者（$p < 0.001$）。对照图 1 显示的三地通货膨胀率可知，大陆在调查期间的 GDP 年度缩减指数在平均水平（Mean = 4.48, SD = 6.00）和最高水平上（Max = 24.24）均超出香港（Mean = 3.51, SD = 4.56, Max = 11.34）和台湾地区（Mean = 1.79, SD = 1.54, Max = 4.46），折射出社会现实对通货膨胀记忆难以磨灭的影响，即物价上涨幅度越大，民众的通胀记忆也就越深。

① A. Miles. “Obtaining Predictions from Models Fit to Multiply Imputed Data”, *Sociological Methods & Research*, 2016, 45(1): 175-185; D. B. Rubin. *Multiple Imputation for Nonresponse in Surveys*. John Wiley & Sons, 2004.

表 1：通货膨胀集体记忆程度的多水平年龄—时期—世代交叉分类随机效应模型

	Coef.	*SE*
层 1：固定效应		
截距	0.508***	0.046
地区 [0＝大陆（内地）]		
台湾	-0.136***	0.013
香港	-0.268**	0.091
年龄（Age）	0.002***	0.000
性别（0＝女性）	-0.040***	0.007
受教育程度	-0.016***	0.002
收入	-0.005*	0.002
社会阶层	-0.011*	0.006
工作状态（0＝无）	0.021*	0.009
婚姻状况（0＝未婚）	0.030**	0.010
子女数	-0.004	0.004
媒介信任	0.018*	0.008
政治信任	-0.016	0.010
国际信任	0.026**	0.007
政治兴趣	-0.039***	0.005
层 2：随机效应		
世代（Cohort）		
1905—1909	0.000	0.007
1910—1914	0.000	0.007
1915—1919	0.000	0.007
1920—1924	0.001	0.007
1925—1929	0.000	0.007
1930—1934	0.001	0.006
1935—1939	0.000	0.006
1940—1944	0.000	0.006
1945—1949	0.001	0.006

续表

	Coef.	*SE*
1950—1954	0.001	0.006
1955—1959	0.001	0.006
1960—1964	-0.006	0.006
1965—1969	-0.003	0.006
1970—1974	-0.004	0.006
1975—1979	0.000	0.006
1980—1984	0.005	0.006
1985—1989	0.003	0.006
1990—1994	0.000	0.006
1995—1999	0.000	0.007
时期（Period）		
1990	-0.144***	0.012
1995	-0.018*	0.009
2001	-0.054***	0.014
2005	-0.095***	0.011
2006	0.074***	0.011
2007	-0.014	0.011
2012	0.156***	0.007
2013	0.095***	0.013
方差成分	变异数	
世代效应	0.000	
时期效应	0.012*	
个体效应	0.138***	

说明：* $p < 0.05$, ** $p < 0.01$, *** $p < 0.001$

个体年龄的固定效应对通货膨胀记忆强度呈现出显著的正向影响（$p < 0.001$），年龄增加1岁，取值范围在0到2之间的通胀记忆估计值随之上升0.002个单位。剔除总样本量中占比小于0.5%的年龄段后，不同地区通胀记忆预测值在18—70岁间的年龄效应如图2（上）所示。通胀记忆的年龄效应在三

地均呈波动式上升趋势。对照表 1 和图 2（上）可知，总的来说，调查时年龄越大的受访者，其通胀记忆水平往往越高，而更高的通胀记忆水平某种程度上也成为个体年龄增长与风险抵御能力不足的反映。

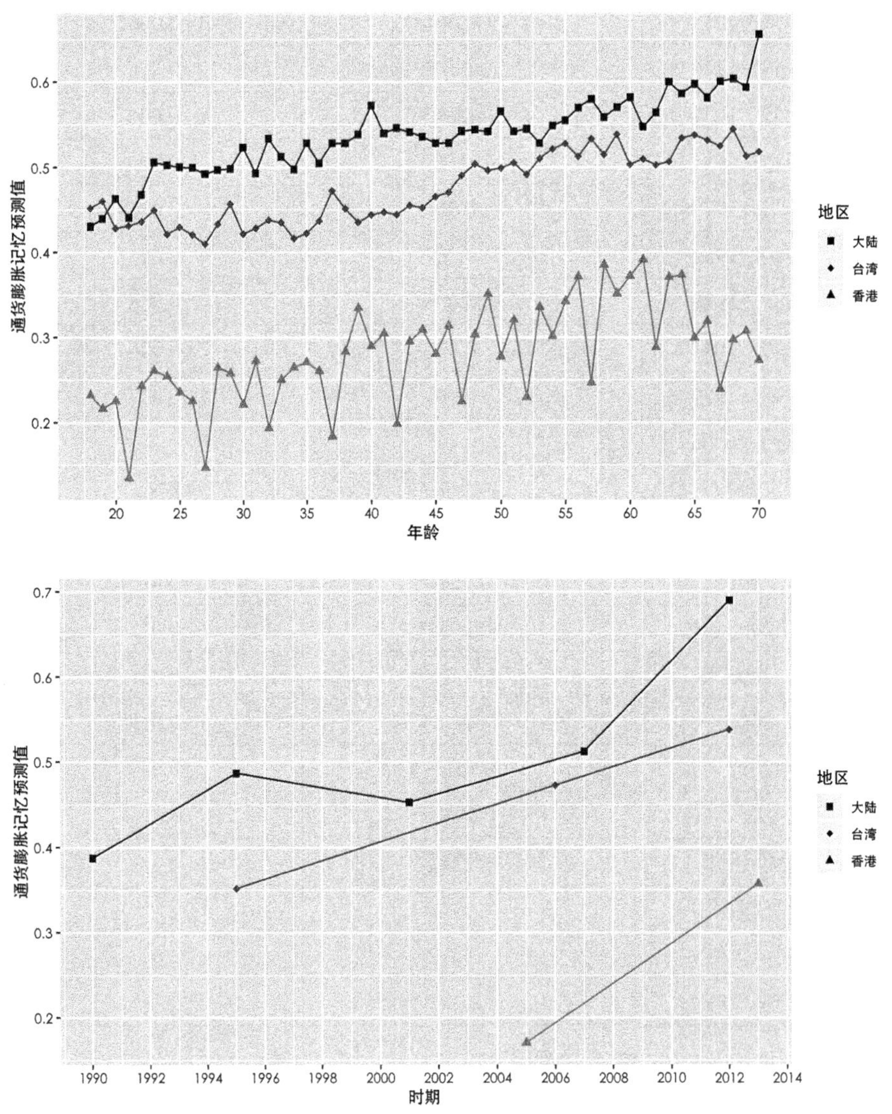

图 2：通货膨胀记忆的年龄效应（上）和时期效应（下）

从层 2 的随机效应来看，三地民众通胀记忆的世代效应皆不显著，意味着通胀记忆并无明显的代际差异。通胀记忆程度存在显著的调查时期效应（$p <$

0.05)：在1990—2014年间，民众通胀记忆水平显著高于时期层级平均值的三个年份由高到低依次是2012年（WVS6大陆/台湾）、2013年（WVS6香港）和2006年（WVS5台湾）。对照图1可知，这些年份均系该地区经历了一段时期以来通胀率峰值后的首次调查。三地通胀记忆强度的时期效应预测值如图2（下）所示。调查期间，三地民众的通胀记忆程度总体呈上升趋势，而大陆民众的通胀记忆在1995—2001年间经历了一次几与通胀率同步的下降，这种通胀记忆强度非线性的时期效应可被视为民众对短期内物价水平变化的快速反应。

为了探讨通货膨胀记忆对三地民众认同重构的影响，厘清记忆对认同作用机制的年龄—时期—世代效应及其地域差异，研究进一步采用HAPC-CCREM模型，分析影响民众个体认同、本地认同、民族认同和全球认同的个体层面固定效应以及时期和世代的随机效应，结果如表2所示。从固定效应来看，个体认同、本地认同、民族认同与全球认同存在着显著的个体地域差异。其中，香港民众的个体认同程度显著低于内地（$p < 0.001$），本地认同、民族认同与全球认同水平则与内地相当；台湾民众除本地认同低于大陆外（$p < 0.001$），个体认同（$p < 0.001$）、民族认同（$p < 0.001$）和全球认同（$p < 0.001$）均显著更高。也就是说，具体到通货膨胀这一全球性风险事件中，在其他控制变量和通胀记忆强度取值一定的情况下，以大陆（内地）为参照，香港民众出现“风险自担”心态的程度相对更低；台湾民众则较少视本岛为命运共同体，转而寻求个体自治、民族认同感和世界公民身份。

表2：地域认同的多水平年龄—时期—世代交叉分类随机效应模型

	个体认同		本地认同		民族认同		全球认同	
	Coef.	*SE*	Coef.	*SE*	Coef.	*SE*	Coef.	*SE*
层1：固定效应								
截距	2.396 ***	0.259	2.884***	0.337	2.370***	0.298	1.641***	0.412
地区[0=大陆（内地）]								
台湾	0.542***	0.056	-0.522***	0.051	0.513***	0.042	0.840***	0.062
香港	-1.193***	0.240	-0.488	0.345	0.260	0.310	0.571	0.387
年龄	0.036***	0.006	-0.049***	0.005	0.044***	0.004	0.060***	0.006
性别（0=女性）	0.002	0.021	0.017	0.016	0.029	0.018	-0.039*	0.019
受教育程度	0.006	0.005	-0.003	0.006	0.016**	0.004	0.009	0.006

续表

	个体认同		本地认同		民族认同		全球认同	
	Coef.	*SE*	Coef.	*SE*	Coef.	*SE*	Coef.	*SE*
收入	0.008	0.006	0.016**	0.005	-0.009	0.006	-0.018*	0.007
社会阶层	0.013	0.014	-0.020	0.015	-0.002	0.014	0.002	0.015
工作状态（0＝无）	-0.001	0.025	0.001	0.019	-0.021	0.023	-0.053*	0.023
婚姻状况（0＝未婚）	0.022	0.046	-0.036	0.035	0.006	0.038	0.012	0.051
子女数量	-0.030	0.039	-0.006	0.031	-0.001	0.035	-0.011	0.044
媒介信任	0.054**	0.018	0.004	0.017	-0.007	0.017	0.066**	0.019
政治信任	0.027	0.021	-0.129***	0.018	0.180***	0.020	0.065*	0.026
国际信任	0.015	0.021	-0.058**	0.017	0.011	0.024	0.063***	0.017
政治兴趣	0.020	0.012	-0.008	0.010	0.019	0.010	0.039**	0.013
通货膨胀记忆	-0.062*	0.026	0.053*	0.024	-0.093***	0.021	-0.114***	0.023
层 2：随机效应								
世代（Cohort）								
1905—1909	-1.380*	0.640	1.866*	0.798	-1.770*	0.695	-1.770*	0.695
1910—1914	-0.583	0.618	0.615	0.643	-0.617	0.653	-0.617	0.653
1915—1919	-1.090*	0.432	1.363**	0.463	-1.255***	0.335	-1.255***	0.335
1920—1924	-1.057***	0.284	1.239***	0.325	-1.113***	0.251	-1.113***	0.251
1925—1929	-0.907***	0.208	1.066***	0.212	-0.892***	0.191	-0.892***	0.191
1930—1934	-0.746***	0.208	1.014***	0.207	-0.846***	0.189	-0.846***	0.189
1935—1939	-0.638***	0.133	0.782***	0.148	-0.692***	0.142	-0.692***	0.142
1940—1944	-0.460***	0.125	0.592***	0.151	-0.545***	0.145	-0.545***	0.145
1945—1949	-0.291***	0.105	0.420**	0.150	-0.370*	0.147	-0.370*	0.147
1950—1954	-0.096**	0.113	0.140	0.153	-0.101	0.142	-0.101	0.142
1955—1959	0.101	0.116	-0.069	0.160	0.119	0.139	0.119	0.139
1960—1964	0.299*	0.125	-0.325*	0.165	0.307*	0.143	0.307*	0.143
1965—1969	0.497***	0.135	-0.531**	0.168	0.504***	0.147	0.504***	0.147
1970—1974	0.658***	0.147	-0.773***	0.179	0.759***	0.151	0.759***	0.151
1975—1979	0.875***	0.170	-1.011***	0.189	0.920***	0.158	0.920***	0.158
1980—1984	0.952***	0.190	-1.207***	0.198	1.135***	0.167	1.135***	0.167
1985—1989	1.188***	0.215	-1.477***	0.205	1.349***	0.183	1.349***	0.183

续表

	个体认同		本地认同		民族认同		全球认同	
	Coef.	*SE*	Coef.	*SE*	Coef.	*SE*	Coef.	*SE*
1990—1994	1.350***	0.232	-1.727***	0.218	1.498***	0.194	1.498***	0.194
1995—1999	1.329***	0.279	-1.975***	0.254	1.611***	0.233	1.611***	0.233
时期（Period）								
1990	-0.209*	0.099	0.355**	0.136	-0.315*	0.123	-0.316*	0.123
1995	0.080	0.096	-0.006	0.132	0.013	0.121	0.129	0.121
2001	-0.390***	0.092	0.617***	0.133	-0.523***	0.118	-0.523***	0.118
2005	0.134	0.110	-0.177	0.138	0.209	0.125	0.209	0.125
2006	0.164	0.092	-0.173	0.131	0.167	0.117	0.167	0.117
2007	0.344***	0.094	-0.622***	0.131	0.539***	0.117	0.539***	0.117
2012	0.011	0.103	-0.171	0.134	0.120	0.121	0.120	0.121
2013	-0.134	0.111	0.177	0.138	-0.201	0.125	-0.209	0.125
方差成分	变异数		变异数		变异数		变异数	
世代效应	0.860*		1.371*		1.098*		2.321*	
时期效应	0.068**		0.172**		0.135**		0.218**	
个体效应	0.446***		0.367***		0.370***		0.506***	

说明：* $p < 0.05$, ** $p < 0.01$, *** $p < 0.001$

四类地域认同的年龄固定效应（$p < 0.001$）、时期随机效应（变异区间：0.068—0.218，$p < 0.001$）与世代随机效应（变异区间：0.860—2.321，$p < 0.001$）均显著，意味着不同年龄、时期和世代的民众地域认同水平均有所差异。其中，在 18—70 岁之间的受访者中，地域认同的年龄效应估计值如图 3（上）所示。对照表 2 可知，年龄越大的受访者把自己看作本地社区成员的程度越低（$p < 0.001$），而认为其为自治个体（$p < 0.001$）、中华民族一员（$p < 0.001$）和世界公民（$p < 0.001$）的程度越高。

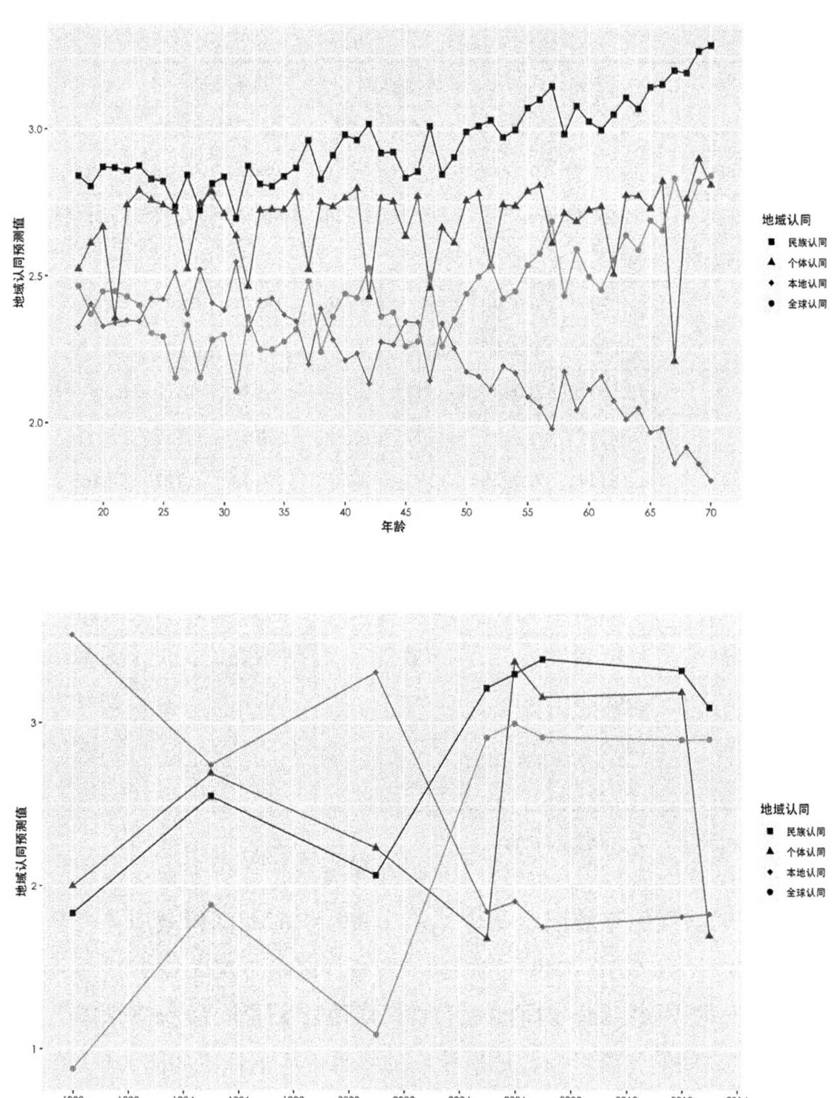
地域认同预测值
年龄
地域认同
民族认同
个体认同
本地认同
全球认同
地域认同预测值
时期
地域认同
民族认同
个体认同
本地认同
全球认同

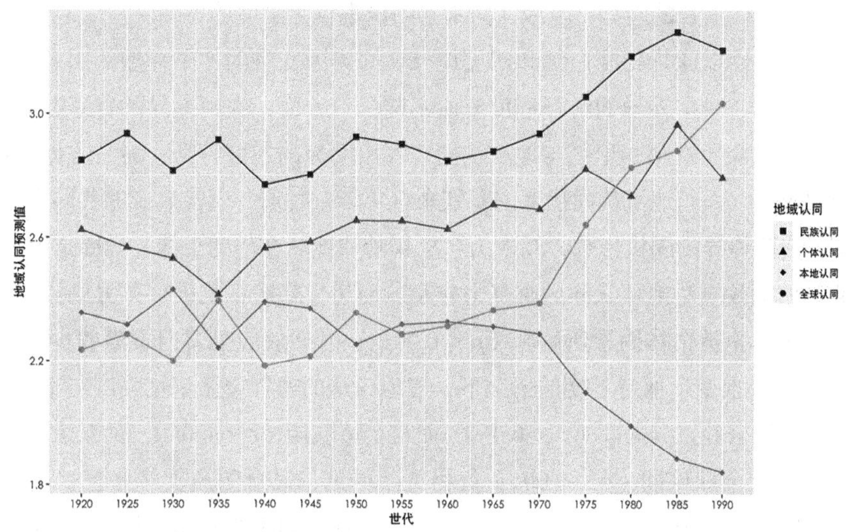

图 3：地域认同的年龄（上）、时期（中）和世代（下）效应

研究进一步比较了地域认同时期和世代的集群效果（cluster effect），其中，时期的集群效果为 $\nu_{0t}/(\varepsilon_{ijt}+\mu_{0j}+\nu_{0t})$，世代的集群效果为 $\mu_{0j}/(\varepsilon_{ijt}+\mu_{0j}+\nu_{0t})$。在个体认同、本地认同、民族认同和全球认同的总变异量中，时期所造成的变异依次为 4.95%、9.01%、8.42% 和 7.16%，世代造成的变异则分别为 62.59%、71.78%、68.50% 和 76.22%。相比时期的随机效应，代际差异对地域认同的解释力更强。其中，本地认同随时期效应变化的程度较大，而全球认同则主要受代际差异的影响。对于地域认同的时期效应，模型估计的每一时期四类地域认同的平均随机效应如图 3（中）所示。相较所有调查时期的均值，显著的变化出现在 1990、2001 和 2007 三个调查年份中。2007 年，三地民众的个体认同（$p < 0.001$）、民族认同（$p < 0.001$）和全球认同水平（$p < 0.001$）显著高于时期群组均值，本地认同水平更低（$p < 0.001$），1990 年和 2001 年则与 2007 年的情况相反。这一结论的出现可能与上述三个年份中三地发生的特定历史事件有关。剔除在总样本量中占比小于 0.5% 的世代后，图 3（下）显示了 1920—1924 到 1990—1994 的 15 个同期群中，每一世代在所有时期上对地域认同的平均效应。从趋势上来看，尽管相邻代群间的认同水平上下波动，但 50 后及更早的受访者表现出了比世代群组均值更高的本地认同和更低的个体认同、民族认同及全球认同；自 60 后开始，三地民众的个体认同、民族认同和全球认

同呈现出逐代上升的趋势，本地认同水平则出现较大幅度的下降。

比较前述以通货膨胀记忆和四类地域认同为因变量的5个模型的固定和随机效应可知，时空差异的解释程度有所不同：一方面，空间差异的普遍存在表明，三地民众通货膨胀记忆与地域认同体现出明显的地区特征；另一方面，在时间效应上，人们地域认同程度的差别来自年龄—时期—世代效应的共同作用，特别是代际差异的随机影响，其次为包括年龄和地域在内的个体差异固定效应，时期的随机效应对地域认同的解释力较小，而通货膨胀记忆强度差异则独立于代际因素，多被个体因素所解释（$p < 0.001$），时期效应显著但贡献较少（$p < 0.05$）。在其他变量保持不变的情况下，三地民众的通货膨胀记忆强度与本地认同间存在显著的正向关联（$p < 0.05$），而与个体认同（$p < 0.05$）、民族认同（$p < 0.001$）和全球认同（$p < 0.001$）负相关。可见，民众的通货膨胀记忆越深，本地认同也就越强，个体认同、民族认同和全球认同感则越弱。综合表2模型系数和图3的变化趋势可以发现，本地认同差异可能存在着与其他三类认同相反的解释机制。

四、结论与讨论

在风险社会日趋激烈地挑战理性能动性的现代社会，特别是风险不平等进一步放大社会团结问题的当下，预测和解释公众的通货膨胀记忆及其对物价稳定的内在追求，加强对社会系统和文化心态的历时性演化，特别是公众对物价上涨的敏感度以及伴随而来的身份认同变迁的认识，增强决策系统的风险研判能力，无论是对全球化时代微观经济体系的平稳发展而言，还是对于现代性与风险社会中有关身份问题追问的回答，增进社会中的群体凝聚力和个体福祉，都具有重要意义。本研究运用HAPC-CCREM分析方法，利用通货膨胀这一多次发生的集体记忆事件，结合世界价值观调查数据（1990—2014），对经典社会理论中政治世代和关键年份假说等集体记忆形成的解释机制开展了重复检验，考察了包括海峡两岸和香港在内的三地民众通货膨胀记忆及其关联的地域认同在不同时空条件下形成的差异。

首先，RQ1关注的地区差异与调查期间GDP年度缩减指数的地区差异大体一致，大陆（内地）民众的通胀记忆程度显著高于香港和台湾，对稳定物价的要求更为迫切。上述发现反映出通胀记忆可能与个体风险抵御的较高要求、较低能力以及风险强度有关。这一点在模型 1 的人口变量中同样得到了印证：在通胀率较高的时期，面对物价飞涨和货币购买力的下降，老年人、女性、较低教育程度 / 收入 / 社会阶层者和经济欠发达地区的大陆民众等"弱势人口"，以及更需对抗通胀风险的有工作者和已婚者等社会角色，常常在严峻的风险形势中，对通货膨胀产生了更深的记忆，继而对控制物价上涨的优先级产生了更高的重要性评估。

其次，通货膨胀记忆的年龄—时期—代群效应不仅相互关联，且具有内在区别。综合有效变量，通过预测模型间的纵向比较，本研究绘制了时空因素作用于三地民众地域认同的过程示意图（如图 4 所示）。APC 模型中世代的长期效应以及年龄与时期的短期效应在既有研究中互为竞争性假设。① 本研究发现，在 RQ2 考察的记忆强度的时间性成因中，仅个体年龄和调查时期对通胀记忆具有显著预测力。这一发现拆解了集体记忆的世代效应假设。对照 RQ1 的发现可知，民众的通胀记忆强度差异一方面来自不同调查时期下通胀率和物价水平的直观变化，另一方面又与个体年龄增长所表征的风险抵御能力下降有关。也就是说，相较于单一历史事件集体记忆的长期世代效应而言，通货膨胀这类多次发生的风险事件记忆更可能来源于时期和年龄两类短期效应的叠加，即在生命周期和其他社会结构上处于弱势者对于近期风险的"心有余悸"。

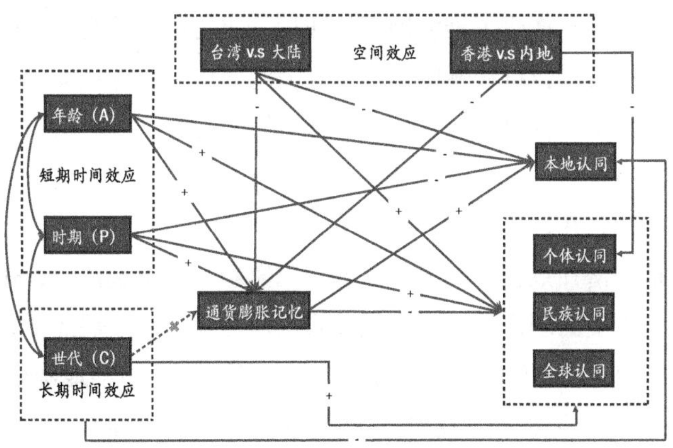

图 4：三地民众通货膨胀记忆及地域认同的时空效应过程示意图
［地区基准变量：0 = 大陆（内地）］

① M. R. Hagerty, R. Veenhoven. "Wealth and Happiness Revisited: Growing National Income Does, Go with Greater Happiness", *Social Indicators Research*, 2003, 64(1): 1-27.

RQ3 聚焦于三地民众四类地域认同的时空效应。从样本的整体情况来看，香港民众的个体认同程度低于内地，台湾民众则拥有较大陆更低的本地认同和更高的个体认同、民族认同及全球认同。除空间效应外，三种时间效应对地域认同的影响同时存在。随着年龄的增加，个体认同、民族认同和全球认同逐渐增强，本地认同趋于弱化。在时期和代群的随机效应中，时期效应的影响较小，其方向和强度在各调查年份间呈波动变化；地域认同呈现出明显的代际差异，自 60 后起，年轻世代的本地认同逐步下降，其个体认同、民族认同和全球认同则日益上升。总体来看，"风险自担"的个体化认同趋势以及超越本地社区、寻求民族身份和人类命运共同体的趋势在经济风险事件中同时存在。

可见，大范围的、高强度的通货膨胀事件可能会加剧通货膨胀记忆，并由于风险社会中超出个人和社会群体的解决能力而降低个人、民族和世界公民身份的认同感。将表 2 视为以通货膨胀记忆程度为中介变量的过程模型，综合图 4 可知，如果将民众对本地社群的本能式前现代认同视作随个体成熟、地区经济和社会发展不断完善而逐渐让位于民族情感、世界公民想象和个体自治需求的多元现代认同，那么，这些促使地域认同从前现代走向现代的力量将随着人们对通货膨胀事件的强烈记忆和对货币购买力保持稳定的内在需求而被部分化解，而人口老化以及温和通胀带来的物价缓慢上涨等自然过程又对人们的通胀记忆和物价稳定需求产生了推波助澜的作用，成为风险社会中现代性悖论的经验佐证，因为即便是持续缓慢的物价上涨，同样也会加深民众的通货膨胀记忆，使其难以走出本地社群成员身份，降低对风险自治、民族团结和人类命运共同体的想象、体察与认同，使"经济现代化"的进步趋势蒙受"观念非现代化"的制约。因此，在现代化过程高速运转、风险不平等随之被不断放大的东亚华人社会，这一潜在危害尤其值得发展中国家和地区引起注意，避免在高速扩大内需、刺激消费的理念下，以降低民族认同为代价来发展经济，特别是对经济较港台地区相对后发的大陆（内地）来说，不仅要尽可能地避免恶性滞胀，更要对持续追求 GDP 增长的工具理性有所反思，通过维持全社会的长期物价稳定，来有效地提升三地民众对中华民族成员身份的认同感。

综上，本研究厘清了既有经验研究中未能区分的通货膨胀记忆的年龄—时期—世代效应，[①] 解释了世代效应产生于年龄和特定时期叠加效应的内在动因，

---

① M. Ehrmann, P. Tzamourani. "Memories of High Inflation", *Social Science Electronic Publishing*, 2012, 28(2): 174-191.

丰富了理解海峡两岸暨香港三地民众建立在全球经济风险基础上的记忆以及应对风险的个人和集体身份的实证资源。本文的研究局限主要体现在如下方面：首先，对于通货膨胀记忆强度的测量而言，尽管WVS在问题陈述上与集体记忆调查具有相似性，然而在根本上，这一问题的表述仍非记忆程度的直接反映，将对研究的内在效度造成影响；其次，个案中过多的缺失值是影响研究效度的原因之一，数据的多重插补技术无法替代真实数据的多元性；再次，APC效应在逻辑上依然来自代群效应，无法超越人口新陈代谢机制的解释，[①]三种效应之间的内在关联究竟如何，有赖于未来进一步探索；最后，三地不同地域空间效应在本研究中更多地表现为个体区别而非层级差异，其原因同样有待考证。此外，由于样本数据中世界价值观调查的次数在三地间不一致，总调查次数有限，难以建立起更连续的时间趋势推断。后续研究应当考虑以更直接的变量概念化方式收集数据，借助更先进的统计手段检验HAPC模型内部各变量间的中介过程，确保研究结论的准确性，以期对通货膨胀集体记忆及其关联的地域认同问题予以更为清晰的理论回应。

---

① M. R. Hagerty, R. Veenhoven. “Wealth and Happiness Revisited: Growing National Income Does, Go with Greater Happiness”, *Social Indicators Research*, 2003, 64(1): 1-27.

陆生接触与大陆印象

——基于台湾数据的分析 *

贺嵬嵬 **

引言

20 世纪 90 年代以来，台湾岛内认同混乱。特别是青年一代，表现出令人不安的激进倾向。部分台湾民众对大陆具有刻板印象，消极负面地看待两岸接触，“反中拒统”成为相当一部分青年对大陆的态度。① 关注台海局势的人们不仅想问是什么影响了今天台湾年轻人的大陆态度，而且想知道两岸交流活动是否有助于增进台湾青年对大陆的正面了解。两岸关系在很大程度上是为两岸青年所推动，台湾青年的心态尤其值得高度关切。

根据群际接触理论（intergroup contact theory），不同群体的接触将有助于消

* 本文发表于《台湾研究集刊》2019 年第 1 期。

** 作者简介：贺嵬嵬，复旦大学经济学院博士生。

① 2016 年《联合报》所做 20 的关于民众“国族认同”的调查发现，台湾民众认同自己是“台湾人”的比率为 73%，以 20—29 岁年轻族群自认是“台湾人”的比率最高 (85%)。主张永远维持现状的台湾民众占到 46%，仍是台湾的主流民意；20—29 岁的台湾年轻人主张永远维持现状的仅 30%，为各个年龄层中最低；且年轻人主张“尽快独立”(29%) 与“先维持现状再独立”(25%) 的比率都高于 30 岁以上人群。参见邓小冬、沈惠平：《试析台湾青年的“天然独”心理》，《台湾研究集刊》2017 年第 2 期。在本文所使用的台湾地区“大学生政治社会化的定群追踪研究”中，2011 年入学的台湾大学生中认同“我们的国家”指“台湾”的占 97%，其他认同合计不到 3%；认为自己是“台湾人”的占 76.8%，是“中国人”的占 1.1%，是“台湾人也是中国人”的占 20.6%（2012 年调查）。这些学生的大四阶段正处于“太阳花学运”时期，他们中相当一部分参与其间，以实际行动对两岸问题表态。关于“太阳花学运”，参见李彬：《世代政治视角下台湾青年国家认同问题》，《当代青年研究》2015 年第 4 期；信强、金九汎：《新媒体在“太阳花学运”中的动员与支持作用》，《台湾研究集刊》2014 年第 6 期。

除偏见，改善相互之间的印象，这一理论为众多实证研究所支持，并被认为是社会心理学中为数不多的有效且运用于政策实践的理论。在两岸促进青年学子交流，特别是台湾开放陆生就学的举措中，也能看出相关理论对政策制定者的影响。然而在已有研究（包括针对两岸的考察）中，关于接触与态度改善之间的因果关系还不明显，特别是定量研究存在着严重的内生性嫌疑。因此，对于该理论的适用性还有进一步考察的必要。本文通过将 2011 年台湾开放陆生就学后各校陆生占比作为工具变量，对陆生接触影响台生态度进行实证考察。结果发现，陆生接触显著提升了台湾大学生对于大陆的正面态度。陆生接触本身内生性不强，工具变量法与传统 OLS 回归方法在结果上差别不大，进一步支持了群际接触理论，对于群际接触理论在中国的适用性给出了证明。

本文结构如下：第二部分将介绍相关文献，并指出不足；第三部分对数据发生时期的台湾当局教育政策改变作出说明，用以支持本文将采用的工具变量法；第四部分介绍实证数据和模型；第五部分给出实证结果并分析其意含；最后总结。

一、文献评述

怎样改善两岸青年之间的刻板印象，建立友好互信的关系，不仅是理论问题，更是当务之急。对此，两岸学者都推崇通过交流增进民间互相了解，减少偏见。其理论依据是群际接触理论。以下将从国际经验、理论本土化和两岸关系应用三个角度进行介绍。

群际接触被认为是改善群际关系最有效的方法。而对其进行系统化整理的 Allport 也被认为是群际接触理论的提出者。群际接触理论以群体为对象，研究接触减少偏见的条件和机制。其基本思想为，群际关系紧张与偏见相关，偏见来源于信息不充足，因此群际间的交流有助于减少偏见，改善双方态度。在 Allport 看来，当接触双方处于平等地位、合作关系、具有共同目标，并受到社会和制度性权威支持的时候，积极的接触将有助于减少偏见（群际关系中最重要的态度）。[①] 后续研究中，Pettigrew and Tropp（2006）通过对已有研究进行元分析，发现在四个条件均满足时，减少偏见的效果将达到最大，而即使不能完

① 刘阳:《群际接触理论的研究进展》,《理论观察》2017 年第 2 期。

全满足，也可以对群际关系产生正面影响。[①] 这一研究被认为是群际接触理论最好的证据。[②] 其后的研究进一步确认了理论。如 Henry and Hardin(2006) 发现，通过群际接触，黑人、穆斯林教徒等群体对外偏见显著减少。[③] 在关于中介变量和机制的讨论中，Pettigrew（1997）指出群际间的友谊是接触到印象改变的重要中介，外群体朋友的出现与他对外群体的偏见水平负相关。[④] 友谊能够促进更积极的群际态度。Davies et al.(2011) 使用了六个维度测量群际间的友谊，并发现与异族朋友的行为互动更容易导致群际改变。[⑤] 接触产生作用一般认为与减少误解有关。[⑥] 有研究提出了整合威胁模型，指出接触可以通过群际威胁而作用于群际态度，[⑦] 也有研究认为接触通过影响群际情绪间接影响群际偏见，具体可分为负面的焦虑和正面的共情。[⑧] 近年来，群际接触理论研究出现新的发展趋势：

第一，研究对象和范围的扩展。虽然最初是为了解决种族、文化群体间的偏见问题，近年来群际接触理论也泛化到同性恋、老人、无家可归者、政党等群体。Caspi（1984）发现参与跨年龄学前教育的儿童，对于年老者拥有更积极的态度，从而支持了接触理论从种族到其他领域的推广。[⑨]Sakalh and Ugurlu（2002）在土耳其的大学中发现与同性恋者有过接触的异性恋学生对同性恋者有

① Thomas F. Pettigrew and Linda R. Tropp. "A meta-analytic test of intergroup contact theory". *Journal of Personality and Social Psychology* ,2006(5) : 751-783.

② M. Hewstone , S. Lolliot, H. Swart, E. Myers, A. Voci, A. Al Ramiah and E. Cairns. “Intergroup Contact and Intergroup Conflict” , *Peace and Conflict: Journal of Peace Psychology,* 2014(1):39-53.

③ P. J. Henry and C. D. Hardin. “The Contact Hypothesis Revisited: Status Bias in the Reduction of Implicit Prejudice in the United States and Lebanon ” , *Psychological Science*, 2006(10):862-868.

④ T. F. Pettigrew. "Generalized Intergroup Contact Effects on Prejudice", *Personality and Social Psychology Bulletin*,1997(2):173-185.

⑤ K. Davies, L. R. Tropp, A. Aron, T. F. Pettigrew and S. C. Wright. “Cross-group Friendships and Intergroup Attitudes: A Meta-analytic Review” , *Personality and Social Psychology Review*, 2011 (4):332-351.

⑥ J. F. Dovidio, S. L. Gaertner and K. Kawakami. "Intergroup Contact: The Past, Present and the Future", *Group Processes & Intergroup Relations*, 2003(1):5-21.

⑦ 张婍、冯江平、王二平:《群际威胁的分类及其对群体偏见的影响》,《心理科学进展》2009 年第 2 期。

⑧ Daniel A. Miller , Eliot R. Smith and Diane M. Mackie. "Effects of Intergroup Contact and Political Predispositions on Prejudice: Role of Intergroup Emotions", *Group Processes & Intergroup Relations* , 2004 (3): 221-237； Theresa K. Vescio , Gretchen B. Sechrist and Matthew P. Paolucci, "Perspective Taking and Prejudice Reduction: The Mediational Role of Empathy Arousal and Situational Attributions", *European Journal of Social Psychology* ,2003 (4): 455-472.

⑨ A. Caspi. "Contact Hypothesis and Inter-age Attitudes: A Field Study of Cross-age Contact” , *Social Psychology Quarterly*, 1984,47(1):74-80.

更正面的态度。[①]Dasgupta and Rivera(2008) 发现，长期接触同性恋者的被试者内隐偏见更低，也更加支持同性恋合法化。[②]Lee et al.(2004) 使用了美国全国样本分析对无家可归者的态度是否受到接触的影响。结果发现，接触使受访者在各维度上都产生了对无家可归者的正面印象。[③]

第二，关于接触的定义从直接向间接拓展。不仅现实中的接触有助于改善印象，想象中的接触亦可以起到正面作用。Turner et al.（2007）最早通过实验发现这一点。[④] 内群体成员的跨群体友谊和成功互动经验就会带来其他人群际关系的改善。此外，大众媒体和网络的虚拟接触也可以促进群际关系。[⑤]

第三，有学者讨论了消极接触的问题。Allport 和早期对于取消种族隔离的研究就已经涉及接触增加负面印象的可能性。真正开始重视此问题的是 Paolini 等人的一系列研究。[⑥] 目前关于消极和积极何者效力更大还存在争议。[⑦] 虽然存在消极接触，但是实证结果显示消极接触发生的概率显著低于积极接触，[⑧] 而且

---

① N. Sakalh and O. Ugurlu. "Effects of Social Contact with Homosexuals on Heterosexual Turkish University Students' Attitudes towards Homosexuality", *Journal of Homosexuality*,2002(1):53-62.

② N. Dasgupta and L. M. Rivera. "When Social Context Matters: The Influence of Long–term Contact and Short–term Exposure to Admired outgroup Members on Implicit Attitudes and Behavioral Intentions”, *Social Cognition*, 2008(1):112-123.

③ B. A. Lee, C. R. Farrell and B. G. Link. "Revisiting the Contact Hypothesis: The Case of Public Exposure to Homelessness”, *American Sociological Review*, 2004(1):40-63.

④ R. N. Turner, R. J. Crisp and E. Lambert. "Imagining Intergroup Contact Can Improve Intergroup Attitudes", *Group Processes & Intergroup Relations*, 2007,10(4):427-441.

⑤ 郝亚明:《西方群际接触理论研究及启示》,《民族研究》2015 年第 3 期。

⑥ S. Paolini, J. Harwood and M. Rubin. “Negative Intergroup Contact Makes Group Memberships Salient: Explaining Why Intergroup Conflict Endures”, *Personality and Social Psychology Bulletin*, 2010 (12):1723-1738； F. K. Barlow, S. Paolini, A. Pedersen, M. J. Hornsey, H. R. Radke, J. Harwood, M. Rubin and C. G. Sibley. "The Contact Caveat: Negative Contact Predicts Increased Prejudice More than Positive Contact Predicts Reduced Prejudice”, *Personality and Social Psychology Bulletin*, 2012 (12): 1629-1643.

⑦ F. K. Barlow, S. Paolini, A. Pedersen, M. J. Hornsey, H. R. Radke, J. Harwood, M. Rubin and C. G. Sibley. "The Contact Caveat: Negative Contact Predicts Increased Prejudice More than Positive Contact predicts Reduced Prejudice”, *Personality and Social Psychology Bulletin,* 2012 (12): 1629-1643; T. H. Stark, A. Flache and R. Veenstra. "Generalization of Positive and Negative Attitudes toward Individuals to Outgroup Attitudes”, *Personality and Social Psychology Bulletin,*2013(5):608-622.

⑧ S. Graf, S. Paolini and M. Rubin. “Negative Intergroup Contact is More Influential, But Positive Intergroup Contact is more Common: Assessing Contact Prominence and Contact Prevalence in Five Central European Countries”, *European Journal of Social Psychology*, 2014(6):536-547.

如果有过积极接触经历，则后期消极接触的影响较小。[①]

考察国外关于群际接触与偏见的实证研究，都面临着接触产生好感，还是好感带来接触的问题。现有的解决因果机制的尝试主要从面板数据着手。因为面板数据可以对比接触前后的态度和行为变化。Swart et al.(2014) 通过分析三期南非数据，发现第一期的接触，影响到第三期的偏见。[②] 以上分析虽然试图利用时间先后来解决内生性问题，但是还可能面临接触本身是否外生的质疑。另一种解决内生性的思路是使用实验，通过随机分配和前后差异来得到明确的因果关系，但是面临伦理和结论在现实中外推的困境。而本文将通过台湾高等教育对大陆学生开放带来的自然实验，对内生性问题予以考察。

目前，国内群际接触研究起步不久，在陈晶和佐斌（2004）将群际接触理论引入国内学界之后，[③] 学术界主要还停留在对理论进行译介、归纳和总结的层次，包括于海涛等（2013）、刘峰和张国礼（2014）、高承海等（2014）关于想象性接触的介绍，[④] 李森森等（2010）、郝亚明（2015）、刘阳（2017）的综述，[⑤] 对于理论的发展、实证考察，特别是量化研究还比较初步。李森森等（2010）指出的“我国实际背景下验证及发展该理论的具体实验研究还非常匮乏”的情状，还没有根本改变。[⑥]

其实由于我国历史悠久，广土众民，移民和群际交流长期存在，因此某些实证研究具有先天的优势。

优势体现之一便在两岸的学生交流上。陆生与台湾学生具有平等的身份

---

① S. Paolini, J. Harwood, M. Rubin, S. Husnu, N. Joyce and M. Hewstone. “Positive and Extensive Intergroup Contact in the Past Buffers Against the Disproportionate Impact of Negative Contact in the Present” , *European Journal of Social Psychology*,2014(6):548-562.

② H. Swart, M. Hewstone, O. Christ and A. Voci. "Affective Mediators of Intergroup Contact: A Three-wave Longitudinal Study in South Africa", *Journal of Personality and Social Psychology,* 2011(6):1221-1238.

③ 陈晶、佐斌:《群际接触理论介评》,《心理学探新》2004 年第 1 期。

④ 于海涛、杨金花、张雁军、金盛华:《想象接触减少偏见 : 理论依据 , 实践需要与作用机制》,《心理科学进展》2013 年第 10 期；刘峰、张国礼:《想象积极群际接触与群际关系改善实验研究述评》,《心理科学》2014 年第 2 期；高承海、杨阳、董彦彦、万明钢:《群际接触理论的新进展 : 想象性接触假说》,《世界民族》2014 年第 4 期。

⑤ 李森森、龙长权、陈庆飞、李红:《群际接触理论——一种改善群际关系的理论》,《心理科学进展》2010 年第 5 期；郝亚明:《西方群际接触理论研究及启示》,《民族研究》2015 年第 3 期；刘阳:《群际接触理论的研究进展》,《理论观察》2017 年第 2 期。

⑥ 李森森、龙长权、陈庆飞、李红:《群际接触理论——一种改善群际关系的理论》,《心理科学进展》2010 年第 5 期。

（高校学生），具有合作关系（学习和生活）和共同目标（完成学业），而且他们的互通往来受到校园和社会相当程度的支持。陆生与台湾同龄人的接触是最充分、最深入的，基本满足群际接触理论所提出的最佳条件。加之两岸学生长期互相隔绝而形成之间的隔阂，如果群际接触理论成立，那么不论是直接影响，还是通过影响情绪来削弱偏见，两岸交流都将减少台湾学生对大陆消极的印象，成为天然的研究群际接触理论的试验场。

然而，群际接触对大陆形象的影响还缺乏定量的实证研究，多是定性讨论和案例分析。有研究采访受大陆方面邀访的台湾青年，结果发现大陆学生与台生的互动有助于台生减少对大陆的刻板印象。虽然在统一问题上没有发现显著的影响。[①] 从案例访谈来看，两岸年轻人的交流的确有助于台湾青年对大陆建立积极形象，[②] 同时这种积极形象是有一定限度的。[③]

有关群际理论在海峡两岸关系中应用的实证研究，存在以下可以改进的空间：

首先，虽然举例说明式的访谈在深度上更胜一筹，但是难以避免样本选择和结论推广性的质疑，因此仍需要结合定量研究。既有的定量研究面临着因果关系不明的内生性问题。内生性是指回归分析中自变量和扰动项之间存在联系，导致回归分析中系数不一致。多数情况下又可以归为遗漏变量和因果倒置两类问题。以台湾研究为例，与大陆关系更加紧密、经济更为发达的台北地区与民进党的根据地、深绿的台南地区，因为经济的关系跟大陆有着不同程度的交往，而经济发展的不同又影响了当地居民的两岸心态。因此，从遗漏变量上看，经济发展程度同时影响了与大陆接触和对大陆态度。从因果方向上来看，也可能是由于有更好的印象而导致了更多的接触，而非接触产生良好印象。

其次，针对两岸接触和大陆印象的研究在样本选择上存在偏误。出于研究方便可行的考虑，两岸接触的研究大多没有实现随机抽样。定性研究自不待言，即使是定量研究也主要针对登陆交流学生进行访问，或者采取“滚雪球”的问卷采集方法，因此很难验证结论对于台湾多数大学生的有效性。即使对台湾大

① 耿曙、曾于蓁:《中共邀访台湾青年政策的政治影响》,《问题与研究》(台北)2010 年第 3 期。

② 唐桦:《群际接触与偏见：交流中台湾青年的心理机制》,《台湾研究集刊》2017 年第 6 期；耿曙、曾于蓁:《中共邀访台湾青年政策的政治影响》,《问题与研究》2010 年第 3 期。

③ 何采霈:《两岸交流与台湾民众认同之变迁——2008 年以来的分析》，台北：致知学术出版社，2014 年，第 102 页。

学生进行调查，也难免因为研究者身份而存在客观性方面的质疑。①

最后，既有研究多是考察来访台生的大陆经历对其大陆印象的影响，就目前所见，还没有人考察陆生赴台是否会影响台湾大学生的大陆印象。相反，注意力更多集中在陆生在台湾的适应和转变，对于陆生“和平资产”的价值估计不足。

要解决因果关系不明的“内生性”需要带有外生性的自变量。因此，本文的计量分析将借助台湾地区政策改变所提供的台湾学生接触陆生可能性的外生变化。而后两个问题，本研究中将通过使用台湾方面进行的分层抽样调查予以解决。

二、背景

马英九执政时期（2008—2016），两岸交流加速，②特别是对两岸教育政策进行了较大的修改。一方面，延长陆生赴台期限，放宽台湾高校赴大陆推广教育，放宽大陆学历承认；另一方面，也更重要的是，通过修改“陆生三法”，有限开放大陆学生（即“陆生”）赴台就读大专院校。与此同时，短期研修生数量也大幅增长。

“陆生三法”由于涉及开放陆生赴台和承认大陆高校学历，在台湾地区“立法”机构延宕一年，最终于2010年8月19日三读通过。③ 2011年9月第一批陆生赴台。④ 入台学生初步规划为2000人，之后人数日益增多。到2015年，在台湾正式修读学位的陆生已经达到7813人。2011年也被称为“陆生元年”。这一年第一批大陆新生与本文所用数据集中的台湾新生共度。从2011年开始，大陆学生赴台就学一路高歌猛进，到2016年赴台学生（包括学位生和研修生）

① 郭伟展、陈先才:《台湾大学生社会政治心态的特征、成因及因应策略研究——基于台湾23所高校大学生的调查分析》,《台湾研究集刊》2017年第3期；刘澈元、刘方舟、张晋山:《期望与认知的错位：台湾青年世代的“大陆印象”研究——基于对台湾四所高校1030名大学生的问卷调查》,《台湾研究集刊》2017年第2期。

② 何采霈:《两岸交流与台湾民众认同之变迁——2008年以来的分析》，台北：致知学术出版社，2014年，第74页。

③ 百度百科:《“陆生三法”》，查询时间：2018年6月26日，https://baike.baidu.com/item/陆生三法。

④ 搜狐网:《“陆生三法”通过 台高校：限制越少越好》，查询时间：2018年6月26日，http://news.sohu.com/20100820/n274344864.shtml。

超过4万达到顶峰。但随着2016年蔡英文上台执政，赴台陆生人数出现逆转。

对于陆生赴台，在两岸均引起社会和学界极大反响，而又以台湾反应更大。一方面，陆生来台，有助于缓解台湾高校的办学经费压力。由于台湾社会教育资源过剩，台湾本地学生已经不足以消化，而大陆学生不但不占台湾地区公立学校的奖学金，而且按照公立高校两倍（即私立标准）收取学费，[①] 因此台湾高校特别是私立高校迫切希望打开大陆市场，吸引陆生就学。另一方面，由于涉及两岸敏感问题，岛内政争不断，"陆生三法"拖延一年才最终放行，还增加了若干限制条款，可见其在2011年通过具有相当的偶然性。对台湾地区当年的高中毕业生而言，他们在选择高校时不会考虑大陆因素，事实上也没有参照系。笔者根据台湾地区教育主管部门网站数据，计算了本研究所涉及的各台湾高校的陆生占比，如表1所示，陆生比最高的是铭传大学、中原大学、元智大学等高校，而台湾大学、台湾清华大学、台湾交通大学等公立著名大学均未进入前十。这与台当局对岛内公立高校招收大陆学生的限制有关。因此，大陆学生选择台湾高校也带有随机性。

表1：2011学年陆生占比最高的十所高校

校名	2011年陆生人数	2011年学生人数	2011年陆生占比（%）
铭传大学	80	18825	0.42
静宜大学	43	12319	0.35
中原大学	49	16326	0.30
元智大学	28	9935	0.28
淡江大学	78	28515	0.27
岭东科技大学	26	9974	0.26
台湾中国文化大学	68	26601	0.26
兴国管理学院	2	809	0.25
世新大学	28	11792	0.24
东海大学	38	17513	0.22

资料来源：根据台湾地区教育主管部门网站信息计算。

① 中国网:《"陆生三法"初审通过 大陆学生赴台就读攻略》，查询时间：2018年6月26日，http://news.china.com.cn/tw/2010-04/30/content_19942174.htm。

本文假设陆生占比越高的学校台生更容易接触到陆生（例如通过共同上课等接触方式），根据群际接触理论，这种接触与交流将会影响到台湾学生对于大陆的印象，由此满足了工具变量与内生解释变量的相关性要求。而各校陆生占比相对扰动项的外生性要求则基于以下两个假设而成立：1. 将台湾地区对陆生开放就学视为突然的政策改变，这一改变带来各校不同的陆生比例；2. 这种占比独立于台湾学生本身的政治态度，但是会影响到台湾学生与陆生的接触与交流。各校不同陆生比造成了不同学校的台湾学生接触陆生的可能性差异。

因此，本文中工具变量的逻辑可以表达为图 1：

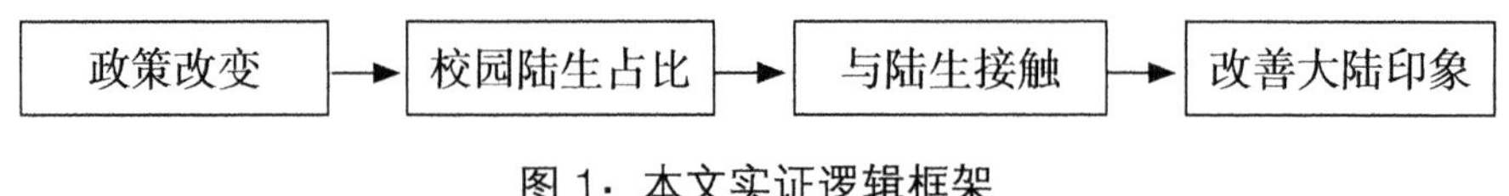

图 1：本文实证逻辑框架

三、数据及模型说明

（一）数据介绍

综上所述，群际接触理论认为与陆生的接触将有助于台生改变对于大陆的刻板印象，形成更为正面的大陆态度。为了验证这一假说，本文选择台湾地区“大学生政治社会化的定群追踪研究”进行数据分析。[①] 该调查由台湾政治大学选举研究中心主持，收集了台湾地区 2011 年度约 148 所高校的 1754 名大一学生政治态度数据。问卷内容包括：学校参与与互动、政治认同、大众传播媒体、对于两岸、政党政治与选举的看法等。本文所采用的数据是开放陆生赴台后的第一年，即 2012 年调查数据。使用该期数据的优点除了数据质量高、没有严重的外部冲击干扰之外，对于第一期的学生而言，陆生来台具有外生性，可以视为一次准自然实验。因此，虽然是截面数据，但是仍然适合进行数据分析和因果推断。

（二）基准模型及变量

根据群际接触理论，本文设定基准回归模型如下：使用 OLS 线性模型是为

① Lu-Huei Chen (2018).Political Socialization of University Students in Taiwan: Panel Studies (I) (E10053_1). Data file. Available from Survey Research Data Archive, Academia Sinica. doi:10.6141/TW-SRDA-E10053_1-1.

了方便之后与工具变量法回归产生的系数进行比较（在稳健性检验中也用了定序 logistic 回归，结果不变。为节省篇幅，从略）：

（1）$Y_i=\alpha Contact_i+\sum\beta X_i+\varepsilon_i$

其中 Y_i 表示本文关注的因变量——对大陆态度。这一变量具体操作化为选项“如果台湾和大陆在政治、经济、社会各方面的条件差不多时，请问您赞不赞成台湾和大陆统一”。选项包括“非常不赞成”(赋值为 1)、“不太赞成“(赋值为 2)、”有点赞成”(赋值为 3)、“非常赞成”(赋值为 4)，赋值越高，表示对大陆态度越积极，偏见越少，印象越好。选择这一问题的原因是，统一问题是两岸关系中最重要也是最敏感的问题，如果台湾青年在这一问题上体现出积极愿景，那么当然可以理解为对于大陆有着更良好的印象。为了加强结论，在附录中笔者还使用受访者感知到大陆对台湾民众的善意程度作为因变量进行稳健性检验，发现结论不变。(因篇幅问题，附录无法刊登。已留存备索。)

自变量中 $Contact_i$ 为核心解释变量，用来代表台湾学生是否与大陆学生有过接触。将问题“请问您在念大一这段时间，跟来台大陆学生 (不含港、澳) 有以下哪些接触经验 ?”的回答中去掉无接触、无意见、不知道等情形，均算作接触，赋值为 1，将“无以上接触经验”赋值为 0。接触的内容包括学生生活的各方面，如修同一门课、一起做报告、参加同一个社团、一起办活动、一起出去玩、共同讨论时事、请陆生到家里做客、与陆生成为情侣、与陆生成为室友、聊天、一起听音乐会、一起听演讲会、一起吃饭等。其中接触最多的形式为“修同一门课”，将近 40% 的台湾高校学生有过与陆生同班的经历。根据接触理论，本文推测 α 为正值。虽然 Pettigrew(1997) 认为群际间的友谊是群际接触影响群际态度的重要中介，[①]Davies et al.(2011) 也强调相处时间和行动参与是重要的中介变量，[②] 但是在本文的调查问卷中没有对友谊进行清晰识别的相关变量，而有情侣经验等明显亲密经验的被访者又太少。因此，为了对接触程度进行区分，本文在附录中用接触类型数量代替是否接触进行考察。本文认为接触类型数量越多代表双方互动更密切，更有可能建立友谊关系。结果发现更换接

① T. F. Pettigrew. "Generalized Intergroup Contact Effects on Prejudice", *Personality and Social Psychology Bulletin*,1997(2):173-185.

② K. Davies, L. R. Tropp, A. Aron, T. F. Pettigrew and S. C. Wright. “Cross-group Friendships and Intergroup Attitudes: A Meta-analytic Review” , *Personality and Social Psychology Review*, 2011 (4):332-351.

触指标之后，接触的正向效果仍然存在。（因篇幅问题，附录无法刊登。已留存备索。）

考虑到其他因素也将影响到台湾大学生的大陆印象，因此还需要添加以下控制变量，均用 $\sum\beta X_i$ 代表。首先是台湾学生的政治态度。根据研究，“恐中”情绪的形成主要与群体认同以及认知评价因素密切相关，[①] 毫无疑问，台湾大学生持有的政治态度将影响到他们是否接触陆生以及对大陆的态度，因此采用当下统一立场（尽快宣布“独立”为 0，尽快统一为 10）衡量，数值越高表示越倾向统一。本文推测该变量系数为正，越倾向于统一对大陆态度越好。这一控制变量与因变量的区别是，前者代表当下的态度，而后者代表未来愿景（如果用前者代替后者作为因变量，对结果影响不大。为节省篇幅，从略）。考虑到高校学生对政治话题的兴趣，以及同辈之间的交流可能影响到对大陆的态度，本文还控制了变量“您是否常参加或聆听学校所举办的有关公共事务或社会问题的演讲或座谈会”和“您与同学或朋友会谈论政治方面的问题吗”。由于对于大陆的了解会影响到对大陆的态度，因此选取“是否能准确说出当时国家主席”作为衡量台湾学生了解大陆程度的指标。考虑到家庭政治倾向，以及家长的族群、教育对于台湾学生的影响，特别是外省人家庭被认为更有可能倾向于对大陆怀有感情，[②] 因此本文控制了学生父母的政治态度、族群以及受教育水平。由于不同社会阶层对于两岸经贸合作利益感知不同，部分台商也有可能采用机会主义式的认同倾向，[③] 因此本文控制了受访者家庭所属阶层和月收入。考虑到性别和年龄也可能影响到结果，因此在回归方程中一并控制。

表 2 给出了主要变量的描述性统计。如表 2 所示，样本中拥有与陆生接触经历的台湾高校生达到总体的将近一半。受访者当时正处于大一结束，平均年龄 19 岁，最高 30 岁，男女各半。在感知大陆善意和统一愿景上得分较低。在 1,4 区间评价的对大陆官方态度和统一愿景（均值为 2.2、2.3），均未到中位数 2.5，态度倾向消极。结果符合通常对台湾年轻世代的认知。

---

① 沈惠平，邓小冬：《试析部分台湾民众的“恐中”情绪——一种群际情绪理论的视角》，《台湾研究集刊》2015 年第 6 期。

② ［法］杰弗里：《台湾“独立运动”起源及 1945 年以后的发展》，台北：前卫出版社，1997 年，第 280—286 页。

③ 何采霈：《两岸交流与台湾民众认同之变迁——2008 年以来的分析》，台北：致知学术出版社，2014 年，第 161 页。

表 2：台湾地区“大学生政治社会化的定群追踪研究”主要变量描述性统计

变量名称	观测值	均值	标准差	最小值	最大值
接触（是 =1）	1752	0.462	0.499	0	1
两岸条件相似赞成统一程度	1751	2.272	0.847	1	4
大陆官方对台当局友善程度	1752	2.190	0.629	1	4
大陆官方对台人民友善程度	1751	2.265	0.656	1	4
年龄（岁）	1744	19.44	0.737	18	30
性别（男 =1）	1752	0.509	0.500	0	1

（三）工具变量法模型及数据

为了解决回归分析中存在的内生性问题，本文使用两阶段最小二乘法对回归结果进行修正。因为考虑到接触的内生性问题，在方程（1）的基础上使用各高校的陆生占比作为工具变量对 (2) 进行回归，然后再使用 $Contact_i$ 的拟合值代入方程（1）中，以得到α的无偏估计。工具变量必须满足的对于内生解释变量（接触）的相关性，与对扰动项的独立性，已经在上一节中阐释，这里不再赘述。由于台湾地区“大学生政治社会化的定群追踪研究”中记录了每一名受访者就读的大学，因此可以将个人微观数据与校级的陆生占比数据匹配。

（2）$Contact_i = \gamma Sex\_Ratio_i + \sum \beta X_i + \varepsilon_i$

笔者于台湾地区教育主管部门网站搜集了台湾各高校的学生数据。台湾学生接触到的陆生可能是研修生也可能是学位生，但由于没有找到短期研修生的数据，所以暂时只能使用就读陆生数的占比来衡量两岸学生的接触机会。如此处理的理由如下：首先，以学术交流名义来台的研修生至多在台湾停留 6 个月，而长期就读的大陆学位生相较于短期研修生客观上与台湾学生的接触和发展长期关系的作用更大；其次，长期就读和短期研修之间存在着相当紧密的联系。根据台媒报道，2015 学年招收大陆研修生最多的大学为铭传大学、世新大学、朝阳科技大学、中原大学、台湾中国文化大学等，[①] 其中铭传大学、中原大学、

① 《“研修生”大饼各校抢！》，查询时间：2018 年 5 月 24 日，http://tnr.com.tw/txtsemple.aspx?id=1795。

中国文化大学、世新大学也同时是招收大陆学位生最多的大学（陆生学位生数据参见表 1）。

四、实证结果

下面进行回归分析。首先只对核心解释变量——接触，与核心被解释变量进行回归，所得结果为表 3 第 1 列；然后加入控制变量，结果由表 3 第 2 列给出。

从表 3 第 1 列可知，即使不考虑其他因素，台生与陆生的接触都显著地与对大陆的积极态度正相关。有过接触陆生经历的台生相比没有接触经验的台生，在两岸条件相似时接受统一的程度提高 0.195。相当于提高其平均值 8.58%。

如果考虑其他控制变量的影响，接触的效应仍然保持显著。从第 2 列可以看出，即使控制了上文提到的一系列变量，接触仍然对台生的大陆态度保持了显著的正面影响。接触使得台生的统一意愿提高 0.126，相当于提高其平均值的 5.5%。

然而，以上分析没有解决内生性问题，台生固然可能因为接触而产生好感，但是也可能由好感而乐于接触。还有可能存在第三方因素同时影响台生的接触行为和大陆印象。为了对交流与态度之间的系数关系进行更加精确的测度，笔者使用了 2011 年台湾当局开放招收陆生所带来的外生冲击作为工具变量进行系数识别。上文提到的各控制变量，即政治热情、统一意向、对大陆了解程度，以及父母族群、教育水平和政党偏向，家庭的社会地位和收入仍然保留。表 3 第 3 列给出了工具变量回归的第二阶段结果，第 4 列给出第一阶段结果。

表 3：接触对于台生的大陆印象影响

被解释变量：	是否接受统一	是否接受统一	是否接受统一	接触
		解释变量		
接触	0.195***	0.126***	0.144	
	(0.0403)	(0.0392)	(0.109)	
校园陆生比				1.526***
				(0.0978)

续表

被解释变量:	是否接受统一	是否接受统一	是否接受统一	接触
		控制变量		
男性		-0.00336	-0.00249	-0.0335*
		(0.0386)	(0.0384)	(0.0224)
年龄		-0.0318	-0.0316	-0.0145
		(0.0263)	(0.0260)	(0.0153)
参加公共事务演讲座谈频率。基准组为：从不				
很少		-0.0141	-0.0143	0.00484
		(0.0522)	(0.0514)	(0.0303)
有时		-0.0291	-0.0292	0.00898
		(0.0573)	(0.0564)	(0.0332)
时常		0.0609	0.0597	0.0594
		(0.105)	(0.104)	(0.0609)
讨论政治问题频率。基准组为：从不				
很少		0.0361	0.0352	0.0599**
		(0.0435)	(0.0432)	(0.0252)
有时		-0.0230	-0.0242	0.0890**
		(0.0619)	(0.0613)	(0.0359)
时常		-0.131	-0.132	0.125
		(0.161)	(0.159)	(0.0933)
父亲政治立场。基准组：泛蓝				
泛绿		-0.0904	-0.0888	-0.0594*
		(0.0644)	(0.0640)	(0.0373)
其他		0.0167	0.0183	-0.0678*
		(0.0621)	(0.0619)	(0.0360)
母亲政治立场。基准组：泛蓝				
泛绿		-0.140**	-0.141**	0.0313
		(0.0691)	(0.0681)	(0.0400)
其他		-0.0999*	-0.101*	0.0351

续表

被解释变量：	是否接受统一	是否接受统一	是否接受统一	接触
		(0.0586)	(0.0579)	(0.0340)
是否能准确说出中华人民共和国国家主席。基准组：回答正确				
错误 / 不知道		0.0230	0.0248	-0.0709***
		(0.0453)	(0.0458)	(0.0262)
音对字错		0.0170	0.0176	-0.0265
		(0.0730)	(0.0720)	(0.0423)
父亲族群。基准组：闽南人				
客家人		0.0180	0.0172	0.0147
		(0.0609)	(0.0602)	(0.0354)
外省人		0.0942	0.0926	0.0687*
		(0.0784)	(0.0778)	(0.0454)
台湾少数民族		0.143	0.142	0.0472
		(0.229)	(0.226)	(0.133)
其他		0.0689	0.0693	-0.0311
		(0.135)	(0.133)	(0.0784)
母亲族群。基准组：闽南人				
客家人		-0.0554	-0.0547	-0.0261
		(0.0616)	(0.0607)	(0.0357)
外省人		-0.0119	-0.0125	0.0271
		(0.0894)	(0.0881)	(0.0518)
台湾少数民族		-0.168	-0.165	-0.137
		(0.172)	(0.170)	(0.0995)
其他		-0.197*	-0.197*	0.0190
		(0.132)	(0.130)	(0.0765)
父亲受教育程度。基准组：未接受过教育				
小学		0.181	0.178	0.0772
		(0.487)	(0.480)	(0.282)
初中		0.0231	0.0209	0.0111

续表

被解释变量：	是否接受统一	是否接受统一	是否接受统一	接触
		(0.480)	(0.473)	(0.278)
高中		-0.00111	-0.00391	0.0571
		(0.479)	(0.472)	(0.278)
专科		-0.0195	-0.0220	0.0257
		(0.479)	(0.472)	(0.278)
本科		0.0736	0.0696	0.0812
		(0.480)	(0.474)	(0.279)
研究所		-0.0509	-0.0543	0.0851
		(0.484)	(0.477)	(0.281)
其他		-0.126	-0.131	0.129
		(0.499)	(0.492)	(0.289)
母亲受教育程度。基准组：未接受过教育				
小学		-0.0745	-0.0682	-0.338*
		(0.346)	(0.343)	(0.201)
初中		-0.00797	-0.00152	-0.334*
		(0.341)	(0.338)	(0.198)
高中		0.00657	0.0131	-0.351*
		(0.340)	(0.337)	(0.197)
专科		0.0694	0.0755	-0.348*
		(0.342)	(0.339)	(0.198)
本科		-0.00760	-0.000573	-0.407**
		(0.346)	(0.343)	(0.200)
研究所		0.277	0.284	-0.326*
		(0.361)	(0.358)	(0.209)
其他		0.0986	0.108	-0.488**
		(0.370)	(0.368)	(0.214)
家庭的社会地位。基准组：下层				
中下		-0.0426	-0.0430	4.49e-05

续表

被解释变量：	是否接受统一	是否接受统一	是否接受统一	接触
		(0.108)	(0.106)	(0.0626)
中等		0.0157	0.0145	0.0498
		(0.106)	(0.105)	(0.0616)
中上		-0.0582	-0.0607	0.123*
		(0.119)	(0.118)	(0.0690)
上层		-0.532*	-0.539*	0.305*
		(0.323)	(0.320)	(0.187)
其他		-0.986	-0.982	-0.198
		(0.807)	(0.795)	(0.468)
父母的月收入（新台币）。基准组：没有收入				
1—14999		0.0711	0.0706	0.0734
		(0.151)	(0.149)	(0.0878)
15000—29999		0.108	0.109	0.0366
		(0.140)	(0.138)	(0.0813)
30000—49999		-0.00962	-0.00983	0.0435
		(0.141)	(0.138)	(0.0816)
50000—69999		0.123	0.123	0.0123
		(0.141)	(0.138)	(0.0815)
70000—99999		0.138	0.138	0.0226
		(0.144)	(0.142)	(0.0838)
100000—199999		0.167	0.167	0.00613
		(0.150)	(0.148)	(0.0869)
200000—299999		-0.0378	-0.0390	0.0320
		(0.206)	(0.203)	(0.119)
300000 以上		0.247	0.245	0.0747
		(0.216)	(0.213)	(0.125)
其他		0.0402	0.0406	-0.0194
		(0.138)	(0.135)	(0.0798)

续表

被解释变量:	是否接受统一	是否接受统一	是否接受统一	接触
政治态度（0= 尽快“独立”，10= 尽快统一）				
		0.115***	0.115***	0.0132**
		(0.00884)	(0.00880)	(0.00512)
固定项	2.182***	2.353***	2.338***	0.826*
	(0.0274)	(0.739)	(0.733)	(0.428)
观测值	1,751	1,743	1,743	1,743
R-squared	0.013	0.156	0.156	0.182

说明：括号中为标准误统计量。*** p<0.01, ** p<0.05, * p<0.15

从第一阶段回归结果可以看出，陆生占比显著影响了台生和陆生的接触概率。台湾高校每增加 0.1% 的陆生占比，台生接触到陆生的概率可以增长近 15%。而且相比表 3 中不经过工具变量处理的核心解释变量，工具变量回归的值更大。根据工具变量法回归的结果，与未接触陆生的台生相比，有过陆生接触的台生接受统一的程度提高 0.144，相当于均值的 6.3%。而不经过工具变量处理的回归对应值为 5.5%。可以说，工具变量法回归系数与原结果相差不大而略有提高，然而显著性损失很大，那么这是否说明本文需要验证的假设（接触有助于改善大陆印象）是错误的呢？

答案并非如此简单，在下结论之前还须考察为何工具变量法会导致显著性损失。一般而言主要原因有三个：第一是使用了弱工具变量，第二是自变量与因变量间的确不存在因果关系，原有关系为内生性所致，第三是自变量外生性较强，使用工具变量相当于“无病用药”，反而增加了估计量的方差，导致显著性下降。其中第二种原因和第三种原因在逻辑上相互矛盾。本文认为其结果为第三种原因所致，下面通过检验给出证据。

首先排除弱工具变量的可能。通过对第一阶段回归进行工具变量系数为 0 的 F 检验，第一阶段产生的 F 值为 243，远大于弱工具变量的经验判定标准 10。对方程进行“名义显著性水平”为 5% 的沃尔德检验，假如可以接受真实显著性水准不超过 10%，则最小特征值统计量 243 大于临界值 16。通过以上两个检验，可以排除校园陆生比为弱工具变量的可能。

其次，为了检验解释变量的外生性和工具变量的必要性，分别进行传统豪斯曼检验和 DWH 检验。两检验的原假设都为“变量均为外生”，不同点在于前者在异方差情形下不成立，而后者在异方差的情况下依然成立。在前者的情况下，所得检验系数 p 值为 0.8656。如果使用后者，所得 WU-Hausman F 检验系数的 p 值 0.8657。均不能排除原假设。因此，可以推论接触行为本身已经具有充足的外生性。

最后，既然解释变量（接触行为）本身具有外生性，那么在不使用工具变量的情况下得到的系数值是有效的，显著性即是可靠的。由于工具变量（校园陆生比）具有强外生性也非弱工具变量，因此其回归系数是有效的。工具变量会由于“无病用药”而导致方差增加，从而降低二阶段回归系数显著性。这一点与表 3 第 3 列的实证结果相符合：系数值变化不大，但是显著性下降明显。

综上所述，在使用工具变量法对原回归进行了修正之后发现，接触已经具有外生性，因此加强了回归结果的有效性，更加支持了“接触改善印象”的原假设。

除此之外，本文还发现学生本人的统一立场显著影响了他们的大陆感知，偏向于统一的学生明显对大陆更有好感；父母的政党偏好也显著影响了子女的大陆态度，来自泛蓝家庭的子女比泛绿家庭的子女更有可能对大陆有好感；而族群、参与政治讲座和讨论的频率、社会地位、家庭收入并没有显著而稳健的影响。

值得一提的是，上文中呈现的回归结果均使用第四部分所说的处理方法（控制变量设定为定序变量，跳答等情况设定为“其他值”，接触与否采用虚拟变量）。如果将处理方法替换为删去跳答值，核心解释变量设定为接触类型的连续变量，或者控制变量设定为连续变量，仍然有相似的结果。除此之外，附录中笔者还改用台湾学生感知到的大陆对台湾同胞的善意作为因变量，也有相似的结果，因此进一步增强了本文的结论（限于篇幅，正文中从略，已留存备索）。

五、结论

本文首次使用台湾地区“大学生政治社会化的定群追踪研究”中的微观个人数据，结合校级层面数据对于接触和台生对大陆印象的影响进行了实证分析。

研究结果表明，与群际接触理论一致，与陆生的接触将显著提升台生对于大陆的态度：对于统一抱有更加正面的印象。为了进一步明确因果关系，本文使用了工具变量法对变量的内生性进行处理。数据分析结果显示原回归中自变量具有外生性，因此进一步加强了研究结论。除此之外，台生本人的统一立场和家庭的政党倾向都显著影响对大陆的印象。家庭收入、社会阶层、本人对政治热情程度则没有显著影响。回归结果在多种指标测度下保持不变。

本文使用计量经济学手段对群际接触理论在两岸青年交流中的适用性进行了检验。本研究的意义在于指出，虽然两岸青年存在误解，两岸关系存在波折，但是群际接触理论仍然适用。交流仍然是减少偏见、增进共识的必要手段。当台湾青年接触到陆生，双方的互动将有助于台生对大陆的正面印象形成，对统一抱持更加正面的看法。因此，在两岸交流中，一方面应当加强安全保卫工作，防止部分政治势力利用学生，[①] 另一方面也应该坚持开放交流，在交流中增进了解达成共识。唯有如此才能真正实现“两岸一家亲”，最终实现国家的完全统一。

① 尚红娟：《台湾当局陆生政策执行、效果及原因分析》，《台海研究》2017 年第 3 期。

台湾青年大陆创业意愿及其影响因素分析：基于855份调查问卷[*]

邓启明　黄运城　杨梦霞[**]

一、研究背景与问题的提出

青年是两岸的未来与希望，也是推动两岸经济社会融合、推进两岸关系和平发展的重要力量和生力军，是大陆对台工作的重要着力点之一。党和国家领导人习近平同志多次明确指出："两岸之间需要全面、深入的交流，特别是要加强两岸青年之间的互动与了解"，"我们所追求的国家统一不仅是形式上的统一，更重要的是两岸同胞的心灵契合。[①] 对此，"十三五" 规划等对于如何满足包括广大青年在内的台湾同胞利益，都有一些框架性、甚至于较具体的安排；对于台湾地区如何参与"一带一路"、RCEP 和亚投行等，也有妥善思考与计划。[②]

中共十九大报告即明确指出：要"扩大两岸经济文化交流合作，实现互利

---

* 本文发表于《台湾研究集刊》2018 年第 4 期。基金项目：浙江省哲学社会科学规划项目"海峡两岸（浙江）青年交流主要模式评估及优化研究：基于问卷调查与典型案例剖析"（17STYJ005YB）。

** 作者简介：邓启明，男，博士，宁波大学浙江台湾研究院副院长，宁波大学商学院教授、硕士生导师，两岸关系和平发展协同创新中心兼职教授；黄运城，女，宁波大学商学院硕士生；杨梦霞，女，宁波大学商学院本科生。

① 王尧：《习近平总书记会见宋楚瑜一行》，《人民日报》，2014 年 5 月 8 日，第 1 版；吴亚明：《习近平总书记会见萧万长一行》，《人民日报》，2014 年 11 月 10 日，第 3 版；习近平：《坚持两岸关系和平发展道路 促进共同发展造福两岸同胞》，《人民日报》，2015 年 3 月 5 日，第 1 版。

② 《中华人民共和国国民经济和社会发展第十三个五年规划纲要》，《人民日报 》，2016 年 3 月 18 日；郑学党、张裕仁、邱志诚：《ECFA 后大陆台资企业经营及策略调整——基于 236 家台资制造业企业的问卷调查分析》，《台湾研究集刊》2017 年第 5 期，第 57—68 页；邓启明、周曼青、杨梦霞：《台湾青年大陆创业环境分析与优化策略探讨》，《台湾研究》2017 年第 6 期，第 36—40 页。

互惠，逐步为台湾同胞在大陆学习、创业、就业、生活提供与大陆同胞同等待遇”；2018年2月，国台办和国家发改委等联合印发了《关于促进两岸经济文化交流合作的若干措施》，正式发布了覆盖范围广、涉及部门多、开放力度大的“31条惠台措施”，为台湾同胞在大陆学习、生活和发展创业提供了“同等待遇”，同他们分享大陆改革与发展的机遇。这对未来如何进一步扩大两岸经济文化交流合作、努力加强和改进台湾青年工作等，指明了发展方向、提出了具体要求，体现了祖国大陆为台湾同胞谋福祉、办实事的决心与诚意，必将给台胞乡亲和台资企业带来实实在在的好处，不断推动和深化两岸经济社会融合发展。

事实上，作为两岸交流与青年互动的新起点、新模式，自2011年首届陆生赴台以来，“陆生赴台就学”及其发展变化问题即引起了人们的关注；2014年岛内“太阳花学运”的发生及其发展变化，也引起了海峡两岸有识之士的极大关注与反思。但目前有关两岸青年交流往来与合作发展等方面的理论研究明显滞后于实践发展的需要，对全国和各地两岸青年交流工作的较系统分析和跟踪研究也不多见，这是本课题组近年持续关注并开展系列问卷调查和实践探索的重要依据与出发点。本文拟以台湾青年大陆创业意愿及其激励问题为研究对象，从创业活动全过程及其关键影响因素视角进行较深入调查与分析研究，以期较全面分析、探讨如何制定出更好的鼓励和引导台湾青年大陆创业的配套策略措施。

二、问卷设计与调查实施

（一）问卷设计

根据上述目标定位，在对10余位台湾青年进行预调查后，课题组又对调查问卷进行了修改，最终确定出相对简明的调查问卷。问卷主要包括三部分：

一是基本信息调查，包括性别、年龄、学历、专业、大陆经历、学习与工作情况等，重点是对可能影响台湾青年创业意愿及具体选择的基本信息进行调查分析；

二是台湾青年大陆创业意愿调查，包括意愿程度，对主要吸引和阻碍因素的评价，拟创业的区位、行业与类型选择，重点是对台湾青年大陆创业意愿强弱和可能选择进行调查分析；

三是对大陆相关创业政策的看法与诉求，包括政策获取渠道、对相关创业政策的看法及建议（或需求），以期为台湾青年大陆创业制定出更好的政策措施。

（二）调查实施

本次问卷调查采取网络调查（问卷星）和现场纸质调查相结合的方式。

由于在校学习青年（下文简称“学青”）和社会青年（下文简称“社青”）在发展创业方面不可避免地存在着一些差异，此次调查以学青为主、兼顾社青，并对这两个群体进行比较分析。自2017年4月底在问卷星上发布调查问卷并广泛动员，至5月底收到网络问卷387份；同期在台湾A科技学院收回300份纸质问卷，完成数据录入工作；2017年10月，在台湾B大学进行了168份网络问卷调查。调查跨时6个月，共收集有效问卷855份。其中，网络问卷555份，纸质问卷300份；正在求学的学青560份，社青295份。

三、大陆创业意愿及影响因素分析

（一）受访者基本信息统计与分析

1. 学习、生活与工作情况

表1：受访者学习与工作情况调查

学习工作情况	1. 还在求学	2. 在大陆工作	3. 在台湾工作	4. 在海外工作	5. 在台湾创业	6. 在海外创业	7. 无工作	合计
频率	560	85	102	68	16	5	19	855
百分比	65.5	9.9	11.9	8	1.9	0.6	2.2	100

受访者目前大部分尚在求学，占65.5%；也有部分被调查者已经在台湾地区、祖国大陆以及海外工作，分别为11.9%，9.9%和8%（表1）。总样本中，男性为377人，占44.1%，女性为478人，占55.9%。男女性别比例相对均衡，女性略多于男性。但学青中女性比例远大于男性，而社青中男性比例略高于女性。

从年龄结构看，本次调查总样本中，以16—25岁的青年最多，约占71%。其中，学青的年龄主要分布在16—25岁，社青的年龄分布比较分散，20岁以上各年龄段均有分布。从婚姻家庭角度看，81.1%未婚，17.5%已婚，1.4%离异。大多数学青未婚，一半以上社青已婚。

2. 学历与专业情况

本次问卷调查受访者的学历较高。学青主要来自普通大学和科技大学。至于社青，科技大学毕业的比例最高，占41.7%；其次为普通大学，占26.8%。硕士、博士和海外留学生等，也有少量分布。从专业看，其分布相对较分散。学青和社青均以商科、文科和理工科为主。

3. 往返大陆的经历

超过一半被调查者没有来过大陆。44.3%受访者来过大陆，其中又以旅游居多，占31.4%；其次为在大陆学习或工作。虽然探望亲属和朋友也占了一定比例，但相对较少。而且学青和社青的差异较大，约62.7%的社青有来过大陆的经历，学青仅34.6%。学青主要以旅游和学习为主，来大陆实习或工作的比例最少，仅4.6%。社青中来大陆实习或工作的人最多，占41.6%；其次为旅游观光，占25.4%；来大陆学习和探望亲属朋友的比例最少，为10.8%。

4. 政策信息的来源

从总的看，无论是学青还是社青，台湾地区网站是被调查者了解大陆针对台湾青年发展创业系列政策措施的主要渠道，占46.1%；其次为社交平台——FB、微信、QQ等，占34.4%；大陆亲朋好友介绍是他们占比最少的信息获取方式。与社青较不同，学青表示更大程度通过电视渠道获取信息，社交平台和台湾网站的选择上也多于社青。通过大陆亲朋好友介绍以及大陆网站获取信息的比例，社青则高于学青。

（二）创业意愿及其影响因素分析

1. 创业意愿

调查结果表明，43%被调查者表示愿意来大陆创业，仅16.5%台湾青年表示不愿意；约40%被调查者态度较模糊，但表示非常不愿意的相对较少。相比较而言，社青愿意来大陆创业的比例为51.2%，学青为39.3%，社青明显高于学青。在不愿意来大陆创业的青年中，社青占20.7%，学青占14.3%，社青的比例也高于学青。但来大陆创业的意愿模糊的比例，学青则远高于社青。可见，社青大陆创业的意愿程度更高，想法更加明确（表2）。

表 2：台湾青年大陆创业意愿调查

大陆创业意愿	频率（比例，%）		
	总体	学青	社青
非常愿意	144（16.80）	73（13.0）	71（24.1）
愿意	227（26.50）	147（26.3）	80（27.1）
一般	343（40.10）	260（46.4）	83（28.1）
不太愿意	107（12.50）	66（11.8）	41（13.9）
非常不愿意	34（4）	14（2.5）	20（6.8）
合计	855（100）	560（100）	295（100）

2. 主要吸引因素及其评价

本次问卷调查主要参考人口迁移的“推拉理论”及对外直接投资的“国际生产折衷理论（OLI 理论）”，将吸引台湾青年大陆创业的因素，分为来自大陆方面的拉力以及来自台湾方面的推力。其中，拉力又包括大陆的经济、地理、政策、人脉资源等方面。对选取的影响因素进行赋分，满分 5 分；分值越大，说明该因素吸引台湾青年来大陆创业的力度越大。

从总体评价（表 3）可以看出，所总结和调查的七个因素对被调查者的影响都比较明显。“提升企业国际影响力、寻求更大的市场”的平均分最高，其次为“大陆经济发展良好、有很多机遇”；“有亲戚朋友在大陆工作或创业等”的平均分最低，其次为“两岸地理位置接近、历史文化相似”。

表 3：台湾青年大陆创业主要吸引因素及评分

主要吸引因素	总体	学青	社青
A1 大陆经济发展良好，有很多机遇	3.7	3.58	3.97
A2 大陆专门出台了台湾青年创业优惠政策，且提供资金和平台支持	3.59	3.52	3.72
A3 台湾经济萎靡，创业就业压力大	3.58	3.51	3.71
A4 有亲戚朋友在大陆工作或创业等	2.94	2.86	3.11
A5 两岸地理位置接近，历史文化相似	3.22	3.02	3.63
A6 提升企业国际影响力，寻求更大的市场	3.74	3.67	3.90
A7 大陆台商发展和总体经济效益的影响	3.59	3.53	3.72

由此可见，台湾青年前来大陆创业主要还是想为企业发展寻求更大的市场。西方学者相关研究认为，境外创业与境内有限的投资机会有关，对外投资的主要动机在于“拓宽投资机会”。尤其是当前台湾地区市场规模有限，大陆市场广阔，因而成为最主要的投资创业动机。此外，“大陆经济良好的发展态势”也已得到台湾青年的普遍认可，成为吸引台湾青年创业的重要因素。尽管台湾青年对“有亲戚朋友来大陆创业或工作”的评分较低，但有亲戚朋友在大陆创业或工作的受访者，对该项的打分却远高于其他受访者。对“两岸地理位置接近，历史文化相似”，台湾青年所给的分数也较低，表明台湾青年认为大陆的地缘与历史文化优势并不明显，或者影响不显著。

相对而言，社青对每个吸引因素的打分都要高于学青，与前文社青来大陆创业的意愿较学青强相吻合。尤其是在“两岸地理位置接近、历史文化相似”上，两者的平均分差别最大，社青的平均评分比学青高0.61分。至于“大陆经济发展良好，有很多机遇”，社青与学青的分值也差别较大，说明社青认为该因素的吸引力度最大。从这里可看出，社青与学青对大陆的认识和看法还是有较大的不同。但无论是学青还是社青，都认为“提升企业国际影响力，寻求更大的市场”对其前来大陆创业起着重要的作用，“有亲戚朋友在大陆工作或创业”的影响相对较低。

3. 主要阻碍因素及其评价

有关阻碍台湾青年大陆创业的主要因素调查，我们从台湾青年对大陆的不了解、大陆自身创业环境问题、台湾青年自身的不足等方面进行评分，满分5分。分值越大，说明该因素的阻碍程度越大。

表4：台湾青年大陆创业主要阻碍因素及评分

主要影响因素	总体	学青	社青
1. 对大陆的法律法规及相关政策不了解	3.54	3.50	3.63
2. 对大陆的市场等缺乏了解	3.46	3.47	3.44
3. 两岸差异大，语言文字、意识形态难以融入	2.91	2.95	2.82
4. 两岸关系不确定性明显	3.37	3.38	3.33
5. 自身能力不足，缺乏经验	3.42	3.55	3.10
6. 人脉缺乏，无合伙伙伴或客户	3.54	3.59	3.43

续表

主要影响因素	总体	学青	社青
7. 缺乏创业资金和平台	3.50	3.55	3.38
8. 大陆的市场竞争比较激烈	3.40	3.43	3.32
9. 家庭因素的影响与阻碍	3.09	3.05	3.18
10. 创业风险大	3.45	3.50	3.36
11. 大陆生态环境问题	3.36	3.34	3.40

从表 4 看，所调查的因素对受访者的影响均较大。其中，“对大陆的法律法规及相关政策不了解”“人脉缺乏、无合伙伙伴或客户”对被调查者的影响最大；“两岸差异大，语言文字、意识形态难以融入”的影响程度最小。这表明台湾青年对大陆了解不够，与大陆交流往来较少是阻碍其前往大陆发展创业的主要因素。而“两岸差异”的影响较小，大部分受访者认为能够克服这个问题。且有过大陆经历的人对“两岸差异大，语言、意识形态难以融入”的评估要略低于没有来过大陆的人。此外，学历低的、正在求学的被调查者往往认为“自身能力不足，经验缺乏”的阻碍程度较大。但在“人脉缺乏，无合伙伙伴或客户”以及“自身能力不足，缺乏经验”这两个因素上，两者的评分差别较大，学青认为这两个因素阻碍其赴大陆创业的程度要高于社青。

四、台湾青年大陆创业的政策诉求

（一）对青年创业基地的看法

有一半以上的被调查者对当前大陆各地陆续创建的海峡两岸青年创业基地表示“不了解”，34.5% 被调查者对创业基地“有所了解”，仅 12.6%“比较了解”；32.7% 的人认为青创基地对自己或者身边的人有一定的影响与帮助（如表 5）。进一步分析与比较可知，认同“有所了解，对我身边人有一定影响与帮助”的人数占比，学青要高于社青；认同“有所了解，但对我没有影响与帮助”以及认同“了解，对我有一定的影响与帮助”的人数占比，社青高于学青。因此，鼓励台湾青年赴大陆创业，应进一步加强和改进大陆对台优惠政策的宣传，让更多的台湾青年全面、准确了解该项政策。

表5：台湾青年对大陆创业基地的看法调查

对创业基地的评价	频率（比例，%）		
	总体	学青	社青
1. 不了解	450（52.8）	293（52.5）	157（53.4）
2. 有所了解，但对我没有影响与帮助	123（14.4）	74（13.3）	49（16.7）
3. 有所了解，对我身边人有一定影响与帮助	171（20.1）	126（22.6）	45（15.3）
4. 了解，对我有一定的影响与帮助	66（7.7）	38（6.8）	28（9.5）
5. 了解，对我身边人有一定影响与帮助	42（4.9）	27（4.8）	15（5.1）
小计	852（100）	558（100）	294（100）

注：此项调查学青和社青分别有2个和1个受访者没有填写。

（二）支持台湾青年创业方面应该采取的措施

调查表明，认同应该“制定系统的惠台创业优惠政策，创造良好的创业环境”的最多，其次是“设立台湾青年创业扶持基金，提供创业贷款”；认同“开辟绿色通道，消除资格认证壁垒”的最少，反映当前台湾青年对大陆的政策诉求较多地集中在奖助资金与政策保障等方面。

表6：支持台湾青年创业政策措施评价

主要政策措施	频率（比例，%）		
	总体	学青	社青
1. 制定系统的惠台创业优惠政策，创造良好的创业环境	497（58.1）	335（59.8）	162（54.9）
2. 设立台湾青年创业扶持基金，提供创业贷款	431（50.4）	289（51.6）	142（48.1）
3. 设立针对台湾青年创业的孵化器，提供创业指导和服务	357（41.8）	234（41.8）	123（41.7）
4. 尽快建立台湾青年与当地台商协会等组织的对接通道	365（42.7）	247（44.1）	118（40.0）
5. 开辟绿色通道，消除资格认证壁垒	299（35.0）	197（35.2）	102（34.6）
6. 享受“同城待遇”，创造公平公正的创业环境	392（45.8）	256（45.7）	136（46.1）

续表

主要政策措施	频率（比例，%）		
	总体	学青	社青
7. 为台湾青年提供较好的住房、教育和医疗保障	358（41.9）	235（42.0）	123（41.7）
8. 两岸政治经济关系改善，保障台企永续发展	395（46.2）	264（47.1）	131（44.4）
9. 为台湾青年提供实习与实践机会，适应大陆生活与创业环境	404（47.3）	279（49.8）	125（42.4）
10. 其他	31（3.6）	12（2.1）	19（6.4）

进一步分析与比较可知，除了“享受‘同城待遇’，创造公平公正的创业环境”上学青的诉求略低于社青，其他政策措施方面的诉求程度，诸如提供实习与实践机会、制定系统的惠台创业优惠政策、创造良好的创业环境、建立台湾青年与当地台商协会等组织的对接通道等，都是学青高于社青。学青和社青这种政策诉求上的差异性，为我们针对性地进行政策设计提供了重要启示和基础依据。

五、主要结论与讨论

已有研究表明，[①] 台湾地区 34 岁以下青少年人口约占社会总人口 59%，是决定台湾未来的重要力量。但目前有关两岸青年交流与合作方面的研究主要聚焦政治和社会层面，经济层面的专门调查和较系统的分析研究还不多见。[②] 本次问卷调查表明，当前台湾青年来大陆创业的意愿相对较高，其中社青的意愿高于学青。在愿意来大陆创业的青年人中，主要吸引因素是“追求企业自身的发展”以及“大陆良好的经济和广阔的市场”；不愿意来大陆创业的青年人中，主要是“对大陆的法律和市场缺乏了解”以及“人脉的缺乏”。在政策诉求上，台湾青年希望大陆能够“制定系统的惠台创业优惠政策”以及“提供资金扶助”

① 邓启明、周曼青、杨梦霞:《台湾青年大陆创业环境分析与优化策略探讨》,《台湾研究》2017 年第 6 期，第 36—40 页。

② 张雅倩:《台湾青年来大陆创业正当时》,《两岸关系》2015 年第 7 期；刘澈元、刘方舟、梁颖:《台湾青年赴大陆就业创业之特点与深层影响因素研究——基于对台湾四所高校 1030 个样本的问卷调查》,《开发研究》2016 年第 5 期，第 159—164 页。

等。与此相呼应，日前大陆国台办等部门联合出台了简称“31条惠台措施”的《关于促进两岸经济文化交流合作的若干措施》，厦门市、福建省和宁波市等也先后出台了各具特色的行动方案和配套措施。这是大陆各级政府努力为台湾同胞办实事、办好事的决心和行动的具体体现，将为台湾青年提供施展才华、实现抱负的舞台，明显扩大台湾青年受益面和获得感。

此外，在此次问卷调查与初步分析中，还有如下发现与启示：（1）被调查者中，近半数台湾青年没有往来大陆的经历，来过大陆的也以交流程度较浅的旅游为主。尤其是广大学青与大陆的交流较少，缺乏正确认知大陆的机会和途径。（2）对大陆相关创业支持政策缺乏了解、信息获取渠道单一。台湾网站对大陆相关政策措施的宣传比较少，甚至存在片面宣传的倾向，加上海峡两岸使用的社交软件明显不同，信息传递、沟通上存在一定阻碍，台湾青年难以第一时间准确获取大陆系列创业优惠措施与扶持政策。（3）台湾青年对大陆相关部门认知的矛盾。一方面他们希望大陆官方在促进与扶持发展创业方面多做一些努力，但对大陆相关部门又缺乏信任。究其原因，主要是受岛内政治负面宣导的影响较大。（4）大陆出台的相关政策措施的落实与宣传存在较大问题。台湾青年对大陆出台的相关创业政策、措施缺乏足够的了解，一方面是自身关注不够，另一方面是大陆相关部门的政策宣传与落实尚不到位。

综上，要更好地促进台湾青年大陆创业，一方面需要更深入理解和实施中央对台方针政策和各地配套措施，另一方面要深入了解台湾青年的创业就业需求，促进台湾青年人更多往来大陆、正确认知和了解大陆，为两岸青年心灵契合搭桥铺路。这要求我们以管理学、经济社会学以及社会网络理论等为指导，[①] 跨学科思考、着力解决以下两个关键问题：一是如何增强台湾青年大陆发展创业的意愿，进而促进其付诸行动的问题，真正明晰是什么因素造成了“意愿”和“行动”的分离以及有效改进的途径和可行措施；二是如何努力解决相关资源获取问题，包括失败者如何再次创业或合理退出问题，借以显著提升台湾青年大陆创业的绩效。

① 涂敏霞：《穗港澳台青年创业的意愿、动机及机制的比较研究》，《青年探索》2013年第3期，第21—28页；林南：《社会资本：关于社会结构与行动的理论》，上海：上海人民出版社，2005年。

期望与认知的错位：台湾青年世代的“大陆印象”研究

——基于对台湾四所高校1030名大学生的问卷调查*

刘澈元　刘方舟　张晋山**

2016年5月20日，台湾地区新任领导人蔡英文在就职演讲中将岛内年轻人群作为未来四年的政策关照重点。随后，岛内行政机构也颁布了撤告参与“太阳花学运”人员、废止“课纲”微调等相关规定。种种迹象说明民进党当局可能在刻意迎合台湾青年世代、玩弄民粹主义的道路上愈走愈远，这对于和平发展的两岸关系进程绝非利多。如何在岛内政局变动、台海形势波澜再起的情况下聚焦“三中一青”议题，开启争取岛内青年世代的“民心工程”，应该成为当前两岸关系研究和政策制定的重要命题。

一、问题呈现与研究缘起

2015年8月，广西师范大学桂台合作研究中心与台湾相关高校联合开展了

* 发表于《台湾研究集刊》2017年第2期。基金项目：广西人文社会科学发展研究中心“泛北部湾合作研究团队”培育项目；广西自治区级创新创业教学团队“技术与管理复合型创新创业教学团队”建设。

** 作者简介：刘澈元，男，经济学博士，两岸关系和平发展协同创新中心兼职研究员，广西师范大学经济管理学院教授，广西人文社会科学发展研究中心“泛北部湾合作”特色研究团队首席专家；刘方舟，女，广西师范大学经济管理学院硕士研究生；张晋山，男，政治学博士，桂林电子科技大学公共管理学院讲师。

一项“台湾青年赴大陆就业创业意愿”问卷调查。此项调查主要针对台生的大陆交流、就业、创业、生活意愿四个问题展开。由于合作单位采取在相关院系发放问卷的方便抽样方式，为避免样本误差，整个调查实行大样本设计，共发放问卷 1200 份，回收 1030 份，有效回收率 85.8%。根据回收问卷统计，有效样本中本科生 872 名、硕博士研究生 158 名，男女比例为 4 ∶ 6，生活区域分布为南部 457 名、中部 205 名、北部 348 名、东部 18 名，而是否来过大陆的比例是 3 ∶ 7。样本所属专业涵盖工商管理类、财务金融类、外语类、电子信息工程等专业。从问卷回收和样本特征等调查维度看，此次调查较为贴近岛内青年世代状况，结果可信度较高。

调查发现，愿意赴大陆就业的样本数占样本总数的 57.2%，不表态或者持观望态度的比例为 24.2%，不愿意的仅占 18.6%。而愿意来大陆创业的人数占总样本 29%，不愿意占 19.8%，51.2% 持观望态度（见图 1）。

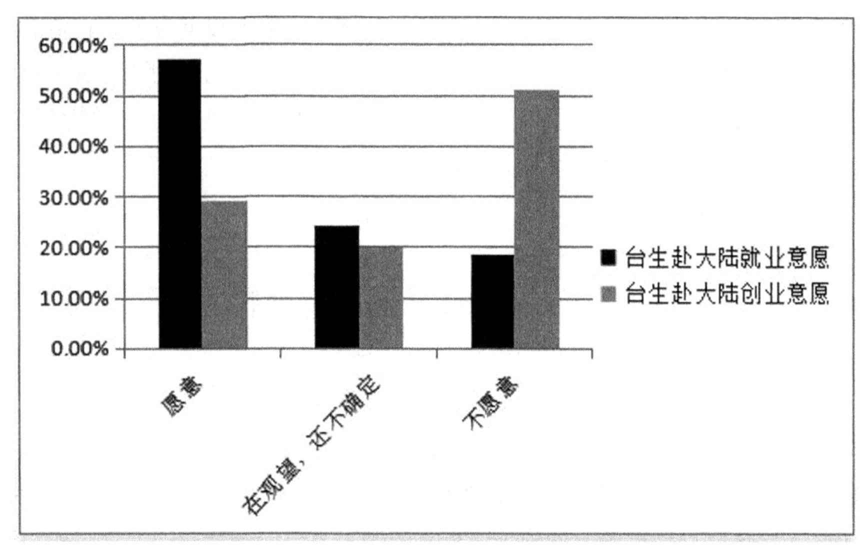

图 1：台湾青年赴大陆就业创业问题结果

调查结果显示，台湾青年赴大陆“就业创业意愿”趋于正面。理由如下，首先，无论是就业面向还是创业面向，选择愿意来大陆的台湾大学生比例和绝对人数都超过不愿意来大陆发展的同类人群。其次，在就业意愿调查中，愿意来的比例高于后两个选项总和，有待观察的比例高于不愿意的人群，三者呈现依次走低的梯次分布。最后，在创业意愿调查中，虽然大部分台生当前选择观望和不确定选项，但愿意人群仍高于不愿意人群近 10%，考虑到创业风险因素，这个数字也可证明上述判断。

本次调查也发现了相应问题，如台湾大学生的创业意愿中观望态度比例过高，这与他们在岛内高达 86% 的创业意愿形成鲜明反差。[①] 又如有 259 人选择"担心两岸关系"，242 人选择"两岸红利巨大"，是什么让岛内年轻人产生了对两岸关系的悲观或乐观的相反情绪，而且他们的人群比例又如此接近？

大陆学者陈孔立认为（台湾）"他们对中国大陆的刻板印象多是负面的、消极的、贬损的，总之，在总体上是不好的"。[②] 一项专门针对台湾大学生的调查也发现，台湾青年对大陆的政治评价较低，对经济和社会评价处于中等偏低的状态。[③] 既然台湾民众包括岛内大学生对大陆的认知与评价趋于负面，那么，在这次调查中有众多大学生愿意赴大陆工作，这样的认知失调和行为悖论该如何解释？

上述问题促使笔者思考台湾青年大陆职业规划意向的背后因素即大陆印象。研究的逻辑起点始于一个基本假设，即台湾年轻人面对两岸问题的言行活动与他们的大陆印象存在着变量关系，后者作为自变量决定了前者的选择意向和实际行为。这其中，大陆印象的概念界定、指标测量和发生机制构成了本项研究的基本框架，而找到让岛内年轻人了解大陆、关注两岸进而认同中国的政策路径被视为研究目标的达成。

二、"大陆印象"的概念操作

美国学者汉斯•摩根索在谈及国家形象重要性时曾提到"别人对我们的看法同我们的实际情形一样重要，正是我们在他人心镜中的形象，而不是我们本来的样子，决定了我们社会中的身份和地位"。[④] 大陆在台湾青年中的印象如何，不仅是该群体言行标准的判断依据，也是两岸关系走向的影响因素。因此，两岸学界对于岛内青年的大陆印象早有注意且已有较为丰富的研究成果。[⑤]

① 《调查显示台湾青年创业成功率约 55.6%》，新华网，2016 年 4 月 1 日，http://news.xinhuanet.com/tw/2016-04/01/c_1118517767.htm。

② 陈孔立:《台湾人群体对中国大陆的刻板印象》,《台湾研究集刊》2012 年第 3 期，第 1 页。

③ 莫莉、周庆祥:《台湾大学生的媒介使用与大陆印象感知研究》,《徐州工程学院学报（社会科学版）》2016 年 3 月。

④ HANS J. Morgenthau. *Politic among Nations*: *the Struggle for Power and peace* .The McGraw-Hill Companies lnc.1985:86-97.

⑤ 台湾许多调查都会单独提出 20—29 岁的青年群体的意见。

（一）“大陆印象”的知识梳理

台湾学者陈东旭研究发现，有 71% 的台湾大学生对大陆整体印象不佳，[①]而耿曙将此归因于大陆“刻板的脸孔，制式的语调，甚至时有恫吓的言语，累积而成的威权僵化，疏远负面的感受”。[②]大陆学者刘凌斌则将岛内青年“两岸观”的成因概括为岛内政治、文化教育、两岸关系、国际政治和青年自身等要素。[③]近期一项调查发现，对新媒体的依赖是台湾青年对大陆信息兴趣冷淡的主因，从技术进步、两岸发展、青年心态和主动选择等角度可解释这一现象。[④]

上述成果对台湾青年世代的“大陆印象”研究具有启发意义，但也预留了进一步探讨的空间。如当前的学术文献大多从“大陆印象”的负面定性展开，进而探究消极后果和改进措施，但就“大陆印象”的解释尚欠周全，存在着突出政治印象而忽视社会文化以及经济观感的局限。在研究方法上更多地是采用定性研究，而在量化方法和实证研究上尚显不足。基于此，本项研究尝试对大陆印象进行概念操作，将岛内青年世代的大陆认知、情绪和行为倾向转化为具体的指标测量体系，并通过数据分析来对此给予解释。

（二）“大陆印象”的概念结构

所谓印象，是指“对于某些个人、团体或目标的心理形象，此种心理形象因个人过去检验而修正，形象通常具有评价的形式。印象影响个人态度与意见，但也可能因态度与意见而影响个人印象”。[⑤]政治学意义上的印象往往是集体范畴内对政策、政府或国家的团体印象，并通常反映为具体的政治行为，例如政党印象影响投票取向。将这一定义投射到国家层面，学界普遍认为国家印象就是“个体对某特定国家具有的所有描述性、推论性及资讯性信念的总和”。[⑥]

基于上述理解，本文的“大陆印象”是指台湾民众对于大陆事务及两岸关

---

① 陈东旭：《台湾大学生接触大陆新闻与对大陆事务的认知初探》，《新闻与传播研究》2004 年第 2 期，第 2—9 页。

② 耿曙：《中共邀访台湾青年政策的政治影响》，《问题与研究》第 40 卷第 3 期。

③ 刘凌斌：《两岸关系和平发展时期台湾青年的“两岸观”初探》，《广州社会主义学院学报》2013 年第 4 期，第 66—72 页。

④ 莫莉、周庆祥：《台湾大学生的媒介使用与大陆印象感知研究》，《徐州工程学院学报（社会科学版）》2016 年 3 月。

⑤ 林嘉诚、朱浤源：《政治学辞典》，台北：五南图书出版公司，1990 年，第 164 页。

⑥ Martin I.Egoglu S. “Measuring a Mmulti-dimensional Construct: Country Image” ,*Journal of Business Research*,1993(28):191-210.

系的主观认知。它通过不间断的感官知觉接受媒介信息，而对大陆的政府效能、社会发展、生态环境、历史文化、人民生活、基础设施、人文习俗等诸多方面保持某种程度的认知。这种认知通过媒体、人际等渠道进行交互传播或扩散，成为岛内民众认识和了解大陆的重要方式。根据这个概念界定，可以认为，大陆印象是一个囊括了大陆各方面信息的中性的两岸术语，并不天然地带有消极或否定意义。大陆印象的主体结构对应的是岛内的民众划分层次，它一方面和大陆民众的国家印象，国际社会的“中国印象”相区隔，另一方面也和台湾人自己的“台湾印象”有着根本不同。换言之，大陆印象是一种基于大陆信息的解码和编码之后存留在台湾民众心理上的认知体系，它会导致正面或负面的大陆情感和追求统一和独立的两岸行为，但其本身并不是这种情感或行为。

从两岸关系的研究需求而言，“大陆印象”并不仅仅是用来抽象思考的思维工具，它还是观察台湾民众行为的参考依据，当然，尚待对此概念做进一步的操作化处理，使之成为可视可测的实证对象。目前，学界对于国家形象的构成要素众说纷纭，并无定论。早期的研究成果有所谓的政治、经济和科技“三要素”说，而在台湾，有研究者根据岛内民众看重的内容而将政经基础、金融稳定和社会安定设为“国家印象”的测量指标。具体到“大陆印象”，台湾学者杨开煌曾从大陆产品质量、民众素质和日常生活行为三个层面来研究大陆印象。①大陆学者陈孔立以政府和民众为基本框架，前者包含有效率、文明进步、贪腐等方面，后者包括了和善、亲切、水准低、霸道等方面。②此外，还有社会机构所做的民意调查也涉及对大陆印象的测量，比如台湾指标民调就从血缘关系、语言文字、历史文化、宗教民俗、社会生活和价值观以及意识形态和制度方面测量台湾民众的大陆观感。③

总体上看，当前学界对于大陆印象的概念划分都是基于各自的研究需要和理论依据而产生的，并无一定之规。所以，本文将研究的“大陆印象”及其后继测量，首先要体现出台湾青年世代的主体特征，其次是立足于经济和社会行为调查的动因分析。基于此，笔者提出把政治印象、经济印象和社会印象作为

① 杨开煌、刘祥得：《社会接触及政治态度印象台湾民众对大陆印象、认知、政策评估之分析》，远景基金会季刊，2011 年，12（3），第 45—94 页。

② 陈孔立：《台湾人群体对中国大陆的刻板印象》，《台湾研究集刊》2012 年第 3 期，第 1—6 页。

③ 台湾指标民调公司：“台湾民心动态调查、两岸关系定位”民调新闻稿，2013 年 4 月 29 日，http://www.tisr.com.tw/wp-content/uploads/2012/06/TISR_TMBS_201304_2_1.pdf。

大陆印象的构成要素，并以此提出可运用数据统计的测量指标。

（三）“大陆印象”的指标测量

本文对大陆印象的测量立足于台湾大学生的职业意愿调查的动因分析，基本依据是受访对象的行动倾向与心理认知存在变量关系，即岛内青年群体愿意/不愿意来对岸工作的原因中必然包括了他们对大陆的观感和态度。此次问卷中，共有 3 个选项涉及台湾青年群体的行为动因，分别是“愿意来大陆就业的原因”“不愿意来大陆就业的原因”“来大陆就业会感到不适应的方面”。其中，对第一个问题的回答所反映的动因中，认为大陆市场成长性强、就业前景好的占 82.33%，大陆台商经营绩效激励的占 34.37%，两岸关系红利巨大的占 23.5%，台湾就业创业压力大的占 22.43%，家庭支持的占 15.15%，其他占 2.24%。当被问及为什么不愿意来大陆就业或来大陆感到不适应的方面时，受访对象表示不了解的占 41.06%，不适应大陆交通与生态的占 30.19%，认为大陆市场竞争激烈的占 29.71%，家庭反对的占 27.09%，对两岸关系发展担心的占 25.15%，人脉关系缺乏的占 20.19%，认为陆生竞争优势强的占 17.77%，还有 13.88% 的受访对象担心会受到大陆同龄人排斥。同时，认为两岸之间存在专业知识差异的占 6.73%，教育背景差异的有 1.84%，意识形态差异的有 25.4%，难以接受“潜规则”的有 21.6%，房价高昂的占 4.39%，担心人身财产安全的有 14.1%，担心社会保障是否公平的占 9.31%。

基于上述调查结果，本项研究对相关选项予以分类合并，最后选择若干答案作为大陆的经济印象、政治印象和社会印象的检验指标。这其中，经济印象的社会指标由市场前景、两岸红利、台商绩效以及竞争压力构成，政治印象的社会指标由意识形态、人身和财产安全、制度化程度以及社会保障构成，而社会印象的社会指标由则教育背景、交通生态、住房价格和人脉关系构成。测量方法采取了复选投票方式，以此综合反映台湾青年世代的根本意向。

数据规整表明，在经济印象中，共有 848 人选择认为大陆就业市场成长性强，就业（创业）空间广阔，242 人认为两岸红利巨大，354 人认为台商在大陆绩效明显，最后，只有 183 人认为陆生竞争力强；在政治印象中，共有 758 人表示不适应大陆的意识形态，645 人认为大陆的社会制度化程度低、“潜规则”盛行，422 人对大陆的社会安全观感负面；而在社会保障上，共有 278 人表示大陆欠缺公平；社会印象上，排名第一的就是教育背景因素，共有 421 人认为两岸在此问题上差距巨大；此外，还有 311 人对大陆的交通和生态难以接受，131 人认为大陆房价高企，208 人表示不适应对岸的人脉关系（见图 2）。

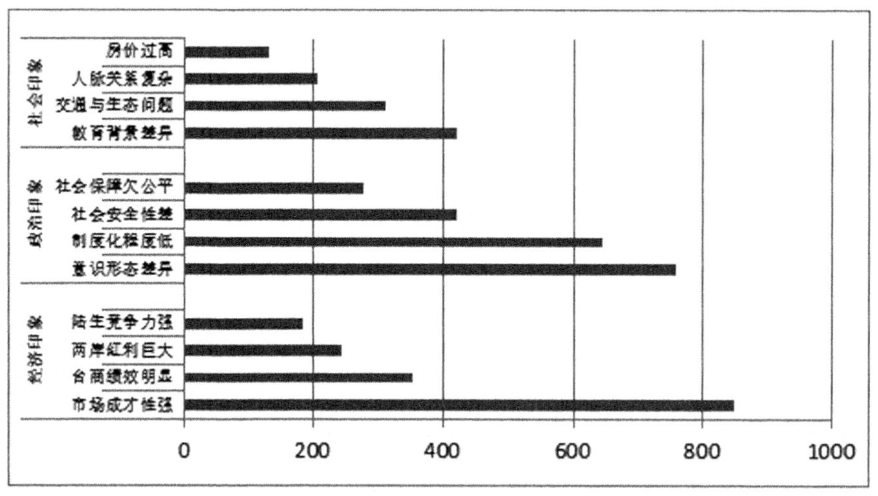

图 2：台生“大陆印象”指标分布图（单位：人）

通过对上述指标的同类比较，可以发现，在台湾大学生的大陆印象中，经济印象总体趋于正面，其中市场因素作用明显，其他的经济印象在很大程度上都是依附于大陆的市场前景而发生的附带印象。政治印象的负面观感占据主流，属于政治基础的意识形态和制度化水平是造成调查对象对大陆持较否定态度的主要原因，而作为政策层面上的社会保障和安全程度只是衍生性印象。在社会印象中，台湾大学生更关注两岸教育背景差异，其他社会问题虽也导致了台湾青年的担忧，但从绝对人数看并不构成主流意见。

将三类印象进行综合比较还可以发现，虽然台生的经济印象中市场指标排名居首，但其他经济指标存在着较大选择落差，整个印象构成分布不均衡，说明调查对象的经济印象处于不稳定的形成状态，发生变化的可能性很高。与之形成反差的是，政治印象指标数据梯次合理，选择人数接近，而且从意识形态到社会保障的依次降低也符合政治认知到行为的解释逻辑。由此可以认为，台湾大学生对于大陆的政治印象具备了超稳定的心理结构，具有一致性、延续性的认知特点。在社会印象中，目前的各项指标统计固然说明了调查对象对大陆的社会状况评价不佳，但选择人数的总体偏低更反映了两岸民间合作和社会交流的相对滞后局面。也就是说，相对于经济和政治印象而言，台湾大学生对于大陆的社会印象还相当模糊。

学界一般认为，人们的认知结构趋于相符或平衡，即“其中所有‘好的成分’（即那些具有正价值的成分）之间的关系是正向关系；所有‘坏的成分’（即那些具有负价值的成分）之间的关系是正向关系，所有好坏之间的关系是负向关系”。[①] 以此来解读台湾大学生的大陆印象，可以得出以下判断：第一，台湾大学生的大陆印象处于认知结构的不均衡状态；第二，台湾大学生的大陆印象中兼具正向和负向的双重复杂关系；第三，台湾大学生的大陆印象尚处在演进成型的发展过程之中，并没有固化为一种稳定的认知结构。所以，本项研究并不认为“天然独”就是当代台湾青年群体的固化标签，他们的大陆认知也包含了认可接受乃至协商的成分，不可简单地以刻板印象视之。但是，这并不意味着当前台湾大学生的“大陆印象”可以任其发展。毕竟，这其中还存在着许多不可控要素乃至危险的信号。比如为什么大陆的市场效应并没有对其他经济指标形成“光环效应”，政治印象的意识形态和制度偏见又是否会造成“敌意的螺旋”进而影响到经济印象和社会印象等等。“国之交在于民相亲”，两岸之间更应如此。所以，对台湾民众尤其是台湾青年世代的“大陆印象”不可掉以轻心，需要积极探求问题成因以及相应的解决办法。

三、“大陆印象”的问题分析

目前，学界对于台湾青年“大陆印象”的原因剖析多立足于定性的解释性研究。本文认为，对岛内青年群体的大陆印象形成机理研究要服从于解决路径探索的需要，而这决定了本文对此问题的分析视角、参照理论和研究方法的相应选择。

（一）“大陆印象”的形成机理

探讨“大陆印象”的形成机理存在两个维度，其一是将这一印象视为岛内政治社会化的功能产品，即岛内青年是如何从对大陆一无所知经台湾社会施加影响后而产生出特定的大陆认知、情感和评价。其二是把岛内青年的大陆印象视为两岸多方舆论宣传下的传播结果，而岛内因素只是形成该结果的原因之一。本文选择从后者来探讨台湾青年的大陆印象形成机理。理由在于：在两岸政治

① Robert Abelson and Milton Rosenberg, “Symbolic psycho-logic”, *Behavioral Science* 3(January 1958), p.5.

对立尤其是民进党再次执政的岛内政治生态下，寄希望于台湾当局改变“去中国化”教育，进而完成对岛内青年既有“大陆印象”再社会化的前景并不乐观。在未来很长一段时间，这一群体能否形成稳定、真实、理性的大陆印象更多地需要大陆单方面传播的努力。基于此，本文选择将政治传播理论作为台湾青年世代的大陆印象形成机理的解释渊源。

政治传播是“借符号的运用来传达意义，是个人或团体试着使他人或团体知道他们对某个特定事物感受的过程”。[①] 政治传播理论认为政治活动的本质就是一种沟通形式，分析者的首要任务就是阐述信息以使其隐含的主题得到显现。一旦信息本身得到理解，传递模式就可以为研究提供有益的引导。这种模式把所有的沟通分为五个部分：发送者、信息、途径、接收者和假定产生的影响（如图 3）。

发送者 ⇨ 信息 ⇨ 途径 ⇨ 接收者 ⇨ 影响

图 3：政治传播的传递模式

当前的台湾青年世代所具备的大陆印象既然被视为针对特定受众进行政治传播的建构成果，那么，能够对这一影响产生作用的就是整个传递模式中的“发送者”“信息”“途径”三个环节。现在需要解释的就是岛内年轻人群的大陆印象是由什么人（发送者）通过什么媒介（途径）发送了什么（信息）。这其中，发送者主要分析大陆和台湾在传播过程中的话语比重，媒介渠道主要分析电台广播等传统媒体、商业网站等新媒体以及社交网站等自媒体所承担的角色。信息构成上，主要研究政治信息、经济信息、社会信息及其他信息的比例。

（二）三个层面的统计结果

(1) 大陆印象的信息来源分析。此前有调查发现，以一周为考察时段，台湾大学生中 55.9% 的有 1—2 天接触到大陆信息，18.6% 的有 3—4 天接触到大陆信息，18.1% 的从未接触过大陆信息。[②] 本次调查也证实了该现象的存在，被访问者中只有 248 人选择大陆网站，却有 494 人选择台湾网站，此外还有更多的人依靠岛内人际（589）和传统媒体（430）获取大陆信息（见图 4）。

---

① ［美］奥斯丁·兰尼：《政治学》，林剑秋等译，台北：桂冠图书公司，1990 年，第 145 页。

② 莫莉、周庆祥：《台湾大学生的媒介使用与大陆印象感知研究》，《徐州工程学院学报（社会科学版）》2016 年 3 月。

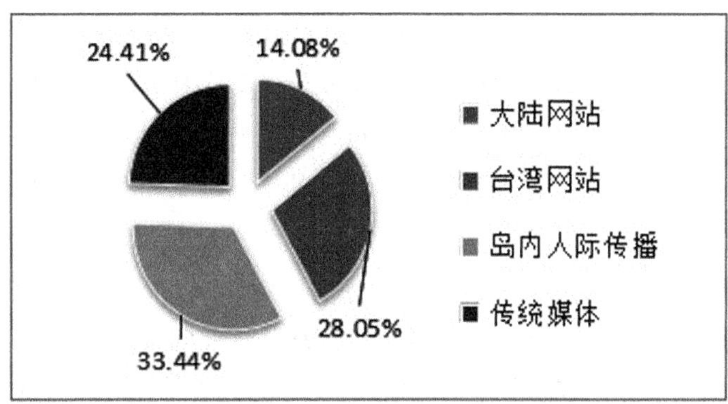

图 4：台湾大学生的大陆印象信息来源分布图

(2) 大陆印象的信息渠道分析：十年前的研究发现，台湾大学生获取大陆信息的媒介渠道主要是电视，其次才是网络。[①] 近期的一份问卷调查也证实此点，有 61% 的人将电视作为大陆信息的主要媒介，其次是社交平台和电视剧，各占 35%，紧随其后的是新闻网站和电影，分别占 27.7% 和 24.8%，而人际接触只占 13.1%。[②] 本次调查则显示，岛内青年的信息渠道已经有所变化，来自网站的传播流量已经占据首位，而传统媒体和人际传播的作用开始降低。数据显示，共有 742 人选择从网站获取大陆信息，而从电视广播和报纸等传统媒体中获取信息的占 430 人，以同学、老师亲友等人际渠道获取大陆信息的占 589 人（见图 5）。

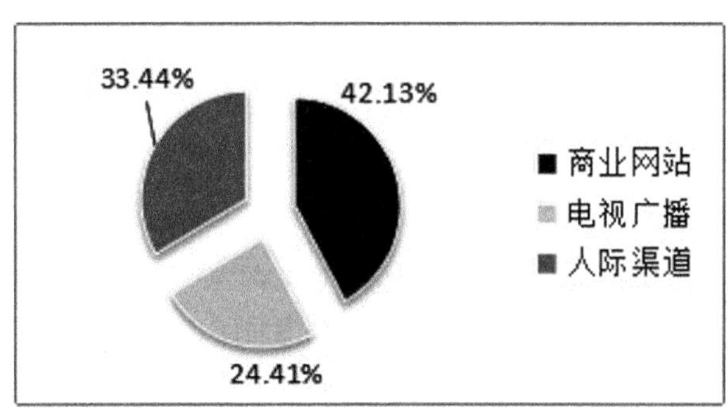

图 5：大陆印象的信息渠道分布图

① 陈东旭：《台湾大学生接触大陆新闻与对大陆事务的认知初探》，《新闻与传播研究》2004 年第 2 期，第 2—9 页。

② 莫莉、周庆祥：《台湾大学生的媒介使用与大陆印象感知研究》，《徐州工程学院学报（社会科学版）》2016 年 3 月。

(3) 大陆印象的信息内容分析。同类研究认为，台湾大学生整体体现出偏软信息而轻硬新闻的状态：最感兴趣的是娱乐，其次是旅游和文化，而经济和政治的比例接近且都不到三成（见表 1）。[①] 本项研究则发现，即使在经济和政治信息上，台湾大学生的认知现状和需求也处于一边倒的不对称格局。受访大学生在回答如何看待大陆惠台政策和受访当年的“习朱会”时，回答中排在最前面的分别是“没有了解”（471）、“不清楚”（395）人。在涉及经济信息的调查中，台湾大学生的回答内容清楚且态度踊跃。如在问及就业信息需求时，有 860 人回答需要工作内容和职业待遇信息，728 人回答工作环境信息，596 人表示需要发展前景信息，回答人数远远高于对问卷中的政治信息调查。

表 1：台湾大学生对大陆信息的兴趣

兴趣内容	娱乐	旅游	文化	购物	经济	政治
感兴趣人数比例	61.6%	56.5%	51.4%	33.3%	27.7%	27.1%

（三）“大陆印象”的症候判断

结合上文的数据分析，可以认为当前岛内青年世代大陆印象中的偏见与误解成分植根于传播过程之中。这其中，既有受制于两岸政治格局而造成大陆无法主导传播过程的原因，也和岛内媒介渠道的变动态势存在联系，而信息内容的单一化以及青年群体的受众局限性都会造成大陆印象的扭曲。

首先，“大陆印象”的两岸话语权力不对称。大陆印象是对大陆政治、经济和社会信息的表现形式和传播效果，大陆本身应该是这类信息的主要发布者和传播源。但是，当前大陆并没有在岛内政治传播格局中掌握与其自身相对应的两岸话语权。这主要表现为大陆信息的一次传播过少，而更多地依靠岛内媒体的二次传播，且对台湾方面可能的歪曲报道并无太多的反制措施。信息传播话语权丧失所造成的结果就是台湾青年世代的大陆负面印象得到强化，“最可能改变一次传播效果的方法之一，是改变传播对象对传播者的印象”。[②] 这意味着在

① 莫莉、周庆祥：《台湾大学生的媒介使用与大陆印象感知研究》，《徐州工程学院学报（社会科学版）》，2016 年 3 月。

② ［美］威尔伯·施拉姆威廉·波特：《传播学导论》，陈亮等译，北京：新华出版社，1994 年，第 226 页。

两岸政治传播中形成了恶性循环，即台湾年轻人出于对大陆的偏见，不愿意相信大陆方面的信息真实性和传播权威性，从而造成大陆的两岸话语资源流失而无法改变自身形象。

其次，“大陆印象”的信息比例失调。当前的大陆信息构成中出现了金字塔型结构，即社会和娱乐信息过多，经济信息适度而政治信息供给明显不足。这既与年轻人的受众特点有关，也有着岛内媒体过度竞争的原因。台湾青年人特有的“小确幸”亚文化特征使得他们更多地关注自身和岛内事务，而对政治活动和外部世界普遍冷感。岛内的传播环境处于高度市场化的竞争环境之下，大陆的社会和娱乐信息受众需求高且风险程度低，自然得到更多的出镜机会。经济信息与青年群体的未来就业等切身利益相关，也会得到相应的关注。只有政治信息高度敏感，并且在岛内“蓝绿”对立的政治格局下频繁出现话语对抗和冲突，这就让岛内媒体有意识地减少大陆政治信息的供给和传播。不合理的信息供给只会造成岛内青年的认知失调，即他们无法解释大陆经济蒸蒸日上的同时又保持着所谓的“专制统治”的二律背反，其结果是让这一群体在面对大陆信息时普遍采取选择性无视的逃避态度，造成了多元信息社会下“理性的无知”。

最后，“大陆印象”的媒介渠道单一化。当前台湾青年世代的大陆印象形成过分依靠商业网站、社交平台等新媒体，而电视、报纸等传统媒体和人际传播的比例趋于减少，而且这一差距在未来的青年群体中还会继续扩大。从理论上讲，网络传播的信息量和自由程度都要远超传统媒体，它应该带来岛内青年大陆印象的全面、理性和客观成分，但实际情况是越来越多的网络传播造成两岸隔阂加深和岛内偏见误解加重。主要原因有两个，其一是新媒体所带来的信息碎片化特征。看似更加丰富的大陆信息实际上极其混乱且具有波动性，由此造成的选择障碍和判断负担只会造成台湾青年尽量减少大陆信息的摄取和扩散。其二是两岸网络环境和管理体制的差别造成了岛内青年对大陆网站和社交平台兴趣低下和参与不足，即使有限的使用也都集中在购物网站和娱乐平台，而对类似人民日报和光明网为代表的政府官方网站很少予以关注。

四、“大陆印象”的传播建议

就当前的两岸关系而言，对台湾青年世代的大陆印象施加正面影响，促使这一群体理性看待大陆状况和两岸关系的任务仍然要由大陆予以主动承担，并将技术层面的传播机制作为依赖路径，把政治印象的“加分”作为现实目标。

首先，积极推进两岸文教合作进程。通过两岸文化产业和教育领域的交流合作，推动大陆媒体、学者和陆生在岛内舆论市场上的出现和发声，尽量增加大陆信息在台湾青年世代中“原汁原味”的传播，这是提高大陆在自身印象塑造上的重要一环。具体而言，一方面大陆要推动《海峡两岸服务贸易协议》的尽快生效与落实，根据其中的文娱服务条款，发挥大陆市场的磁吸效应和资本优势，吸引岛内媒体和文化产业上岸登陆，在与大陆相关产业合作过程中充当起两岸信息交流的使者，将报纸专栏、新闻直播以及社交平台等信息资源面向大陆开放，以此来增加大陆一手信息的传播流量。另一方面，加快《两岸高等教育交流合作协议》的谈判和签署。这是因为“两岸通过研拟《两岸高等教育交流与合作协议》及相关管理条例”，“有助于两岸教育交流的规范化、机制化和可持续发展”。[①] 两岸高等教育交流与合作能够为两岸大学生提供更多的沟通机会和交流平台，这有助于打破台湾青年群体相对封闭的人际传播模式，进而形成一个包括两岸青年在内的社交网络和认知团体，“使其成员产生一种认同感和归属感。这种认同感和归属感又使团体成员产生一种付诸团体规范的压力”，[②] 而这种压力对于形成一个更加了解大陆和愿意了解大陆的“两岸族”出现是大有裨益的。

其次，完善信息渠道，稳定传播秩序。针对台湾青年群体在获取大陆信息时过度依赖网络渠道且对大陆新媒体不了解、不信任的现实情况，当前需要对大陆的传播机构予以适时优化调整。其一是继续发挥电视、广播和报纸等传统媒体的传播作用，以两岸文化产业合作为契机，发挥传统媒体的深度报道优势，引导台湾青年的大陆认知走向全面、客观和理性。其二是对微信、微博和“知乎”等大陆网络媒体在岛内的推广使用进行政策激励，从而形成与岛内“PTT”“噗浪”的竞争关系，逐渐改变岛内青年对岛外和岛内新媒体的渠道依赖和用户粘性，让大陆的新媒体在岛内有一席之地。

再次，调整大陆信息的供给内容和形式。目前台湾青年大陆印象的突出问题是信息供给不均衡，社会信息超载而政治信息相对不足。“信息量大大高于受

---

① 张宝蓉、刘国深、肖日葵、王贞威、吴乐杨：《在台湾高校就读陆生社会适应性与满意度研究》，《台湾研究集刊》，2014 年第 4 期，第 9 页。

② 李元书：《政治体系中的信息沟通：政治传播学的分析视角》，郑州：河南人民出版社，2005 年，第 169 页。

众所能消费、传授或需要的信息量，大量无关的、没用的信息严重干扰了受众对相关有用信息的准确分辨和正确选择”。[①] 所以，需要有意识地增加政治信息的提供和广泛传播。为此，大陆要从台湾大学生偏爱社会信息的现状出发，将大陆的政治信息与旅游、文化和娱乐信息相结合，更多地采用微电影、纪录片等当前年轻受众喜闻乐见的表达形式，在内容上通过正面宣传为主，发展问题讨论为辅的方式，将显性传播和隐性宣传结合起来，使大陆的政治信息呈现出丰富的多层次、全方位的供给体系，改变当前传播效果难以彰显的不利状况。

最后，了解台湾青年世代的受众特点，针对性地进行目标传播。台湾青年世代深受岛内政治环境的影响，他们对政治宣传保持疏远的同时又在政治传播中体现出强烈的参与意识。所以当前要适当吸引和选拔岛内年轻人进入大陆信息的传播过程中来，这种参与既可以是幕后制作也可以是幕前报道，既可以是少数台生代表的采访播报也可以是广大台湾青年的网页评论和视频弹幕。换言之，要根据岛内青年世代的受众特点和大陆印象现状，先在形式上尽量满足这个群体的趣味，随后才在内容上逐渐对他们施加影响。

结语

对台湾青年世代的问卷调查反映出这一群体的大陆印象是一个混合性的认知谱系。这其中的经济诉求和政治偏见同时并存，行动导向和观念阻碍相伴而生。这一印象对岛内青年而言，是造成普遍的迷惑不解以及选择性忽视。对大陆来说，则是喜忧参半的感受和刺激，在对台湾青年愿意来大陆打拼而对自身发展充满自信的喜悦同时，却又能体验到对面岛内大学生对此岸政治生活的不屑和傲慢。这一印象还使得两岸关系和台海走向存在了不可控因素，未来的岛内中坚是选择靠近大陆还是疏远“中国”，是经济理性压倒政治偏见抑或相反，都让将来的两岸关系带有问号。真正注意到这一群体的大陆印象特点和形成过程，并对其中的非理性面向予以调整，使得大陆在他们心目中是一个真实的反映而非曲解，这需要各领域全面合作和统筹安排，传播机制的相关探讨只能从技术层面上予以缓解当下的不利局面，真正的变化还有待于两岸所有中国人的共同努力。

---

① 邵培仁:《传播学导论》，杭州：浙江大学出版社，1997 年，第 184 页。

两岸青年学生对中华地域文化集群认知的比较研究*

张　羽　金　林**

一、问题的提出

中华地域文化是指中华特定区域内所形成的生态、民俗、传统、习惯等文化，带有鲜明的地域特质。如果从中华地域文化的区域视野来观照台湾，"'台湾文化'或'闽台文化'正如广西文化、云南文化、山西文化等省区文化或吴越文化、燕赵文化、巴蜀文化等区域文化一样，由于其血缘、历史、语言等原因特别是所具有的共同的文化核心，分别成为'中华文化'这一整体中的一分子。"① 在台湾，乡土教育在中小学教育中具有特殊地位，学界、教育界和政界都极为关注。一方面，从教育体系建构来看，台湾已经建立起乡土课程和教材开发、多元的乡土教学、乡土教育研究等，这一体系的确立促使台湾青少年能在学校和社区活动中，深入地接受了乡土教育，更为熟知自己所生存的地域文化特质；另一方面，在政治层面上，"不同党派、不同政治团体，为乡土教育的目标、乡土教育的功能和内容争论得不亦乐乎。从党派之间的争论中可以看出，主张'台独'的政治势力，试图透过乡土教育恢复本土文化及形成'台湾意识'，并借此争取公众认同和支持"。② 李登辉、陈水扁执政时期建构的"台湾文化民族主义"，被称为"台湾社会文化主体性建构运动"，其目标之一就是"彻底建

* 本文发表于《台湾研究集刊》2016 年第 6 期。基金项目：教育部哲学社会科学研究重大课题攻关项目"海峡两岸历史文化教育中相互认知、表述、态度及影响研究"（13JZD003）。

** 作者简介：张羽，女，两岸关系和平发展协同创新中心首席专家，厦门大学台湾研究中心、台湾研究院教授、博士生导师；金林，男，中国社会科学院文学所博士生。

① 朱双一：《"台湾文化丰富了中华文化内涵"申论》，《台湾研究》2011 年第 5 期。

② 万明钢：《论台湾的乡土教育》，《西北师大学报（社会科学版）》2001 年 11 月。

立一个与中华文化传统互不涵摄的台湾文化传统”，“试图形成一个台湾民族独立建国的文化基础”。[①] 这种“台湾文化主体建构”的论述以台湾岛的“地理空间”为轴心，直接进入乡土文化教育领域，并对台湾青少年的国族认同产生持续的影响。近年持续发酵的台湾“课纲微调”事件，实为这一影响的阶段性显像。一些台湾青年学生受到“台湾文化具有多元性，包含有葡萄牙、西班牙、荷兰、日本、美国等国文化，台湾‘原住民’文化，以及1945年后迁徙台湾的大陆文化”无主次文化论调成为当前台湾的流行时论，力图撼动台湾文化的中华文化主体属性。可见，台湾乡土教育“背负着沉重的政治诉求”，“从教育入手培养所谓的‘新台湾人’”，已然“形成反‘大中国意识’的势力”。[②]

伴随两岸青年学生交流日益活络，必定会产生不同程度的接触与碰撞。从这一角度来讲，深化两岸青年学生对中华地域文化的多元性认知具有重要意义，这是扩大两岸青年学生的区域视野、批判“去中国化”的种种言论、正确处理两岸文化议题的基本前提。如果台湾青年学生在接触台湾乡土文化教育之外，也可以近距离地接触中华地域文化，通晓台湾文化的源流，了解两岸分治的历史原因和当前现状，就会辩证地接受台湾乡土文化教育。因此，如何运用地域文化教育领域的一些基本理论和方法，将地域文化教育延伸到两岸青年学生之中，加深其对中华地域文化的理解，帮助年轻学生克服由于跨地域交流所带来的种种问题，将是中华地域文化教育面临的一个新问题。

本文将借助调查问卷，结合文献研究等方法，首先分析两岸高校的硕博士学位论文对地域文化的研究视角与研究特色；其次，结合问卷梳理出两岸青年学生对中华地域文化的集群认知差异，主要包括对当地地域文化的熟悉度与主要认知渠道、学校教育与地域文化的关联、台湾文化与大陆文化的异同等三方面问题，探究差异产生的深层原因；最后，在当前两岸文化交流背景之下，中华地域文化的基础教育应如何体现多元共存与反思创造的精神，进而对未来发展方向提出建议。

---

① 江宜桦:《中华文化认同在两岸关系发展中的作用》,《中国大陆研究教学通讯》(台湾),1997年第18期。

② 万明钢:《论台湾的乡土教育》,《西北师范大学学报(社会科学版)》2001年11月。

二、相关研究综述

两岸青年学生如何认知与研究地域文化，或可从以青年群体为主的两岸博硕士论文中寻找到一些带有地域倾向性的议题。笔者就目力所及的相关研究介绍如下：

（一）关于乡土教育和认知的相关研究

中华地域文化之间，必然存在着某种程度的差异，地域文化教育也存在较大差异性。两岸博硕士论文中有不少直接聚焦乡土教育与认知的关系，但视角和议题差异很大。如台湾硕博士论文更多关注台湾各地区的乡土文化课程体系、乡土历史、各年段学生接受乡土教育与国族认同的关系，议题细致深入。此类台湾硕博士论文主要有李美芳《乡土历史应用于“国小”乡土教学之研究——以新北市深坑“国小”六年级为例》（台北市立大学 2014 年硕士学位论文）、赖皇隆《小区资源活用于“国小”高年级乡土教育之行动研究——以新北市板桥区后埔“国小”为例》（台北市立大学 2013 年硕士学位论文）、尤健维《乡土知识与乡土认同之研究——以金门县“国民小学”五年级学童为例》（金门大学 2011 年硕士学位论文）、王敬尧《台南县“国小”六年级学童乡土知识、态度与行为之研究》（台南大学 2011 年硕士学位论文）等。在大陆地区，青年学生的博硕士论文选题较为宏观，多探讨时代影响、教材嬗变、乡土教育原则等议题。此类大陆博硕士论文有王海燕《地域文化与课程》（华东师范大学 2003 年博士学位论文）、彭文君《全球化时代我国乡土教育发展研究》（华东师范大学 2008 年硕士学位论文）、李素梅《中国乡土教材的百年嬗变及其文化功能考察》（中央民族大学 2008 年博士学位论文）、班红娟《国家意识与地域文化》（中央民族大学 2010 年博士学位论文）等等。

（二）关于闽南语、闽南文化的研究

在台湾，因“本土化运动”的推动，对闽南语和闽南文化颇为重视，不少台湾小学都将闽南语列入教学计划。台湾博硕士论文中，选题为闽南语教学状况、教学困境等议题的论文并不少见。如林明慧《“国民小学”闽南语教学现况研究——以台中市龙峰“国小”中高级为例》（台湾清华大学 2013 硕士班论文）、

陈绍洁《乡土语言教学现况之研究——以台北县双和区“国民小学”闽南语教学为例》（花莲师范学院 2004 硕士班）、江佩芳《乡土语言在“国中”教学的困境与展望——以闽南语为例》（高雄师范大学 2003 硕士班）等。

大陆地区关于闽南语和闽南文化研究，主要集中在福建等地，主要选题倾向为探讨闽南文化与高校德育、闽南文化与涉台议题、闽南文化生态保护实验区建设等等。如刘冉《闽南文化的思想政治教育资源及其价值研究》（闽南师范大学 2014 年硕士学位论文）、蒋琪纯《闽南文化在高校德育的运用研究》（华侨大学 2013 年硕士学位论文）、黄明波《方言电视·地域文化·涉台传播》（福建师范大学 2010 年硕士学位论文）、钟璇《闽南文化生态保护实验区建设中的政府行为研究》（华侨大学 2011 年硕士学位论文）等。

（三）关于地域文化的研究

台湾地区硕博士论文主要关注寺庙与地域文化、地域文化的精神意象建构、地方文化产业与地域文化、地方文化馆的文化传承等议题。如林奕欣《寺庙与地域文化——以关庙乡山西宫为中心的探讨 (1661—2006)》（台湾师范大学 2009 年硕士班）、钟仕展《地域文化之精神意象导入公交车等候亭之研究——以台南市古迹文化为例》（岭东科技大学 2012 年）、吴佩瑜《结合台湾地方文化馆于文化传承推广之研究》（世新大学 2014 年）等；大陆地区博硕士论文主要关注地域文化学、国家意识与地域文化、地方传媒对地域文化影响等议题。如李颖《地域文化视野下的电视纪实节目研究》（新疆大学 2012 年硕士学位论文）、刘赫《地域文化在思想政治教育中的作用研究》（山西财经大学 2010 年硕士学位论文）、徐隽《地域文化对大学生创业倾向的影响》（华东师范大学 2011 年硕士学位论文）等。

尽管都是围绕地域文化所做的学位论文，但研究议题、视角、结论等存在不少差异。青年硕博士生是未来地域历史文化的传承者和研究者，学界应推动海峡两岸博硕士生联合进行跨地域的田野调查研究，提升相关研究学位论文的学术性和实践性。

三、“两岸青年学生对中华地域文化认知”调查问卷的设计与说明

为使本研究建立在实事求是的社会调查基础上，课题组设计了题为“两岸青年学生对中华地域文化认知”① 的调查问卷。问卷先后发放两次，第一问卷自2014 年 1 月至 12 月，在台湾大学、清华大学（台湾）、成功大学、彰化师范大学、北京大学、厦门大学等 20 余所大学，总计发放 1500 份，回收 1207 份，回收率 80.5%。在回收的问卷中，无效问卷 114 份，有效问卷 1093 份，有效率90.6%。其中大陆版有效问卷 696 份，台湾版 397 份。第二次问卷于 2015 年 6月、7 月间完成，共计回收台版问卷 98 份。调查对象重点放在两岸高校正在攻读本硕博学位的学生群体中。问卷共设置 8 道选择题，各题均可多选，也可自行填写个人观点。

四、对中华地域文化集群认知的差异与深层原因分析

（一）对当地地域文化的熟悉度与主要认知渠道

1. 您对下列哪些当地地域文化的内容比较熟悉？

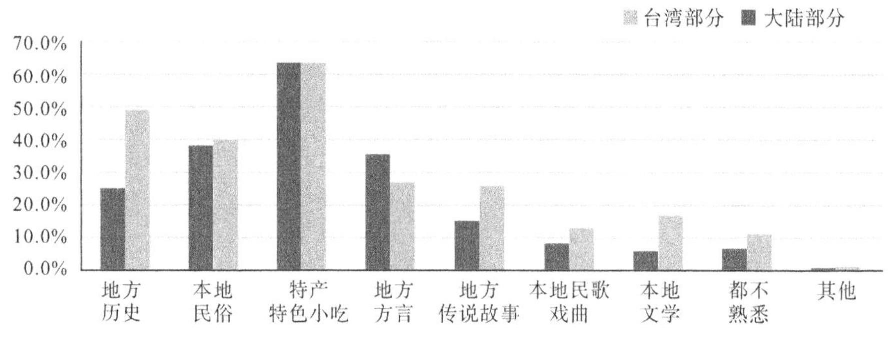

图 1

这一题试图了解两岸青年对当地地域文化的关注热点。从数据分析可以看

① “两岸青年学生对中华地域文化认知”的调查问卷是课题组发放的总题为“两岸学生历史文化教育认知状况”调查问卷系列之一，另外还包括“两岸青年学生对台湾政治文化的看法”“两岸青年学生对历史事件的看法”“两岸青年学生对当代社会文化的看法”“两岸青年学生对历史人物的看法”和“两岸青年学生对现代文化的看法”等系列问卷。

出，大家最熟悉的都是地方特产、特色小吃。食物确实是记忆某一地方时非常容易想起的东西。近年来两岸交流活动中很大一个主题就是小吃，台湾小吃进大陆，大陆小吃去台湾，对食物的熟悉和喜好会让人不由得对那个地方产生好感。对家乡食物的记忆，从小养成的口味，是凝聚乡情的重要因素。对民俗、方言的熟悉也是我们进入当地生活首先会接触到的内容，对它们的熟悉也是两岸青年共有的。值得注意的是，台湾青年实际接触到的地方历史、地方传说故事、地方民歌、戏曲、本地文学等，都高于大陆青年，而且超出的比例较大。这些内容是衣食住行等日常生活层面之外的文化内容，尤其需要培养和教育，这与台湾方面有意强调本土文化，增加台湾历史、文艺等方面教育和宣传相关的。当台湾青少年可以在学校教育和社区活动中学习到台湾地域文化的内容，当然会增加青年对这些方面的了解。相比之下，大陆对地域文化的教育虽然重视，并开发出系列地域教材，但各地中小学的重视程度不一，缺乏专门的地方教育专才，因此大陆青少年普遍不很熟悉地方史和地方文化。

2. 关于地域文化的看法，您比较认同的是什么？

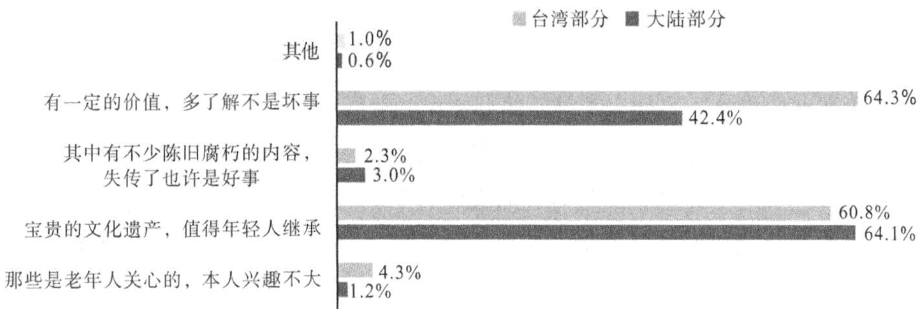

图 2

这一题分析两岸青年对地域文化的态度。研究发现，绝大多数青年都对地域文化持有比较正面的态度。64.1% 的大陆青年认为地域文化是宝贵的文化遗产，值得年轻人继承；60.8% 的台湾青年也认同这一看法。另外 64.3% 的台湾青年认为地域文化有一定的价值，多了解不是坏事，选择这一选项的大陆青年较少。这两个选项的对比也许可以看出，大陆青年更为认可地域文化的宝贵，这与前述大陆青年对地域文化的相对不熟悉形成了有趣的反差。选择负面选项的人数很少。而在这些选项中，大陆青年倾向认为地域文化中有不少陈旧腐朽的内容，失传了也许是好事，这和大陆此前一段时期的官方意识形态有一定的重合。而台湾青年偏向于认为地域文化是老年人关心的，本人兴趣不大。这与青年人普遍接受的欧美流行文化态度一致。

3. 您了解当地地域文化的渠道主要有哪些？

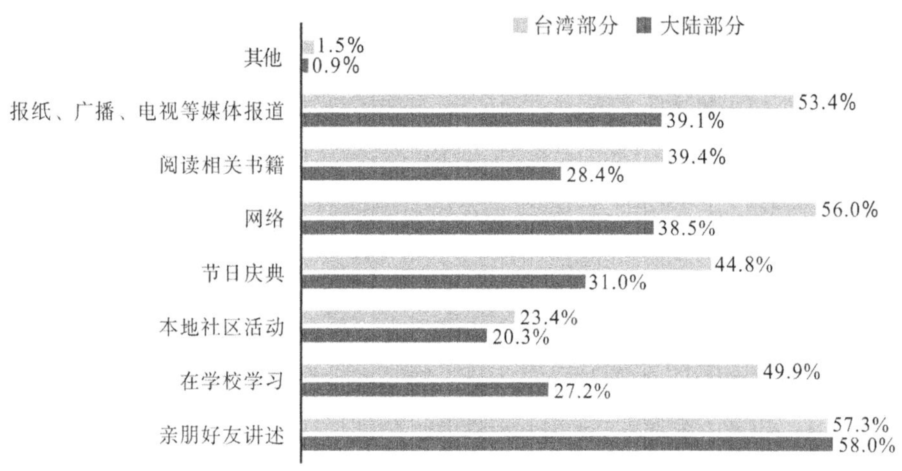

图 3

从这一题的调查结果可以看到，台湾青年获知地域文化的渠道更为多元，也更为普遍，也更有兴趣去了解。他们不仅亲身参与本地社区活动、节日庆典，也会通过书籍和网络主动学习。尤其值得注意的是，49.9% 的台湾青年表示在学校接受过地域文化的系统教育，而大陆青年只有 27.2% 有这样的经验。虽然更多人会从亲朋好友的讲述中了解地域文化知识，相较而言，台湾的地方乡土教育与节日庆典、社区活动等紧密联系，激发了青年主动获取相关知识的兴趣，这是值得借鉴的。

（二）学校教育与地域文化

1. 您在学校学习过当地地域文化的内容有多少？

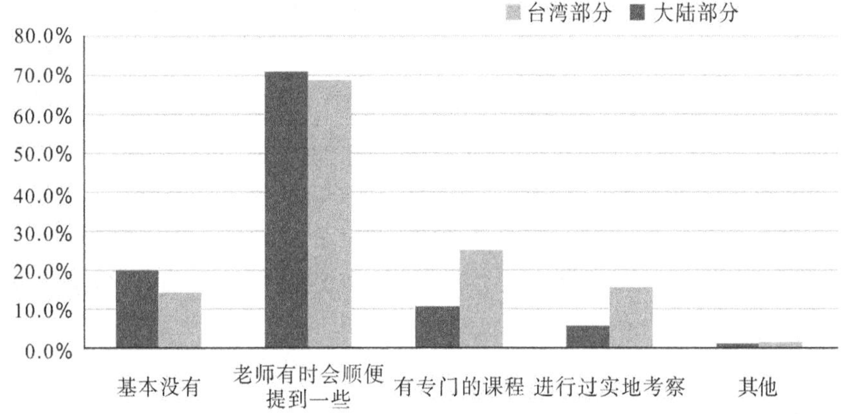

图 4

此题的调查结果可以更进一步观察两岸地域文化教育的异同。绝大多数青年选择了“老师有时会顺便提到一些”。除此之外，大陆青年更多认为“基本没有”，而台湾青年则“有专门的课程”“进行过实地考察”。虽然比例并不是非常高，但这些差异还是值得重视。由于本次问卷调查对象是大学生群体，对更小年龄阶段的台湾群体是否经历了更多的地域文化教育，尚需进一步考察。

2. 您认为是否有必要在学校教育中加强对地域文化的教育？

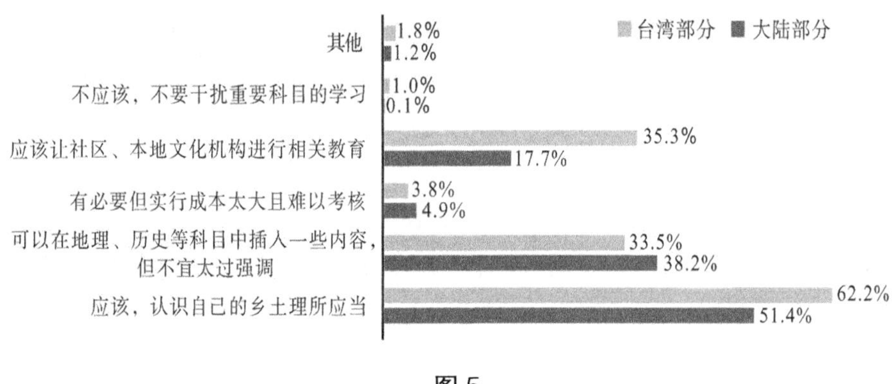

图 5

这一问题将地域文化和学校教育两项内容结合，来讨论两岸青年对此的态度。调查结果显示，两岸青年基本都同意应该在学校教育中加强地域文化的内容，认为认识自己的乡土理所应当。这一点作为人之常情是非常可以理解的，中华文化中尊重本乡本土的传统也应和了这一观点。在“认识自己的乡土理所应当”的选项中，台湾青年（62.2%）比大陆青年（51.4%）还是多出了不少。35.3%的台湾青年认为“应该让社区、本地文化机构进行相关教育”，选择这一选项的大陆青年只有17.7%。这一差异体现了两岸社会在文化层面的一大区别：台湾社会的社区组织、文化机构在开展社会活动方面有较大的活力和自由度，而大陆的相关机构则缺少活力。对大陆青年来说，本地文化机构（当地文联、作协、政协文史委员会等）和社区相关组织的存在感普遍很弱。还有相当一部分两岸青年均认为可以在地理、历史等科目中插入一些内容，但不宜太过强调。

3. 您认为地域文化教育对国族认同有何影响？

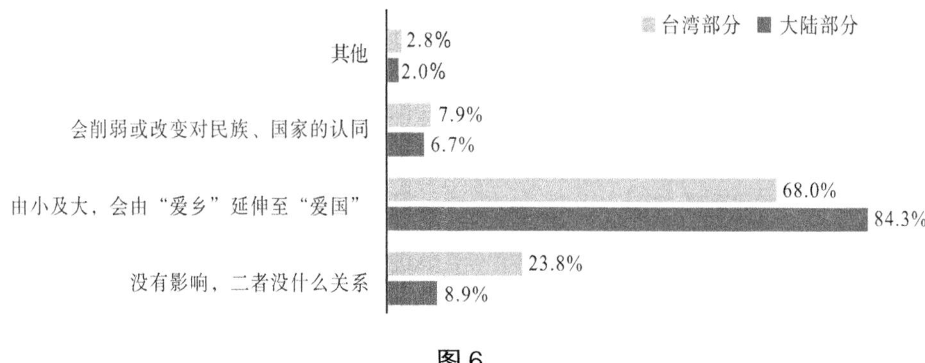

图6

这一题直接询问受访者对地域文化教育与国族认同关系的看法。从调查结果中可以看出，两岸青年普遍认同“由小及大，会由‘爱乡’延伸至‘爱国’”，其中大陆青年比例为84.3%，台湾青年为68%。这一结果显示在青年眼中，地域文化教育不会阻碍、干扰更大层面上的国族认同，反而会有促进的作用。值得进一步探讨的是，台湾青年对“爱国”的理解具体如何，是和大陆青年一样对“中国”的认同，还是对“中华民国”，甚至是“台独”鼓吹的“建国”？课题组另一份问卷调查（两岸受访者对中国概念的看法）中，可以看到如下结果：

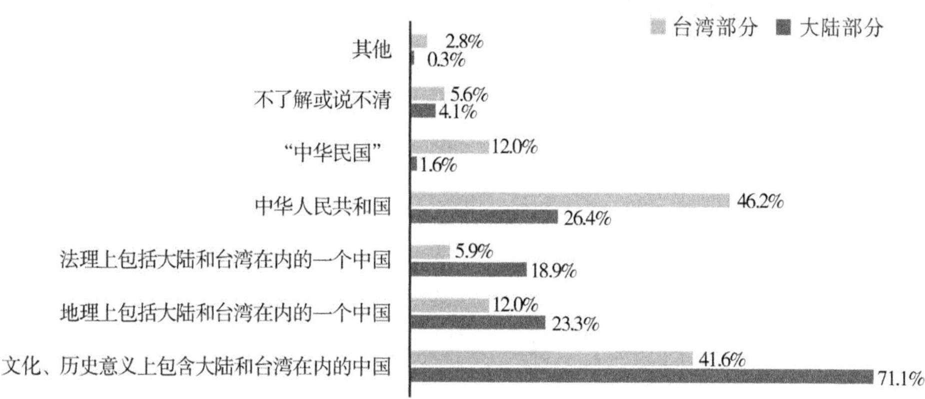

图 7

可见，大陆青年对“中国”这一概念的认知是包括台湾在内的法理、地理、文化历史等的意涵。而台湾青年中，46.2% 的人认为中国即中华人民共和国，由爱乡、爱台湾延伸至爱中华人民共和国恐怕是不大可能的。不过也有 41.6% 的台湾青年认同中国是“文化、历史意义上包含大陆和台湾在内的中国”。这一结果告诉我们，文化、历史层面的中国认同是台湾青年比较容易接受的。

另外，23.8% 的台湾青年认为地域文化教育对国族认同没有什么影响。而选择这一选项的大陆青年只有 8.9%。这一方面可以看出台湾青年对文化与政治的区分比较清晰，二者似乎可以互不影响；另一方面又要重视这样的“清晰区分”背后的意识形态因素。将台湾文化与中华文化区分，与将文化与认同区分，二者似乎共用了相同的逻辑，即出于现实政治的考量而扭曲、切割某些文化和精神联系。

（三）台湾文化与大陆文化的异同

1. 您认为当前台湾与大陆在文化方面有哪些差异？

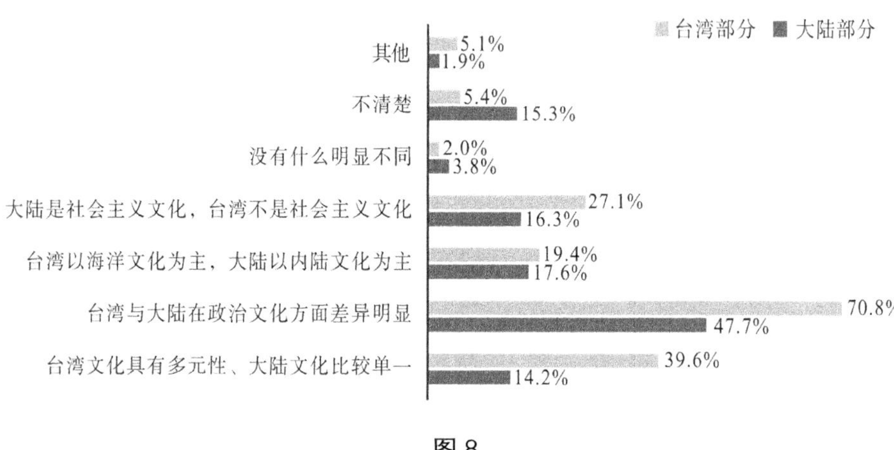

图 8

这一问题讨论两岸文化的差异。从调查结果中可以看出，70.8% 的台湾青年认为台湾与大陆在政治文化方面差异明显，大陆青年的选择比例则为 47.7%。可见大陆青年对两岸在政治上的差异不如台湾青年在意。39.6% 的台湾青年认为台湾文化具有多元性，大陆文化比较单一。如果和前述“政治文化”做参照，则可以看出另一个问题——台湾青年对大陆文化的认识恐怕过多地被政治因素遮蔽了，进而用政治上封闭 / 开放的视角得出了文化上单一 / 多元的结论。27.1% 的台湾青年和 16.3% 的大陆青年认为两岸文化的差异在于大陆是社会主义文化，台湾不是社会主义文化。这一观点可参见陈孔立教授相关研究，如其在《两岸文化的本质差异》[①] 一文中提出：“当代中国大陆的文化是社会主义文化，而当代台湾的文化则基本上保留了中华传统文化并且受到西方文化的较大影响，而不可能含有任何社会主义文化的性质，这就是二者的本质差异。”19.4% 的台湾青年和 17.6% 的大陆青年认为两岸的文化差异在于台湾以海洋文化为主，大陆以内陆文化为主。对“海洋文化”的强调是台湾“本土”近年来的文化趋势，“本土”势力对“海洋文化”的力推自然有政治上的考量。台湾作为一个海岛确实有鲜明的海洋文化属性，而福建、广东等众多的沿海省份也具有海洋文化的属性。不过，这一议题在中国大陆，可能会因为地域不同，而有不同的回答，如处于大陆内陆地区的青年大概会认同这一选项的描述，但沿海省份的青年恐

① 陈孔立：《两岸文化的本质差异》，《台湾研究集刊》2013 年第 4 期。

怕不会认同。

2. 您认为台湾是否形成了一个独特的“台湾文化传统”？如果有，它和“中华文化传统”是何关系？

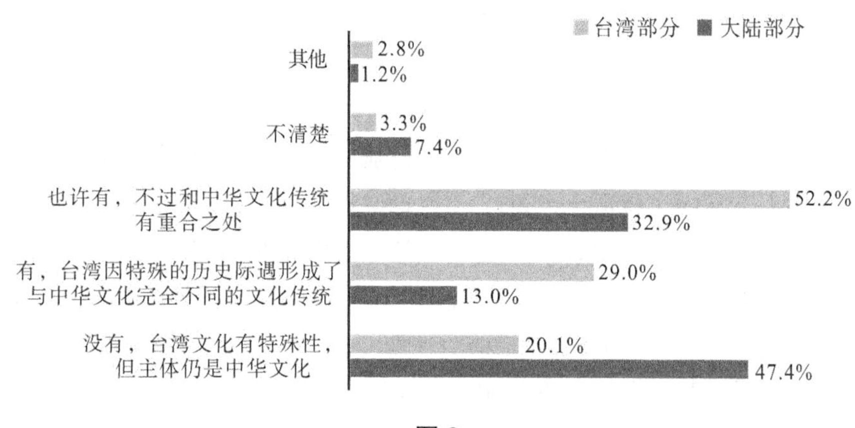

图 9

这一问题讨论“台湾文化传统”与中华文化传统。调查结果显示，总体上台湾青年倾向于认为有“台湾文化传统”，而大陆青年倾向于否定。52.2% 的台湾青年认为“也许有台湾文化传统，不过和中华文化传统有重合之处”，这算是一个比较折中的回答。29% 的台湾青年认为“有台湾文化传统，台湾因特殊的历史际遇形成了与中华文化完全不同的文化传统”，认为两岸文化传统“完全不同”。另外 20.1% 的台湾青年认为“没有台湾文化传统，台湾文化有特殊性，但主体仍是中华文化”。由此可以看出台湾青年内部也有意见分歧。大多数人持居中的观点，肯定地认为有或没有的相对较少，而在这两者之中认为有台湾文化传统的人较多。大陆青年的意见则从倾向“没有”到倾向“有”呈递减趋势。47.4% 的受访者认为没有台湾文化传统，32.9% 认为也许有，13% 的人认为台湾有和大陆完全不同的文化传统。在某种意义上，此问题凸显了大陆青年对台湾文化的不了解。

五、两岸协力发展中华地域文化的路径与展望

台湾青年学生不但在学校中接受乡土文化教育，而且主动参与地域文化的实践。他们参与社区活动、节日庆典，参观地方文化馆，也有兴趣通过书籍和

网络主动学习。尤其值得关注的是，49.9% 的台湾青年表示在学校学习到了地域文化的内容，而大陆青年只有 27.2% 有这样的经验。现阶段，大陆地区如何进行青年学生的中华地域文化教育，值得借鉴台湾的一些教育经验，两岸更应协力推动中华地域文化的融合与发展。

(一)重视闽台地域文化教育的深度交流与对话

海峡两岸文化共同渊源于中华文化，特别突出地表现在福建和台湾的文化亲缘关系上。“福建(特别是闽南)与台湾的文化关系，不仅是总体上的同文同种，更是在移民过程中形成的直接血缘承续和文化传递。举凡家族谱系、方言谚语、生产技术、生活方式、民间习俗、宗教信仰、建筑风格乃至歌谣传说、戏曲歌舞等等，无不烙着直接承递的亲缘血印。因此，讨论台湾文化，不能绕过闽南文化。”[①] 现阶段,海峡两岸的中小学课程体系中都有围绕各地域的独特文化展开的课程教育。台湾早在 1993 年就颁布了“国民小学新课程标准”，明确提出了增设“乡土教学活动”一科；1994 年公布了“国民小学乡土教学活动课程标准”，1996 年将“乡土教学活动”定为小学的一门课程，每周一节课；[②]1998 年 9 月，台湾地区开始规定小学三年级至六年级，每周开设“乡土教学活动”，初一则开设“认识台湾”课程。为了统一乡土教学，专家学者提出了乡土教材应由近及远、由简到繁、由具体到抽象的编写原则。[③] 大陆地区从 20 世纪 80 年代后期开始，地方课程逐渐进入课程体系。以福建为例，《海西家园》作为福建省小学地方课程教科书，“以‘海西’建设的时代精神为主线，以省情特色作为主要的学习内容，形成了一系列富有时代性和地域性的特色专题”，分为“绿色海西”“蓝色海西”“人文海西”“红色海西”“科技海西”“五缘海西”等章节。[④] 但据课题组的调查，福建地区的中小学地方课程虽被列入课表，却多被其他课程占用，地方文史教育的师资力量明显不足，致使年轻学生缺乏路径接触及了解相关地方文化。在福建，仅有少数学校重视地方文史课程，经常邀请校外文

① 刘登翰:《弘扬中华文化促进祖国统一——试论文化研究在当前两岸关系发展中的意义》,《东南学术》2004 年增刊，第 175 页。

② 欧用生:《乡土教育的理念与设计》,《乡土教育的理念与实施座谈会资料》，台北：台湾师范大学教育研究中心编，1994 年。

③ 万明刚:《论台湾的乡土教育》,《西北师大学报(社会科学版)》2001 年 11 月。

④ 袁书琪:《海西家园》五年级下册，福州：海峡出版发行集团福建少年儿童出版社，2013 年，第 1、2 页。海西之名是因为福建在台湾海峡的西岸。

史工作者来授课。

两岸青年学生对中华地域文化的集群认知主要是在学校的地域文化教育中养成的。“地域文化的课程体系之建构需以现实生活世界为中心，注重价值反思、注重生活情境的运用，注意地域文化的完整性和独特性，并着力于培养学生合理的文化观，以便充分发挥地域文化的教育价值。”[①] 现阶段，大陆地区应鼓励各校重视地方课程的开设与创新；邀请地方文史工作者进入中小学课堂；定期组织学生走访庙宇、古建、地方馆等地，培养学生探究认知地方知识的兴趣；有条件的福建中小学校可以邀请台湾师生前来观摩和交流，也可派出师生前往台湾，参与台湾地域文化的教学和实践活动，让闽台青年学生在相互比对和创新中，更轻松、更亲近的了解闽台地域文化史；此外，还可推动“学生研究员计划”，促进青年学生参与研究地域文化，正视乡土文化价值，进而培养服务地方乡土的情操。

（二）多角度、多层次、立体式地活化闽台地域文化特色

陈孔立教授指出：现有的历史记忆与群体认同是可以改变的，而且是必然要改变的。他主张“双重认同”：台湾认同和中国认同并存。对于家乡、本土、地方的认同与对于国家的认同可以并行不悖。摆在面前的一大任务是“为两岸共同重构历史记忆与国家认同”。[②] 两岸青年学生对中华地域文化的集群认知是在主动参与地方文化活动过程中逐步培植起来的。在全球化、商业化的时代，大多数城市越来越趋同，地域文化未能加以保护和传承。当前，对地域人文环境的保护越来越重视，教育者有责任教导青年人既重视本土文化，又了解中华文化的地域差异，包容两岸文化中的“差异”，这有利于年轻人理性建构历史记忆与文化认同。

在地方性报纸期刊、地方文化学术会议、地方文化民间展示等方面，开辟地域文化特色的报道、展示与研究，深入挖掘闽台地域相近的历史文化题材，以资料陈列、深度调查、人物访谈等方式，多角度、多层次地把人们既熟悉又说不清楚的地域历史文化展现在读者面前，同时兼顾注重中华文化的整体性和地域文化的独特性。

---

① 王海燕：《地域文化与课程——关于人与文化的思考》，华东师范大学 2003 年博士学位论文，第 1 页。

② 陈孔立：《台湾社会的历史记忆与群体认同》，《台湾研究集刊》2011 年第 5 期。

（三）重视地方文化馆建设，创新地域文化传承推广

当前，两岸同样面临着如何吸引青年学生参与地域活动的课题，要让地方文化馆成为学校地域文化教育之外的重要场馆，让年轻学生可以就近接触到地域文化资源。台湾乡土文学作家黄春明曾说："人最重要的认同就是对出生地的认同，家乡的约束力让人不敢在长成的地方当'剪钮仔'或流氓；然而现在人们轻易迁居流动，离开了学习语言和规矩的土壤，便也失去了行为的约束力，因此现代人尽管比以前富有，犯罪率却高。"[①]在台湾，受当局文化"泥土化"理念的影响，各地方文化馆纷纷出现。一方面，地方文化馆应重视地域文化的展示，成为学校地域文化教育之外的展示场馆。大陆地区一些地方文化馆商业气息过于浓厚，未来应着力精练地域文化的特色，增加地域文化深度，"运用文化据点作为学习创新的空间平台，成为在地的文化发展育成中心，需要有再生与再发展的能力，运用地方的独特性创新与再造新的文化体验、文化商品与文化休闲活动等，带动地区的文化经济，才能丰富地方居民的生活与发展。"[②]另一方面，地方文化馆更要注重与青少年的互动，当青年人"作为演变过程的主角时，文化就是变迁剧本与场景，企图使所有主角理解、认知与认同"。让地方文化馆成为生动展示在地文化价值的重要载体，积极激发在地青年学生的主动参与，提升地方文化生活品质，让地域文化与个体生命记忆相融合。

刘登翰先生指出："尽管台湾在历史上曾经遭受荷兰、西班牙和日本的殖民统治，战后回归又经历了半个世纪的两岸政治对峙与分隔，使台湾中断了与祖国大陆社会同步发展的历史进程，但并未隔断中华文化在台湾延续。台湾社会与祖国大陆的不同进程，只是在中华文化的逻辑基础上呈现出的同质异态的发展。""同质异态"可以作为我们理解两岸某些文化差异的理念。在推行乡土教育过程中，亟待两岸教育界、学界对地域文化的创新性传承作系统而深入的探讨，这将有助于促进青年学生在宏观中把握中华文化的多元性，同时能微观细致地理解地域文化。

---

① 黄奕潆、何荣幸策划筹备：《吴念真空中对谈》，《中国时报》"新故乡动员令"第6站·宜兰，2012年3月4日，第A11版。"剪钮仔"是闽南语的扒手之意。

② 吴佩瑜：《结合台湾地方文化馆于文化传承推广之研究》，世新大学信息传播学研究所2014年硕士论文，第16页。

台湾大学生社会政治心态的特征、成因及因应策略研究

——基于台湾 23 所高校大学生的调查分析 *

郭伟展　陈先才 **

社会政治心态是在社会学、政治学和心理学等跨学科基础上提出的一个复合型概念，是指一定时期社会中多数成员或某些社会群体对所处社会政治环境所产生的较为普遍的社会认知、情绪体验、价值取向与行为倾向。在一个特定的历史条件与现实社会环境中，大多数社会成员的社会政治心态往往具有一些共同的时代特征，在特定社会群体中更因为相同的社会角色与处境而呈现比一般的社会大众更趋一致的群体特征。当前，台湾 15—44 岁的青年群体总数约占台湾总人口一半，在岛内政治过程和两岸关系互动过程中所发挥的重要作用不言而喻。而作为年轻世代的重要群体之一，岛内大学生的社会政治心态不仅影响台湾政局的发展，更将影响未来两岸关系的走势。基于此，本研究对台湾部分高校的大学生进行了问卷调查，旨在分析当代台湾大学生社会政治心态的现状与特征，探讨其成因，并就开展相关工作提供若干思考与建议。

* 本文发表于《台湾研究集刊》2017 年第 3 期。基金项目：2016 年度教育部人文社会科学重点研究基地重大项目“新形势下推进两岸民间交流与社会融合研究”（16JJDGAT001）。

** 作者简介：郭伟展，男，浙江工贸职业技术学院台湾研究所讲师；陈先才，男，两岸关系和平发展协同创新中心成员，厦门大学台湾研究中心、台湾研究院教授。

一、问卷调查的总体说明

（一）问卷调查设计与发放回收情况

台湾大学生的社会政治心态，是指在岛内外政治、经济和社会整体发展变迁的影响下，在台湾大学生群体中形成的社会政治认知、社会政治情感、社会政治价值取向、社会政治行为倾向的总和，反映了岛内大学生群体普遍存在的社会政治心理与行为模式。本研究尝试从社会情绪体验、社会分配公平感、政治参与意识、社会政治价值取向与行为倾向等方面来建构测量岛内大学生社会政治心态的维度与指标，并设计相应的问题。需要说明的是，调查问卷中的部分问题借鉴沿用了台湾政大选研中心、指标民调等机构在一些民调中曾使用的问题，或结合本研究的实际需要进行了相应的修改。本研究于 2015 年 6 月至 11 月完成调查问卷的设计、发放和回收工作，共计发放问卷 1062 份，回收问卷 928 份，回收率 87.38%；回收的有效问卷 857 份，有效回收率 80.7%。

（二）调查样本情况分析

1. 调研高校的基本情况

本研究采取整群抽样方法，共选取了台湾北部、中部、南部、东部和岛外地区 13 个县市 23 所高校的在校本科生进行问卷调查。考虑到台湾各个区域高校和学生数量的差异，本研究在不同区域所选取的高校数量有所不同，其中，北部地区高校 11 所，中部地区高校 4 所，南部地区高校 6 所，东部地区高校 1 所，岛外地区高校 1 所。这些高校涵盖了普通大学、师范大学、科技大学等类型，既有公立大学，也有私立大学。

表 1：问卷调查高校的区域分布情况

<table>
<tr><th>所在区域</th><th>所在城市</th><th>调查高校</th><th>样本数</th></tr>
<tr><td rowspan="5">北部地区</td><td>台北市</td><td>台湾师范大学、大华科技大学、铭传大学、台北大学、实践大学</td><td rowspan="5">11</td></tr>
<tr><td>新北市</td><td>东南科技大学、圣约翰科技大学</td></tr>
<tr><td>桃园市</td><td>元智大学、中原大学</td></tr>
<tr><td>新竹县</td><td>明新科技大学</td></tr>
<tr><td>新竹市</td><td>新竹教育大学</td></tr>
<tr><td rowspan="3">中部地区</td><td>云林县</td><td>云林科技大学</td><td rowspan="3">4</td></tr>
<tr><td>台中市</td><td>逢甲大学、亚洲大学</td></tr>
<tr><td>彰化县</td><td>大叶大学</td></tr>
<tr><td>东部地区</td><td>花莲县</td><td>东华大学</td><td>1</td></tr>
<tr><td rowspan="3">南部地区</td><td>高雄市</td><td>高雄海洋科技大学、高雄师范大学、树德科技大学</td><td rowspan="3">6</td></tr>
<tr><td>台南市</td><td>台南应用科技大学、嘉南药理科技大学</td></tr>
<tr><td>屏东县</td><td>屏东科技大学</td></tr>
<tr><td>外岛地区</td><td>澎湖县</td><td>澎湖科技大学</td><td>1</td></tr>
</table>

资料来源：作者根据本研究回收的有效调查问卷资料统计制作。

2. 被调查学生的基本情况

接受调查的大学生基本情况如表 2。被调查对象来自理学院、工学院、农学院、人文社会学院、商学院、教育学院、医学院、艺术学院、体育学院等不同院系。总体而言，本研究的问卷调查样本基本覆盖了全台湾不同地区、不同高校类型、不同院系专业的学生，因此具有较强代表性，能在较大程度上代表台湾地区大学生群体。

表 2：问卷调查对象基本情况

项目	类别	频数	百分比（%）
性别	男	453	52.86%
	女	404	47.14%
年龄	18 岁	136	15.87%
	19 岁	231	26.95%
	20 岁	215	25.09%
	21 岁	192	22.40%
	22—23 岁	83	09.68%
年级	大一	157	18.32%
	大二	254	29.64%
	大三	239	27.89%
	大四	207	24.15%
学校所在地区	北部地区	392	45.74%
	中部地区	153	17.85%
	南部地区	237	27.65%
	东部地区	56	6.53%
	外岛地区	19	2.22%
出生地区	北部地区	364	42.47%
	中部地区	176	20.54%
	南部地区	216	25.20%
	东部地区	71	8.28%
	外岛地区	30	3.50%

资料来源：作者根据本研究回收的有效调查问卷资料统计制作。

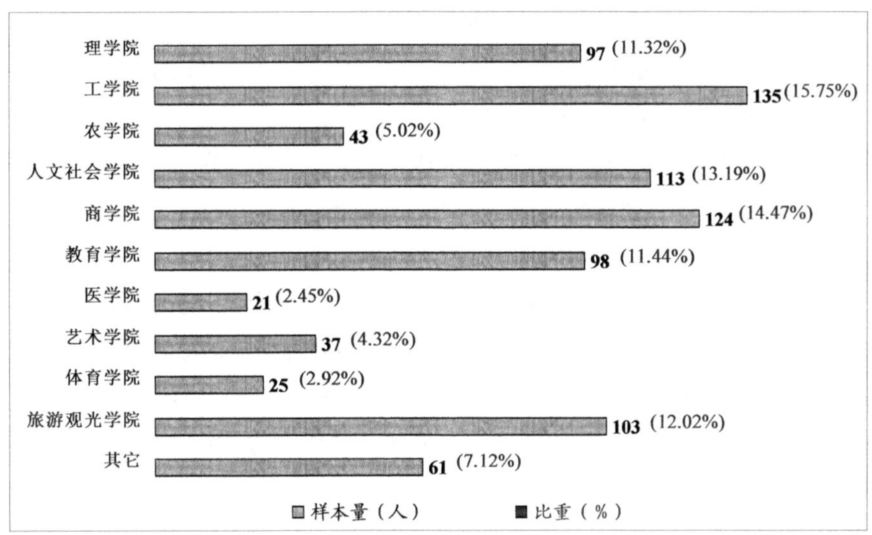

图 1：问卷调查对象院系分布情况

资料来源：作者根据本研究回收的有效调查问卷资料统计绘制。

二、台湾大学生社会政治心态现状与特征

台湾大学生的社会政治心态总体上呈现消极、激进等非理性特征，在社会公平意识、政治效能感和参与意识增强的同时，社会公平感较低，集体焦虑情绪强烈，政治行为倾向激进，对两岸经贸合作普遍抱持疑虑态度。

（一）政治效能感明显增强，政治参与意识大幅提升

1. 内外在政治效能均明显增强

调查显示，岛内大学生对自身理解政治和影响政治体系之能力的心理认知均较强。（1）多数大学生对自身理解政治的能力较为自信。62.31% 的被调查者不认同“大学生很难理解政治”的判断（39.67% 的人表示“不同意”，22.64% 的人表示“非常不同意”），仅有 32.67% 的人持肯定态度（23.69% 的人表示“同意”，8.98% 的人表示“非常同意”）。（2）大多数大学生认为“投票并不是唯一影响政府决策的办法”。高达 88.56% 的人不认同“投票是大学生影响政府决策的唯一办法”（56.71% 的人表示“不同意”，31.86% 的人表示“非常不同意”）。

（3）多数大学生倾向于认为“政府会考虑大学生群体的诉求”。83.43% 的人对“政府官员不会在乎我们大学生的诉求”持否定态度（70.36% 的人表示“不同意”，13.07% 的人表示“非常不同意”）。（4）多数大学生认为该群体的政治参与将对政治系统产生影响。13.77% 的人认为大学生的政治参与对“政府决策和政治过程影响较大”，58.69% 人认为“有一定影响”。

2. 政治参与意识大幅提升

调查显示，与长期以来外界对该群体的固有印象不同，岛内大学生的政治冷漠现象有所缓解，政治参与意识转向积极，参与选举投票意愿增强，政治参与方式也渐趋多样化。调查中仅有 16.34% 的人表示“不参与或没参与政治活动”。在 2014 年“九合一”选举中，被调查者中具备选民资格者（359 人）最终投票率高达 71.31%，比 67.59% 的实际总得票率高出近 4 个百分点，更远高于以往台湾青年平均 60% 左右的投票率。在 2016 年“大选”投票日具备选民资格者（536 人）中表示将会参与投票的比例为 68.66%，略高于 2016 年“大选”66.27% 的总投票率。考虑到部分学生在调查中虽未表态但最终参加投票的情况，可以想见，台湾大学生在此次“大选”中的真实投票率或高于 68.66%。就政治参与方式而言，与选举活动相关的政治参与仍是大学生政治参与的主要方式（29.87% 的人选择“选举时参加投票”，10.62% 的人选择“参加拉票、造势、捐献等辅选活动”，两者合计占 40.49%）。值得注意的是，网络政治参与已成为他们政治表达及政治参与的重要方式（19.02% 的人选择“通过网络新媒体传播政治资讯”，15.40% 的人选择“在网络新媒体上表达政治诉求”，两者合计占 34.42%）。

（二）社会公平意识较为强烈，但社会公平感水平较低

1. 社会公平意识较为强烈，尤其是分配公平意识最为突出

调查显示，86.47% 的被调查者关注社会公平问题（40.61% 的人表示“非常关注”、45.86% 的人表示“比较关注”），反映大学生群体对社会公平的整体关注度较高，普遍具有比较强烈的社会公平意识。对于“你认为哪些公平最重要”的问题，78.41% 的人选择“收入分配公平”，71.06% 的人选择“就业公平”，57.76% 的人选择“社会保障公平”，另有 32.09% 的人选择“其他”。可见，岛内大学生最重视分配公平，与该群体的集体焦虑分布特征相一致。

2. 对社会公平状况的总体评价较低，机会与结果的分配公平感均严重弱化

针对当前台湾社会公平状况，仅有 11.08% 的人持正面评价（2.68% 的人认为“非常公平”，8.40% 的人认为“比较公平”），高达 76.54% 的人持负面的评价（46.79% 的人认为“不太公平”，29.75% 的人认为“非常不公平”）。调查还显示，在分配公平感方面，大学生的机会公平感和结果公平感均严重弱化。针对“你认为今后提升个人社会地位的机会有多大”的问题，74.33% 的人持消极预期（35.59% 的人认为“非常小”，38.74% 的人认为“比较小”），反映大学生群体对于向上流动机会的感知偏向消极；对于“你认为台湾目前的收入分配公平吗”，高达 93.58% 的人选择“不公平”，反映他们对社会收入分配问题高度不满，结果公平感严重偏低。

3. 群体相对剥夺感凸显，代际不公平感非常强烈

调查显示，大学生在与其他社会群体的比较中产生了很强的群体相对剥夺感。57.53% 的人认为大学毕业生的薪资相比其他群体“非常低”，25.90% 的人认为“比较低”，两项合计达 83.43%。在以“世代”作为社会参照依据的情况下，这种相对剥夺感进一步增强。相比其他世代，52.39% 的人认为当前台湾政治经济环境对年轻人“不太公平”，33.84% 的人认为“非常不公平”，两项合计占比 86.23%。可见，大学生在与其他世代的社会比较中产生了非常强烈的代际不公平感。

（三）集体焦虑情绪弥漫，利益性焦虑尤为突出

1. 集体焦虑情绪普遍存在且较为强烈

集体焦虑是指在某些社会成员或群体中普遍存在的紧张、不安、忧虑、不满、压抑、失落等心理状态和情绪体验。成长环境与生存环境的巨大反差，使当代台湾大学生普遍产生较大的心理落差，形成较为强烈的焦虑情绪。在对自身焦虑程度的感知方面，高达 80.28% 的被调查者自认为处于焦虑状态（认为“非常焦虑”“很焦虑”和“比较焦虑”的比例分别为 18.32%、29.52% 和 32.44%），仅有 19.72% 的人表示“不太焦虑”或“不焦虑”。在对个人未来发展的预期方面，高达 63.13% 的被调查者抱持消极态度（20.07% 的人认为“非常没希望”、43.06% 的人认为“没有希望”），16.92% 的人对未来预期“一般”，只有 19.96% 的人抱有积极态度（15.99% 的人认为“比较有希望”、3.97% 认为“非常有希望”）。

2. 利益性焦虑尤为突出

台湾大学生的集体焦虑突出体现在与个人及自身所属群体利益密切相关的利益性焦虑方面，包括薪资过低、房价物价过高、就业难失业率高等因素所导致的焦虑。针对“你最焦虑的问题有哪些”，76.43% 的人选择“薪资过低”，74.10% 的人选择“就业困难，失业率高”，71.53% 的人选择“社会贫富差距不断扩大”，71.06% 的人选择“经济发展低迷不振”，69.78% 的人选择“房价、物价过高”，65.81% 的人选择“社会公平正义不彰”，49.12% 的人选择“食品安全缺乏保障”，47.37% 的人选择“环境保护不力”，32.44% 的人选择“朝野政党恶斗内耗”。调查显示，相比政治议题，台湾大学生更关心社会经济议题，社会经济因素对台湾大学生集体焦虑的产生起到主要作用。

（四）政治价值取向高度西化，政治行为偏向左倾化

1. 政治价值取向高度西化

调查显示，大多数被调查者极度推崇绝对化、神圣化、模式化的西方政治价值理念。针对“你认为最重要的政治价值有哪些”的问题，绝大多数人将民主（99.53%）、正义 / 公正（99.07%）、自由（95.92%）、公平（95.22%）、分配正义（94.05%）、世代正义（93.58%）、人权（92.65%）、平等（89.26%）等纳入优先选项，对这些政治价值的认同远高于对秩序（23.92%）、效率（19.37%）、稳定（14.59%）等其他政治价值的认同，形成了高度西化的政治价值取向。

2. 反权贵的阶层意识蔓延

调查显示，本次问卷调查对象中有 47 人曾参与 2014 年台北市长选举投票，仅有两人投票给连胜文，占比仅 4.26%；而投票支持柯文哲的有 45 人，占比高达 95.74%。进一步了解他们不投票给连胜文的原因，有 43 人选择“候选人出身权贵世家”，占比高达 95.56%。这说明岛内大学生反权贵意识高涨，普遍反感“官二代”从政，仇富反商情绪浓厚，对台湾社会阶层结构化的容忍度非常低。

3. 反对马当局与执政党的政治课责心态强烈

台湾年轻世代普遍倾向于将台湾社会当前高房价、低薪资、就业难、贫富差距加大、世代剥夺等问题的根源归结于马英九执政当局和国民党，对其抱有强烈的政治课责心态，怀有浓厚的反当局反执政党的不满情绪。调查显示，高达 84.25% 的被调查者表示对马当局“不信任”，曾参与岛内社会运动的被调查者中，87.28% 的人表示其参与目的是为了对当局和执政党表示抗议。

4. 政治行为倾向激进化

调查显示，高达42.71%的被调查者对“反服贸”学运中青年学生“占领立法院”“占领行政院”的行为表示支持，只有13.65%的人对此明确表示反对，显示出台湾大学生在参与公共事务和表达利益诉求时具有明显的非理性化和激进化特征，对采用街头政治对抗法治化民主的行径较为习惯。

（五）台湾“主体意识”日趋高涨，政党倾向泛绿化

1. 国家认同加速“去中国化”

调查显示，在“二选一”的情况下，高达94.75%的被调查者认为自己是“台湾人”，只有3.27%的人自认为是“中国人”；在增加“既是中国人也是台湾人”的选项时，选择“台湾人”的比例为68.26%，选择“中国人”的比例仅有1.87%，选择“既是中国人也是台湾人”的比例为23.45%。

2. 统“独”立场总体倾向“独立”

调查显示，63.5%的被调查者希望两岸关系“维持现状”，15.40%的人选择“尽快宣布独立”，只有5.95%的人选择“尽快统一”。当只能从“台湾独立”和“与大陆统一”中进行选择时，台湾青年支持“台独”的比例大幅上升。针对“如果一定要在独立和统一这两种方案中选择一种，你会选哪种方案”的问题，高达91.25%选择“独立”，只有3.38%的人选择“统一”，5.37%的人拒答。

3. 政党倾向泛绿化

调查发现，当前岛内大学生的政党倾向总体上倾向“绿化”，在政党偏好上倾向支持民进党。高达78.18%的被调查者明确表示将在2016台湾“大选”中投票给民进党候选人，只有9.68%的人表示将投票给国民党候选人，12.14%的人则不表态。针对“哪个政党和大陆的交流比较能够兼顾台湾的安全和民众的整体利益”，有53.09%的人选择民进党，16.22%的人选择国民党。这种明显与现实情况完全相悖的认知，恰恰是台湾大学生泛绿化政治倾向与立场的生动脚注。

（六）对大陆发展与两岸经贸合作持有强烈的危机意识

1. 多数大学生视大陆经济社会发展为“威胁”或“威胁大于机遇”

23.69%的人认为大陆经济社会快速发展对台湾而言是“威胁”，29.64%的人认为“威胁大于机遇”，两项合计约53.03%，仅有0.58%的被调查者认为大陆经济社会快速发展对台湾而言是“机遇”，15.40%的被调查者认为大陆经济

社会快速发展对台湾而言“机遇大于威胁”。

2. 普遍认为两岸经贸关系为竞争关系

调查发现，岛内多数大学生视两岸经贸关系为竞争关系。面对“你怎么看待两岸经贸关系”的问题，21.35% 的人选择“竞争关系”，50.29% 的人选择“竞争多于互利”，合计占比 71.64%。与此同时，多数大学生认为台湾对大陆经济过于依赖。高达 57.17% 的人同意“台湾对大陆经济过于依赖”的看法（14.70% 的人选择“非常同意”，42.47% 的人选择“基本同意”）。

三、影响台湾大学生社会政治心态的主要因素分析

台湾大学生的社会政治心态不仅深受岛内经济转型、政治生态恶化、社会变迁和教育扭曲等因素的影响，也与资讯时代新媒体勃兴与全球化背景下左翼社会思潮觉醒的冲击等诸多因素紧密相关。

（一）经济环境恶化对年轻世代造成巨大的利益冲击与生存压力

经济环境恶化是台湾大学生负面社会政治心态产生的重要经济根源。近年来，台湾经济发展低迷不振，2015 年经济增长率仅为 0.85%，创下近 6 年的最低水平。同时，经济持续低迷、产业升级乏力、产业外移、高等教育盲目扩张、专业设置与市场需求脱节等众多因素引发的劳动力市场供需失衡，加剧了包括大学生在内的青年群体就业难、薪资低的困境。据统计，2015 年，大学及以上程度者失业率为 4.79%，高于全台 3.78% 的整体失业率，连续多年高于其他教育程度者。[①] 截至 2015 年 11 月，35% 的 2015 年大学应届毕业生在毕业近半年后仍未找到第一份全职工作，而毕业近 3 年的大学毕业生有 25% 仍待业。[②] 薪资方面，20 世纪 90 年代中期，大学毕业生的平均起薪在 3 万元新台币以上，此后近 20 年却呈现持续下降的态势。2015 年，大学毕业生平均起薪 27655 元

① 佚名:《台湾去年失业率创 15 年来新低》，中国新闻网，http://www.chinanews.com/tw/2016/01-22/7728766.shtml，2016 年 1 月 22 日。

② 李宁:《台湾 2015 年应届毕业生 3 成半待业 高于去年同期》，中国台湾网，http://www.taiwan.cn/taiwan/tw_FinancialNews/201511/t20151130_11127306.htm，2015 年 11 月 30 日。

新台币，仅为全台平均月薪 48490 元新台币的 57.03%，[①] 相比 20 世纪 90 年代，实质薪资大幅倒退。相形之下，岛内物价房价却不断上涨，其中，房价虽自 2014 年下半年起出现下跌态势，但仍远超青年群体购买能力。

（二）民主治理困境下执政党与当局权威不断受到削弱

台湾启动政治民主化进程以来，虽然已基本实现西方民主政治，但却因诸多因素陷入民主治理的困境，致使国民党执政当局的权威不断削弱。首先，政治体制运作过程中，行政与“立法”二元对立，使得当局政治决策效率极低乃至窒碍难行。其次，蓝绿政党恶斗与“朝野”政治对抗沉疴难除，尤其是在野的民进党为政治私利，罔顾社会公共利益和民众福祉，对国民党各种施政计划和公共决策百般掣肘，极大影响马英九当局的施政绩效。再次，民主化对政治权力和当局权威的彻底解构，市民社会的迅速成长，社会力量对公权力的制约不断增强，反抗政府的社会运动与社会动员随之蓬勃发展，对执政当局和执政党形成巨大的民意压力与挑战。第四，台湾民主政治发展至今仍处于“选举主义”阶段，诚如美国政治学者拉里·戴蒙德所指出的，这种民主过分强调选举的竞争性，而忽略民主的其他维度。[②] 在台湾政治朝向民粹政治异化的情况下，民主的法治化、当局的权威等维度的缺失更加突显，民意乃至民粹压力陡增，致使政治决策往往以公权力的妥协与退让收场。执政党经济社会治理能力下滑，进而导致“塔西陀陷阱”式的公权力信任度下降，领导人权威也受到极大削弱。[③]

（三）民进党等岛内绿营势力的政治操弄加剧民粹主义的泛滥

2008 年以来，为削弱国民党的执政基础，民进党极力建构“中间偏左”改革论述，主导操弄民生、阶级和两岸等诸多议题并建构一系列泛政治化的话语论述体系，将“分配正义”“世代正义”“居住正义”“程序正义”等各类“正

---

① 台湾“行政院主计总处”编印：《薪资与生产力统计年报（2015）》，2016 年 5 月；李来房、陈建兴：《调查显示：台湾应届毕业生起薪预期与实际落差拉大》，新华网，http://news.xinhuanet.com/2016-06/04/c_1118990138.htm，2016 年 6 月 4 日。

② ［美］拉里·戴蒙德：《第三波过去了吗？》，刘军宁：《民主与民主化》，北京：商务印书馆，1999 年，第 390—417 页。

③ 朱云汉：《国民党与台湾民主转型》，载于朱云汉等：《台湾民主转型的经验与启示》，北京：社会科学文献出版社，2012 年，第 192—224 页；汪曙申：《行政与立法关系视角下的马英九执政困境分析》，《台湾研究集刊》2015 年第 4 期，第 11—18 页。

义”塑造成大众奉为圭臬的价值诉求和主流话语，加剧岛内民粹主义的泛滥，对大学生社会政治心态产生极大的负面效应。在经济议题方面，无视外部经济环境和内部历史积弊因素，将台湾当前经济低迷、产业竞争力下滑、就业难薪资低、物价房价飙涨等问题的责任全盘推给国民党，激化民众尤其是青年对国民党当局的不满情绪，从根源上削弱其政治合法性基础。在社会议题方面，无限放大岛内贫富分化问题，渲染所谓“世代剥夺”问题，无端指责国民党的公共政策对劳工、农民和青年等弱势群体不公，催化民众尤其是青年群体的阶层对立与代际分化情绪。在两岸议题方面，以民进党为首的绿营势力竭力营造两岸经济合作图利特定阶层、冲击台湾弱势产业和弱势群体，以及台湾经济对大陆高度依赖的社会舆论，抹黑诬称两岸经济合作与大陆发展导致台湾贫富分化、世代分化等问题进一步恶化。例如，蔡英文就宣称：“ECFA 将使台湾成为中国的附庸。”①“中国崛起并成为世界工厂，让台湾‘效率驱动’的经济成长模式受到冲击，进而导致日益严重的贫富差距、工作机会外移及薪资成长停滞。”② 相比之下，执政的国民党却严重缺乏议题的建构、主导能力和政策话语论述能力，无力化解民进党政治操弄下岛内社会政治心态走向非理性化的困境。

（四）社会阶层与代际比较下产生群体心理失衡

社会学理论认为，人们对社会公平感和相对剥夺感的感知来源于社会比较。作为社会变迁中相对弱势的群体，岛内大学生对经济社会变迁中不同群体贫富分化的感知明显强于其他群体，在不同阶层、世代间收入分配的比较中更易产生群体心理的失衡。就不同阶层的比较来看，20 世纪 80 年代以来，台湾社会的贫富差距逐渐拉大。据统计，从 1985 年到 2015 年，台湾的基尼系数从 0.291 增长至 0.338（2001 年达到最高值 0.350），全台最富的 20% 家庭的收入与最穷的 20% 家庭的收入之比从 4.50 增长至 6.06（2001 年达到最高值 6.39）。③ 从这两项衡量指标来看，台湾社会在这 30 年间贫富差距虽然有所扩大，但幅度较

① 林劲、王燚：《近年来台湾社会贫富差距问题初探》，《台湾研究集刊》2011 年第 5 期，第 23—30 页。

② 邹丽泳、余东晖：《蔡英文在 CSIS 演讲全文：打造亚洲新价值》，中评网，http://www.crntt.com/doc/1037/8/1/2/103781223_2.html?coluid=7&kindid=0&docid=103781223&mdate=0604074641，2015 年 6 月 4 日。

③ 台湾“行政院主计总处”编印：《家庭收支调查报告（2015）》2016 年 10 月，第 23 页，第 121 页。

小，按国际标准仍处于贫富差距较小、分配相对合理的社会。但如果按照家庭收入的二十等分位倍数进行更为精细化的比较后可知，台湾最富的5%家庭的收入与最穷的5%家庭的收入之比，则从1998年的32.74倍大幅攀升至2014年的111.83倍，创历史新高，两者收入差距高达520.9万元新台币，[①] 显示台湾极富家庭与极贫家庭的贫富差距正迅速扩大。就代际间比较而言，不同世代间的贫富差距多年来居高不下。2015年，在所有年龄层里，台湾30岁以下人群的人均可支配收入最低，只有374480元新台币，比65岁以上人群少26944元新台币，仅为45—54岁年龄层人群的57.81%。[②] 本次调查显示，高达98.13%的大学生认为“台湾贫富差距不断扩大”。这种感知很容易使他们产生心理失衡，激发其代际公平感和相对剥夺感。

（五）资讯时代大众传媒对大学生政治社会化的双重效应急遽增强

大众传播媒介的勃兴尤其是网络社交媒体的迅速发展，在大学生社会政治心态的形塑过程中发挥着重要的双重作用。一方面，网络社交媒体以其即时性、开放性、交互性等诸多特点，大大降低大学生社会动员和政治参与的成本，使大规模的社会政治参与成为可能，有助于缓解其政治冷漠心理，提升政治参与意识。而且，它改变了以往由官方和政治精英主导的自上而下的政治传播生态与政治沟通方式，从而增强了大学生对自身理解政治和影响政治体系能力的心理认知。另一方面，媒体选择性的议题设置和情绪性的话语论述，造成社会舆论失范，致使理性批判让位于情绪宣泄与非理性化对抗，激化民众尤其是大学生的负面政治行为倾向与情绪。诚如学者所指，“年轻网民们在社交媒体中寻找的是不同于现实的热情与梦想，尤其是批判现实的激情。当人们对现代社会中乏味的生活现实与‘理性的奴役’感到厌倦的时候，激进而不切实际的口号就极容易捕获人类的心灵。”[③] 社交媒体还强化了青年群体就相关公共议题表达意见和诉求的“群体极化”效应与“沉默的螺旋”效应，导致非理性声音无限扩张并在社会上占据主导地位，形成网络民粹主义式的话语霸权，与其相左的客

---

① 雪珥:《撕裂的海岛》,《中国经营报》，2015年7月27日，第E01版；佚名:《一个台湾两样情！贫富差距飙112倍创历史新高》,《中时电子报》，http://www.chinatimes.com/cn/appnews/20160711002930-262901，2016年7月11日。

② 台湾“行政院主计总处”编印:《家庭收支调查报告（2015）》2016年10月，第23页，第121页。

③ 储殷:《社交媒体：民主终结者？》,《理论参考》2015年第3期，第63—64页。

观、理性声音往往被群起攻击，[1] 最终为其所湮没。

（六）学校教育的价值取向偏差严重扭曲青年群体政治文化

作为政治社会化的重要载体之一，学校的教育对政治文化、国家认同正处于形塑期的青少年发挥了至关重要的作用。当代大学生是在李登辉的分裂主义教育和陈水扁的"台独"路线教育下成长起来的年轻世代，深受学校教育意识形态化的负面影响。首先，偏狭的政治教育使他们确立对西方政治价值体系的认同，推崇绝对化的民主、自由、平等、公平、正义等西方政治学话语体系，而对所谓专制、威权等颇为反感，对民主化过程中作为专制、腐败、特权的代表被建构的国民党自小就有潜意识的排斥，而作为国民党对立面的民进党则以其民主政治外衣为年轻人所认可。大陆成为岛内意识形态教育导向下被抹黑和妖魔化的对象，招致大多数青年学生的疑惧与敌视。其次，"去中国化"和"台独"的历史文化教育形塑了年轻世代错误的历史观、国家认同和民族认同。李登辉、陈水扁时期对台湾教科书进行"本土化"论述改革，极力建构与中国史切割的"台独"史观，在"去中国化"中形塑年轻世代的"台湾主体意识"乃至"台独意识"，严重扭曲其国家认同与民族认同。

（七）全球左翼思潮崛起的外溢传导效应

国际社会左翼思潮的兴起与蔓延是影响台湾大学生社会政治心态的重要外部因素。近年来，国际社会政治氛围出现普遍的左转倾向，左翼社会思潮勃兴，人们尤其是在经济社会变迁中处于相对弱势地位的青年群体越来越关注财富分配问题，反对权贵和精英，倾向平民与弱势群体，强调平等、追求社会公平正义等正成为人们迫切希冀的政治社会生活图景与社会主流价值。在其推动下，国际社会掀起了新一轮全球性抗议周期（protest cycles），[2] 以青年为动员主体，以反对全球化、反对贫富差距扩大、主张公平正义、反对青年低薪与贫困化等

---

① 俞新天:《台湾人对大陆负面态度的非理性因素探索——基于社会心理学的研究》,《台湾研究》2015 年第 3 期，第 2—3 页。

② 著名社会运动学家西德尼·塔罗（Sidney Tarrow）将抗议周期界定为："与社会体制对立的矛盾深化阶段：集体行动从动员较差的部门迅速扩散；斗争形势上出现快速革新；新的或转变了的集体行动框架被创造出来；有组织和无组织的社会参与相结合；信息流关系增强；挑战者和当权者相互作用。"见［美］西德尼·塔罗:《运动中的力量：社会运动与斗争政治》，吴宏译，南京：译林出版社，2005 年，第 190 页。

为诉求的各类反政府、反体制的社会运动席卷全球，其中就包括以美国“占领华尔街”运动为代表的系列“占领”运动。在网络信息技术高度发达的今天，国际大环境显然对台湾地区产生了很大影响，从近年来岛内的社会运动和左翼社会思潮的高度相似性可以看出其内在的逻辑关联：相同的社会运动动员与参与主体，相似的抗争诉求与话语体系，相同的动员与串联媒介，相似的社会运动方式与技巧。

（八）青年阶段的政治特质是其社会政治心态形成的主观因素

社会成员的社会政治心态是随着年龄的增长而不断变化的，不同年龄阶段的人往往具有不同的社会政治认知、情感、价值取向与行为倾向。岛内大学生的社会政治心态，在很大程度上反映了当前年轻世代共同拥有的政治特质。在社会政治认知方面，受限于社会阅历和政治实践而缺乏足够的独立思考和判断能力，大学生易于为岛内别有用心的政客、学者、媒体所误导而产生认知偏差。在社会政治情感方面，对中国的历史记忆、生活体验和集体意识的缺失，导致其国家认同的混乱与情感疏离，并在意识形态操弄下恶化为对大陆的厌恶、排斥与敌意。在社会政治价值取向方面，盲目推崇绝对化的西方民主政治价值而忽视民主政治的其他维度。在社会政治行为倾向方面，青年群体相比其他年龄段的群体具有明显的激进倾向，在参与公共事务与表达利益诉求时，相比诉诸制度化渠道的融入性策略，他们往往更倾向非理性的激进抗争，情绪宣泄湮没理性思考与沟通。

四、若干因应策略

台湾大学生作为台湾青年群体的重要部分，是建构未来两岸关系的重要参与者之一。2016 年民进党重新上台且实现全面执政，岛内政治局势丕变，两岸关系面临严峻挑战。台湾大学生的社会政治心态或将随着岛内政经社会环境和两岸关系的改变，朝不利于两岸关系良性发展的消极方向演化。今后，应着力化解台湾大学生社会政治心态的消极因素，引导其朝向有利于两岸关系的健康方向发展。

（一）回应岛内大学毕业生的利益关切，建构并强化其对两岸利益融合的认知

利益要素是影响岛内大学生社会认知与政治认同的重要现实基础之一，积极回应包括岛内大学生在内的台湾青年群体对个人发展的利益诉求，有助于化解他们社会政治心态中不利于两岸关系发展的消极因素，缓和认同冲突。岛内经济社会发展的结构性矛盾使得岛内大学生毕业后面临的就业形势和创业前景短期内难以改善，因此就业、创业是他们最为关注的问题，西进大陆就业、创业已成为不少大学生解决个人发展问题的选择。调查显示，47.26% 的大学生认为如果有合适的机会，会考虑到大陆创业；34.77% 的大学生认为如果有合适的机会，会考虑到大陆就业。因此，大陆应进一步完善和落实吸引台湾青年赴大陆发展的进阶式政策体系，包括台湾学生到大陆学习、实习、就业、创业等各阶段的相关扶持配套政策，使其在大陆经济社会发展过程中实现个人利益需求，增强其在两岸关系和平发展过程中的获得感。引导两岸青年大学生发挥各自优势合作创业，培植共同利益，从而在机遇共享、利益联结、风险共担中建构并强化对两岸利益融合的深层认知。

（二）推动台湾青年学生加快融入大陆社会，建构并增强其对两岸社会融合的认知

首先，以同等居民待遇化解在大陆的台湾青年学生因差别化待遇而更加突显的身份隔阂。一方面，通过不断完善涉台政策法律体系，逐步消除在大陆的台湾同胞与大陆居民的差别化待遇，加快解决包括台湾青年学生群体在内的台湾同胞因台胞身份而在大陆面临的各种制度障碍，进一步扩大他们享受同等居民待遇的范围，为其教育、医疗卫生保障、社会保险、专业技术资格考试、职称评审、户籍、出行住宿等方面提供与大陆居民同等的权益保障和便利。另一方面，也应避免给予其“超居民”的特殊化待遇。通过实行同等居民待遇，化解两岸民众间因身份认同差异而产生的心理隔阂与情感疏离。其次，推动两岸大学生通过制度化交流，共同参与两岸公共事务，探讨参与两岸在教育、科研、文化、卫生、体育、能源、环境等方面的合作与跨域治理；鼓励在大陆的台湾大学生参与各类社会活动和政治活动，例如参与支教、扶贫、社区治理等各种社会志愿服务活动，参与全国“两会”提案为大陆经济社会发展和两岸交流合作建言献策等，在两岸公共事务和社会政治活动的参与中，加深他们对大陆社

会、政治制度的正确理解，建构并增强其社会融入感与对两岸社会融合的认知。

（三）形塑两岸青年在各领域的共同价值与规范，为深化两岸社会互信积累共识

两岸社会互信的深化，不仅需要由双方的利益共享提供现实基础，更需要两岸在各个领域的交流互动中，建立为两岸社会所认可的共同价值。在民进党全面执政后两岸官方交流陷入僵局的情况下，应重点推动两岸民间交流，推动两岸各种社会团体尤其是两岸青年社团之间展开双向直接、多元多维的立体交流网络，以促进两岸共同价值的生成与融合。在文化领域，构筑中华传统文化和现代文化优势互补的文化体系，促进两岸大学生群体形成对开放多元、包容理性、相互尊重等核心价值的共同体认；在经济领域，形成对互惠互利、合作双赢、利益共享等基本价值的共同追求；在政治领域，形成对民主法治、公平正义、自由平等等核心价值的共同认知。在形塑两岸共同价值的过程中，培育成熟、理性、思辨的公民社会，扩大两岸青年学生的两岸认同，缩小双方的认知差距，建立共同的行为规范，为深化两岸社会互信积累共识。

（四）强化新媒体对两岸议题话语论述的引导能力，化解台湾大学生群体的非理性认知与情绪

掌握两岸议题的话语权，有助于建构岛内大学生对大陆及两岸议题的理性认知，培育其在两岸交流互动中的积极情绪体验并纠正偏激行为倾向。在当今网络新媒体时代，网络新媒体具有远超传统媒体的强大议程设置功能和政治传播功能，在两岸议题舆论场中，对岛内大学生涉及两岸的各类相关议题的信息交流、认知引导、话语改造和价值选择有着传统媒体无法企及的作用。在加强网络风险管控的前提下，探索放宽或放开对 Line、Facebook、Twitter 等在台湾高度普及的网络社交媒体的管制，着力提升微信、QQ 等大陆网络社交媒体在两岸青年群体尤其是大学生交流互动中的使用率，促进他们构建基于某种人际关系的两岸网络共同体和基于“弱纽带”关系的网络社会资本，助益双方客观、理性地探讨各类议题，净化两岸议题网络舆论场。同时，应充分发挥网络新媒体的议程设置功能，淡化对台政治传播中的意识形态色彩，甄选并精心设置关于大陆政治经济社会发展、两岸关系的各类议题，化解两岸互动中的信息不对称、恶意扭曲等交流障碍导致的误解和认知歧异，引导甚至建构岛内公众议程，

推动岛内社会舆论朝良性方向发展，并建构起对中国历史文化发展和两岸重要历史事件的集体记忆，进而确立对两岸议题的话语论述的主导权，对岛内民众尤其是大学生群体的认知偏差也能起到纠偏导正的作用，并化解其对大陆的非理性对抗情绪。

（五）重视两岸青少年群体的交流，以提升后续导正岛内大学生社会政治心态的效果

目前，两岸青少年交流的参与者以两岸在校的大学生群体和大学毕业后走向社会就业创业的青年群体为主，低年龄层的青少年交流则相对较少。实际上，青少年时期是一个人形成基本的社会政治认知的关键时期，台湾中小学阶段“去中国化”的教育不仅严重扭曲了台湾青少年对大陆各方面的政治认知，更严重影响了其日后社会政治心态的基本结构与走向。从这个角度而言，要降低或化解台湾大学生社会政治心态中不利于两岸关系良性发展的消极因素，应将导正的重点工作提前至其可塑性更强的中小学教育时期。因此，两岸年轻群体交流，更应重视推动低年龄层的两岸青年以及少年群体的交流，这有利于及时化解中小学教育在个体政治社会化初期建立的肤浅乃至错误的社会政治认知，提升两岸年轻群体交流的效果。应加快推动面向台湾青少年的实质性、体验式的深度交流，通过丰富交流形式、创新交流内容、深化交流内涵，例如在两岸交流活动中，尝试通过台湾青少年入住大陆家庭一段时间的方式来体验大陆家庭生活的方式，让他们能更深入地接触大陆社会，打破对大陆的种种认知偏见，建立基于直接经验的初步形象认知，缩小两岸青少年因认知情景和信息传递等因素而形成的认知差异，纠正台湾青少年因认知偏差而形成的负面社会政治心态，同时，以共同的生活经历与体验增进两岸青少年间的友谊与感情。

台湾高校大陆学生休闲参与及阻碍研究*

苏伟锋　王　华**

自2011年我国台湾地区高校正式招收祖国大陆学位生以来，大陆学生已占到台湾地区境外生近四成，他们在台湾的学习、生活和交流越来越受两岸社会关注。由于台湾与祖国大陆长期隔离，在意识形态、政治体制及社会文化等方面存在较大差异，大陆学生在台湾往往会遭遇诸多制度、文化或心理方面的障碍，其生活适应和政治实践问题近年来为两岸学界所讨论。① 实际上，大陆学生往往被视为台湾社会相对特殊的存在，虽与台湾本地学生同文同种，却在教育、就业、健保等政策方面遭受低于台湾本地学生甚至外国留学生的歧视性待遇。② 休闲活动对青年大学生的身心健康、人际关系乃至价值观念都会产生深刻影响。③ 美国的一项研究表明，在美留学中国学生的休闲生活往往遭遇语言

---

* 本文发表于《台湾研究集刊》2019年第2期。基金项目：国家自然科学基金面上项目“旅游影响下乡村社会空间生产的机制与模式研究”(41871132)；教育部人文社会科学研究规划基金项目“旅游影响下乡村社会空间生产：过程、机制与模式研究”(18YJA790077)。

** 作者简介：苏伟锋，男，暨南大学管理学院硕士研究生；王华，男，暨南大学管理学院教授、博士生导师，通讯作者。

① Y. C. Liu & Y. Y. Hung, “Self-efficacy as the Moderator: Exploring Driving Factors of Perceived Social Support for Mainland Chinese Students in Taiwan”, *Computers in Human Behavior*, 2016, 64: 455—462；陈羿君、王晓晓、朱江容等：《文化交流视角下的两岸大学交流生生活适应对比研究》，《高等教育研究》2014年第5期，第71—77页；吴乐杨：《台湾高校大陆学生群体社会政治实践行为分析》，《中国青年研究》2016第8期，第41—46页。

② 张宝蓉、刘国深、肖日葵等：《在台湾高校就读陆生社会适应性与满意度研究》，《台湾研究集刊》2014年第4期，第1—10页。

③ 周星：《大学生日常休闲活动的动机与障碍》，《中国青年研究》2005年第8期，第80—83页。

与文化差异、社交圈狭窄乃至休闲权利感缺失等一系列障碍。[①] 那么在台湾的大陆学生休闲参与情况如何？是否也存在休闲阻碍，又可能受哪些阻碍因素的影响？对这些问题的研究理应得到重视。本文拟采用抽样问卷调查法，对台湾高校就读大陆学生的休闲参与及其阻碍进行探讨分析。

一、文献回顾

（一）休闲参与

据 Ragheb(1980) 的定义，休闲参与 (leisure participation) 指个体从事休闲活动的参与频率或参与类型。[②] 休闲参与主要包含两大内涵：一是参与活动的程度，即休闲参与深度（如参与时间、频率或偏好程度）和休闲参与广度（或称为活动多样性）；二是休闲参与活动类型，可划分为社交型、运动型、娱乐型、技艺型、户外游憩型和知识文化型等六类，[③] 或疏离—恢复型、审美型、社交型及艺术表演型等四类。[④]

现有对大学生休闲参与的研究大致分为两类：一类是实证检验休闲参与与个人幸福感或休闲满意度的影响关系，例如：Caldwell 等 (1992)[⑤] 证实大学生参加休闲活动将在身心和社交健康等方面受益；Doerksen 等 (2014)[⑥] 进一步探讨休闲配给（在不同休闲活动上的频率）和幸福感的关系，认为大学生参与特定的活动（如社交活动和志愿活动）更能增进幸福感；吴崇旗和王伟琴 (2006)[⑦]

---

① M. Z. Li & M. Stodolska, "Working for a Dream and Living for the Future: Leisure Constraints and Negotiation Strategies among Chinese International Graduate Students", *Leisure/loisir*, 2007, 31(1):105-132.

② M. G. Ragheb, "Interrelationships among Leisure Participation, Leisure Satisfaction and Leisure Attitudes", *Journal of Leisure Research*, 1980, 12(2):138-149.

③ 张晓秋、易芳：《小学高年级学生休闲参与、休闲阻碍与休闲满意度的关系》,《沈阳体育学院学报》2013 年第 32 卷第 04 期，第 69—74 页。

④ W. Zhang, Q. Feng, J. Lacanienta et al., "Leisure Participation and Subjective Well-being: Exploring Gender Differences among Elderly in Shanghai, China", *Archives of Gerontology & Geriatrics*, 2017, 69:45-54.

⑤ L. L. Caldwell, E. A. Smith & E. Weissinger, "The Relationship of Leisure Activities and Perceived Health of College Students", *Loisir et Société / Society and Leisure*, 1992, 15(2):545-556.

⑥ S. E. Doerksen, S. Elavsky, A. L. Rebar et al., "Weekly Fluctuations in College Student Leisure Activities and Well-being", *Leisure Sciences*, 2014, 36(1):14-34.

⑦ 吴崇旗、王伟琴：《大学生休闲参与、休闲满意与主观幸福感之相关研究》,《台湾体育运动管理学报》（台北）2006 年第 4 期，第 153—168 页。

证实台湾大学生的休闲参与、休闲满意和主观幸福感之间两两显著相关；而王微茹等 (2008)[①] 以台北市大学生为样本的研究却认为，休闲参与对幸福感的预测能力较弱。另一类则借助休闲参与考察不同族群大学生间的社会交往，如 Patterson(2015)[②] 发现，在以白人为主的高校中，休闲参与对美国非裔男性大学生摆脱孤立感、培养情谊和寻求社交情感支持等方面起到促进作用。本文关注和分析台湾高校对大陆开放学位生背景下在台大陆学生的休闲参与状况，试图从这一侧面揭示两岸民众的社会交流融合态势。

（二）休闲阻碍

休闲阻碍 (leisure constraints) 指所有制约个体选择或实际参与休闲活动的因素，包括个人内在阻碍 (intrapersonal constraints)、人际间阻碍 (interpersonal constraints) 和结构性阻碍 (structural constraints)。[③] 个人内在阻碍从个人的信念、价值观和技能等方面影响休闲选择；人际间阻碍与个人的社会交往有关，如缺少共同参与休闲活动的同伴、与同伴的休闲兴趣不一致等；结构性阻碍则发生在克服了前两种阻碍之后，时间、交通、金钱等因素干扰实际的休闲参与行为。[④]

休闲阻碍研究起源于 20 世纪八九十年代，现已成为休闲研究领域的一个重要分支。它从早期“偏好、阻碍和参与 / 不参与”的简单模型[⑤] 相继发展出“休

---

① 王微茹、林芳仪、王正平等：《台北市大学生之休闲参与及幸福感之研究》，《休闲与游憩研究》（高雄）2008 年第 2 卷第 2 期，第 131—167 页。

② A. F. Patterson, *Leisure, Engagement, and Social Integration of Low Socioeconomic Status African American Male College Students*, North Carolina State University, 2015.

③ D. W. Crawford & G. Godbey, “Reconceptualizing Barriers to Family Leisure”, *Leisure Sciences*, 1987, 9(2):119-127; L. Raymore, G. Godbey, D. W. Crawford et al, “Nature and Process of Leisure Constraints: An Empirical Test”, *Leisure Sciences*, 1993, 15(2):99-113.

④ L. Raymore, G. Godbey, D. W. Crawford et al, “Nature and Process of Leisure Constraints: An Empirical Test”, *Leisure Sciences*, 1993, 15(2):99-113; D. W. Crawford, E. L. Jackson & G. Godbey, “A Hierarchical Model of Leisure Constraints”, *Leisure Sciences*, 1991, 13(4):309-320.

⑤ ［加拿大］埃德加·杰克逊：《休闲的制约》，凌平、刘晓杰、刘慧梅译，杭州：浙江大学出版社，2009 年。

闲阻碍层次模型”、[①]“休闲阻碍协商模型”[②]以及“阻碍 - 协商双通道模型”[③]等成熟的理论框架。早期人们误以为休闲障碍是不可逾越的，后来发现休闲阻碍并非一味地制约休闲参与，[④]阻碍越大参与越强的现象时有发生，[⑤]实质是阻碍协商在发挥着作用。[⑥]事实上，上述理论模型大多建立在 WEIRD (Western, educated, industrialized, rich, democratic，即西方、受良好教育、工业化、富裕和民主的）社会之上，其代表性饱受质疑，不一定能解释其他情境。[⑦]故而近年来，研究者们纷纷转向对情境“特殊性”和“适用性”的探讨，这些情境包括：(1) 福利取向的话题和场景，关注女性、老年、残障人士、移民等弱势群体；[⑧](2) 商业取向的市场分析，如邮轮旅游、[⑨]葡萄酒观光、[⑩]出境旅游[⑪]等；(3) 跨文化或非西

① D. W. Crawford, E. L. Jackson & G. Godbey, “A Hierarchical Model of Leisure Constraints”, *Leisure Sciences*, 1991, 13(4):309-320.

② J. Hubbard & R. C. Mannell, “Testing Competing Models of the Leisure Constraint Negotiation Process in a Corporate Employee Recreation Setting”, *Leisure Sciences*, 2001, 23(3): 145-163.

③ J. S. Son, A. J. Mowen & D. L. Kerstetter, “Testing Alternative Leisure Constraint Negotiation Models: An Extension of Hubbard and Mannell's Study”, *Leisure Sciences*, 2008, 30(3):198-216.

④ T. Kay & G. Jackson, “Leisure Despite Constraint: The Impact of Leisure Constraints on Leisure Participation”, *Journal of Leisure Research*, 1991, 23(4):301-313.

⑤ S. M. Shaw, A. Bonen & J. F. McCabe, “Do More Constraints Mean Less Leisure? Examining the Relationship between Constraints and Participation”, *Journal of Leisure Research*, 1991, 23(4):286-300.

⑥ E. L. Jackson, D. W. Crawford & G. Godbey, “Negotiation of Leisure Constraints”, *Leisure Sciences*, 1993, 15(1): 1-11.

⑦ J. Henrich, S. J. Heine & A. Norenzayan, “The Weirdest People in the World?”, *Behavioral & Brain Sciences*, 2010, 33:61-83; L. He, X. Li, R. Harrill et al, “Examining Japanese Tourists' US-bound Travel Constraints”, *Current Issues in Tourism*, 2014, 17(8): 705-722; E. Dong & G. Chick, “Leisure Constraints in Six Chinese Cities”, *Leisure Sciences*, 2012, 34(5): 417-435.

⑧ 林岚、施林颖：《国外休闲制约研究进展及启示》，《地理科学进展》2012 年第 31 卷第 10 期，第 1377—1389 页。

⑨ K. Hung & J. F. Petrick, “Comparing Constraints to Cruising Between Cruisers and Non-cruisers: A Test of the Constraint-effects-mitigation Model”, *Journal of Travel & Tourism Marketing*, 2012, 29(3): 242-262.

⑩ M. Cho, M. A. Bonn & R. A. Brymer, “A Constraint-based Approach to Wine Tourism Market Segmentation”, *Journal of Hospitality & Tourism Research*, 2017, 41(4):415-444; M. A. Bonn, M. Cho, J. J. Lee et al, “A Multilevel Analysis of the Effects of Wine Destination Attributes on Travel Constraints and Revisit Intention”, *International Journal of Contemporary Hospitality Management*, 2016, 28(11): 2399-2421.

⑪ L. He, X. Li, R. Harrill et al, “Examining Japanese Tourists' US-bound Travel Constraints”, *Current Issues in Tourism*, 2014, 17(8): 705-722; P. M. C. Lin, H. Qiu Zhang, Q. Gu et al, “To Go or Not to Go: Travel Constraints and Attractiveness of Travel Affecting Outbound Chinese Tourists to Japan”, *Journal of Travel & Tourism Marketing*, 2017, 34(1):1184-1197.

方的社会文化背景，如亚洲留学生、[①]海外华人[②]及中国大众民族主义[③]等。就高校学生而言，休闲阻碍研究主要集中在三个方面：一是探索大学生运动休闲阻碍的影响因素；[④]二是基于不同国家地区或文化背景的大学生休闲阻碍研究；[⑤]三是休闲阻碍对大学生休闲参与、休闲满意和幸福感的影响研究。[⑥]而就台湾地区高校大陆学生这类特殊群体的休闲阻碍研究比较有限，本研究试图分析台湾高校大陆学生的休闲阻碍因素，以窥探大陆学生在台湾社会融入和交往的状况。

二、研究设计

（一）研究对象

自 2011 年台湾地区正式招收大陆学位生以来，大陆学生人数逐年增长。在所有台湾高校的境外学生中，大陆学生所占的比例从 2007 年的 2.70% 增长到 2015 年的 37.66%；尽管 2017 年受两岸局势影响，赴台交流大陆学生人数有所减少，但大陆仍为台湾高校第一大境外生源地（表 1）。因此，选择台湾高校大陆学生这一特殊群体研究其休闲参与和阻碍状况，对于探索两岸和平统一愿景下如何促进两岸人民交流、理解和认同具有一定的启示意义。

---

① Y. Park, T. Yoh & M. Park, "Testing a Leisure Constraints Model in the Context of Asian International Students", *International Journal of Sport Management Recreation & Tourism*, 2015, 20:58-83.

② S. Hudson, T. Hinch, G. Walker et al, "Constraints to Sport Tourism: A Cross-cultural Analysis", *Journal of Sport & Tourism*, 2010, 15(1):71-88.

③ M. Cheng, A. Wong & B. Prideaux, "Political Travel Constraint: The Role of Chinese Popular Nationalism", *Journal of Travel & Tourism Marketing*, 2017, 34(3):383-397.

④ 康正男、黄国恩、连玉辉等：《大学生参与休闲运动之研究——以台湾大学为例》，《台湾体育运动管理学报》（台北）2008 年第 7 期，第 33—51 页。

⑤ Y. Park, T. Yoh & M. Park, "Testing a Leisure Constraints Model in the Context of Asian International Students", *International Journal of Sport Management Recreation & Tourism*, 2015, 20:58-83; G. J. Walker, E. L. Jackson & J. Deng, "Culture and Leisure Constraints: A Comparison of Canadian and Mainland Chinese University Students", *Journal of Leisure Research*, 2007, 39(4):567-590.

⑥ D. J. Elkins, B. A. Beggs & E. Choutka, "The Contribution of Constraint Negotiation to the Leisure Satisfaction of College Students in Campus Recreational Sports", *Recreational Sports Journal*, 2007, 31:107-118; 林坤和、李建霖、黄淑玲等：《南区大专校院运动代表队学生在休闲参与、休闲阻碍与幸福感之相关研究》，《人文与社会学报》（高雄）2009 年第 2 卷第 4 期，第 195—218 页。

表 1：近几年大陆学生在台湾地区高校求学人数

年度	2007	2009	2011	2013	2015	2017
大陆学位生（人）			928	3554	7813	9462
大陆研修生（人）	823	2888	11227	21233	34114	25824
台湾境外学生（人）	30509	39533	57920	79730	111340	117970
大陆学生占境外生的比例 (%)	2.70	7.31	20.99	31.09	37.66	29.91

资料来源:《(台湾) 教育统计简讯》2017 年 1 月 26 日第 63 号、2018 年 2 月 8 日第 84 号

（二）问卷设置

采用自填式问卷，内容包括休闲阻碍、休闲参与特征和受访者基本信息三部分。休闲参与活动类型参考张晓秋和易芳 (2013)① 的研究，将休闲活动分为运动型、游憩型、娱乐型、知识型、技艺型和社交型 6 类，每类设置 5 个代表性活动，受访者从中勾选 1 至 10 项经常参加的活动；月休闲支出、休闲支出占消费支出的比重，以及休闲参与时间各设置 4 个不同程度的选项；休闲同伴和影响休闲的关键人物为双选题；休闲阻碍量表参考 Raymore 等 (1993)② 的研究，结合大陆学生在台情境设置 18 个题项，采用 5 点式李克特量表，分值 1—5 分别代表“完全不符合”“不太符合”“说不清楚”“部分符合”“非常符合”。采用 Stata 14.1 对收集的数据进行分析。

（三）数据收集

面向 2014—2016 年期间在台湾地区高校学习的大陆籍学生进行便利抽样，时间为 2016 年 3—4 月，共收回问卷 335 份，有效问卷 306 份，有效率为 91.34%。从样本的人口统计学特征上看（表 2），女生 (59.80%) 多于男生 (40.20%)；在专业类型上以文史经管类专业学生为主 (占 62.75%)，理工农医类次之 (占 25.82%)，艺术体育类最少 (占 11.44%)；从生源类型上看，学位生 (33.66%) 明显少于研修生 (66.34%)，符合在台大陆学生以研修生为主，学位生为辅的现状；大部分陆生在台求学期间仍处单身状态。

① 张晓秋、易芳 :《小学高年级学生休闲参与、休闲阻碍与休闲满意度的关系》,《沈阳体育学院学报》2013 年第 32 卷第 4 期 , 第 69—74 页。

② L. Raymore, G. Godbey, D. W. Crawford et al, “Nature and Process of Leisure Constraints: An Empirical Test” , *Leisure Sciences*, 1993, 15(2):99-113.

表 2：样本基本特征

变量	选项	人数（人）	比例（%）
性别	男	123	40.20
	女	183	59.80
专业类型	文史经管类	192	62.75
	理工农医类	79	25.82
	艺术体育类	35	11.44
生源	学位生	203	33.66
	研修生	103	66.34
恋爱状态	单身	201	65.69
	恋爱中，对象不在台湾	77	25.16
	恋爱中，对象在台湾	28	9.15

（四）信度与效度检验

所有量表题项的 Cronbach's α 系数值为 0.91，大于 0.9，说明信度非常好；样本的 KMO 值为 0.92，大于 0.9，巴特利球形检验 (Bartlett's test of sphericity) 的卡方值为 2419.77，在 0.001 的水平下显著，说明问卷效度良好。

三、数据分析结果

（一）台湾高校大陆学生的休闲参与特征

（1）休闲消费较高。大陆学生在台期间月休闲开支在 500 元人民币以上的占 64.71%，明显高于大陆高校就读学生（400—500 元人民币所占比例最高）[①]和台湾本地学生（折合人民币 500 元以上的仅占 26%，[②]每月可支配休闲金额折合人民币 200 元以上的仅占 50.9%[③]）；休闲支出占消费支出的比重在 30% 以上

① 李秋云、韩国圣：《大学生休闲阻碍因素的阻力分析——基于休闲参与度视角》,《北京第二外国语学院学报》2011 年第 11 期，第 75—80 页。

② 蔡馨栴：《探讨大专院校学生忧郁倾向、休闲活动参与及休闲阻碍之关系》，台湾成功大学硕士学位论文，2011 年。

③ 洪升呈、辛丽华：《大专学生休闲阻碍研究》,《运动知识学报》（新北）2010 年第 7 期，第 24—39 页。

的占 43.46%。数据说明台湾高校大陆学生的休闲消费水平普遍较高。

（2）休闲时间充裕。大陆学生中表示休闲参与时间“比较充足”和“非常充足”的占了 89.54%。宽松的时间安排为其创造了一定的休闲机会。

（3）休闲同伴与影响休闲的关键人物。大陆学生的主要休闲同伴以大陆朋友为主，占 91.83%;“与台湾朋友一起”和“自己一个人”的比例十分接近，分别是 46.08% 和 46.41%；与老师和恋人的比例最低，分别是 8.17% 和 7.52%。影响大陆学生休闲的关键人物以朋友 (占 94.44%) 为主，接下来依次是老师 (37.25%)、明星 (31.05%)、家人 (26.8%) 和恋人 (10.46%)。可见，受交往偏好和主要接触对象为陆生的影响，大陆学生的交际网络较为封闭。[①] 尽管如此，大陆学生与台湾师生在休闲生活中仍得到较为充分的接触，休闲活动为两岸同胞沟通交流创造了机会。

（4）休闲活动类型。如表 3 所示，按照勾选数依次为娱乐型 (572)、游憩型 (304)、知识型 (301)、社交型 (248)、运动型 (224)、技艺型 (105)。数据表明大陆学生在台休闲活动以娱乐型、游憩型和知识型为主，而参与社交型休闲活动的也不少，究其缘由可能是大陆学生希望更多地体验台湾的风土人情，并期望借助休闲参与融入台湾社会。

表 3：大陆学生在台期间参与的主要活动数量统计

活动类型	具体活动（勾选人次）					合计
运动型	格斗 (7)	游泳 (36)	健身房 (67)	跑步 (65)	球类 (49)	224
游憩型	极限运动 (22)	露营 (5)	垂钓 (2)	单车骑行 (48)	观光旅游 (227)	304
娱乐型	演艺观赏 (147)	夜场 (66)	逛街 (228)	游乐园 (45)	网游 (86)	572
知识型	阅读 (76)	观展 (129)	名人讲座 (59)	兴趣班 (29)	收藏 (8)	301
技艺型	手工制作 (17)	乐器演奏 (9)	绘画、摄影 (46)	书法、篆刻 (6)	唱歌、跳舞 (27)	105
社交型	社团活动 (67)	志愿服务 (29)	聚餐 (118)	桌游 (21)	舞会、派对 (13)	248

① 艾明江、位鸣玉:《大陆青年学生在台湾的社会交往现状分析——基于大陆“交换生”群体的实证调查》,《台湾研究集刊》2014 年第 2 期，第 40—47 页。

（二）台湾高校大陆学生的休闲阻碍状况

由表 4 可知，除了 C3“容易因朋友而放弃”，其他题项的阻碍均值皆在中间值 3.0 以下；主要的阻碍为 C3“容易因朋友而放弃 (M=3.32)”、C1“受身体状况影响 (M=2.96)”和 C12“缺乏休闲兴趣一致的朋友 (M=2.92)”；C10“父母老师不支持 (M=2.12)”、C8“朋友正处恋爱当中 (M=2.24)”、C7“缺乏休闲同伴 (M=2.27)”最小；此外，两岸民众政治倾向和信仰上的差异也未形成阻碍 (C5, M=2.39)。总的来说，大陆学生在台的休闲生活较少遭受阻碍。

以往研究显示，韩国、[①] 加拿大 [②] 等国家的外籍大学生在休闲阻碍上高于本土大学生；祖国大陆和台湾地区的外国留学生与本地大学生都面临较大的休闲阻碍（在 5 点量表下，韩国本土大学生均值为 3.69，韩国中国留学生均值为 4.14；[③] 大陆外国留学生均值为 3.23，[④] 大陆本土学生均值在 3.0 以上；[⑤] 台湾泰国留学生均值为 3.27，[⑥] 台湾本地大学生均值为 3.09[⑦]）；而本文 18 个阻碍均值为 2.61，低于中间值 3.0，低于韩国、中国大陆和台湾地区的外国留学生，甚至本地大学生。作为跨境求学群体，大陆学生在台期间并未感知到明显的休闲阻碍，换言之，普遍存在于留学生群体休闲方面的心理、人际关系等障碍并未出现在台湾高校大陆学生中。

---

① 乔光辉：《在韩中国留学生和韩国大学生休闲阻碍因素比较研究》，《学术探索》2012 年第 11 期，第 55—57 页；G. H. Qiao, “Comparison of Chinese and Korean Students Understanding Their Constraints on Participation of Leisure Activities Context of Environmental Education”, *Eurasia Journal of Mathematics, Science and Technology Education*, 2017, 13(7): 4281-4290.

② R. Shifman, K. Moss, G. D’Andrade et al., “A Comparison of Constraints to Participation in Intramural Sports between International and Noninternational Students”, *Recreational Sports Journal*, 2012, 36: 2-12.

③ 乔光辉：《在韩中国留学生和韩国大学生休闲阻碍因素比较研究》，《学术探索》2012 年第 11 期，第 55—57 页；G. H. Qiao, “Comparison of Chinese and Korean Students Understanding Their Constraints on Participation of Leisure Activities Context of Environmental Education”, *Eurasia Journal of Mathematics, Science and Technology Education*, 2017, 13(7): 4281-4290.

④ 李卫飞：《在华留学生户外休闲障碍研究》，《电子科技大学学报（社科版）》2015 年第 17 卷第 2 期，第 107—112 页。

⑤ 李秋云、韩国圣：《大学生休闲阻碍因素的阻力分析——基于休闲参与度视角》，《北京第二外国语学院学报》2011 年第 11 期，第 75—80 页。

⑥ 丁美丽：《泰国在台留学生跨文化适应、休闲行为涉入、参与动机、阻碍与满意度影响关系之研究》，台湾高雄餐旅学院硕士学位论文，2009 年。

⑦ 洪升呈、辛丽华：《大专学生休闲阻碍研究》，《运动知识学报》（新北）2010 年第 7 期，第 24—39 页。

表 4：台湾高校大陆学生休闲阻碍分析

编号	题项摘要	均值	标准差	偏态	峰度
C3	容易因朋友而放弃	3.32	1.05	-0.57	2.61
C1	受身体状况影响	2.96	1.26	0.35	1.75
C12	缺乏休闲兴趣一致的朋友	2.92	1.18	-0.04	1.89
C14	缺乏金钱	2.82	1.15	0.13	2.01
C13	学业繁忙而缺乏时间	2.79	1.15	0.08	1.95
C9	有共同兴趣好友但距离太远	2.78	1.20	0.22	1.96
C11	朋友缺乏金钱	2.72	1.16	0.16	1.96
C17	场所拥挤	2.66	1.13	0.24	2.13
C18	休闲资讯不易获取	2.63	1.16	0.24	2.05
C15	害怕某项交通工具与交通不便	2.61	1.22	0.21	1.83
C6	性别因素	2.51	1.15	0.32	2.00
C16	设施不足	2.48	1.10	0.45	2.35
C5	受信仰与政治倾向影响	2.39	1.19	0.49	2.12
C4	技能无法胜任	2.39	1.02	0.61	2.85
C2	缺乏兴趣	2.32	1.10	0.75	2.78
C7	缺乏休闲同伴	2.27	1.11	0.61	2.30
C8	朋友正处恋爱当中	2.24	1.16	0.75	2.51
C10	父母老师不支持	2.12	1.16	0.83	2.63

（三）休闲阻碍的因子分析

通过主成分因子分析法对休闲阻碍量表进行探索性因子分析，程序自动保留 4 个特征值大于 1 的因子；对 4 个因子进行方差最大正交旋转，剔除因子载荷小于 0.5 的题项 C6“性别因素”、C15“害怕某项交通工具与交通不便”和交叉载荷的题项 C13“学业繁忙而缺乏时间”；用同样的方法进行第二轮因子分析剔除因子载荷小于 0.5 的题项 C1“受身体状况影响”，最终提取出 3 个公因子，累计方差贡献率为 61.08%，共同度多数在 0.6 以上。三个因子分别命名为“社会支持阻碍”“结构性阻碍”“个人条件阻碍”。

据阻碍均值大小排列依次为个人条件阻碍 (M=2.60)、结构性阻碍 (M=2.59)

和社会支持阻碍 (M=2.55)，说明能够制约大陆学生休闲的首要因素源自其自身的条件或观念，而非外在的社会环境；而在华留学生中最严重的休闲阻碍因素是外在的“社会隔绝”，[①] 与之形成鲜明的对比。

表 5：探索性因子分析旋转矩阵

编号	题项摘要	因子 1	因子 2	因子 3	共同度
C12	缺乏休闲兴趣一致的朋友	0.78	0.25	0.01	0.680
C9	有共同兴趣好友但距离太远	0.76	0.07	0.18	0.621
C11	朋友缺乏金钱	0.70	0.29	0.15	0.597
C8	朋友正处恋爱当中	0.67	0.19	0.35	0.603
C10	父母老师不支持	0.65	0.15	0.41	0.615
C14	缺乏金钱	0.61	0.26	0.18	0.478
C7	缺乏休闲同伴	0.57	0.35	0.38	0.586
C17	场所拥挤	0.22	0.84	0.12	0.775
C18	休闲资讯不易获取	0.18	0.78	0.09	0.652
C16	设施不足	0.17	0.76	0.29	0.697
C3	容易因朋友而放弃	-0.03	0.13	0.71	0.527
C4	技能无法胜任	0.32	0.26	0.70	0.659
C5	受信仰与政治倾向影响	0.35	0.14	0.67	0.584
C2	缺乏兴趣	0.24	0.27	0.59	0.478

注：因子 1—3 的方差贡献率分别为 26.02%、17.79%、17.27%。

（四）休闲阻碍与休闲活动类型的回归分析

计算 3 个阻碍因子的因子得分，采用多元线性回归方法，将社会支持阻碍、结构性阻碍和个人条件阻碍作为自变量，休闲活动类型作为因变量，以自变量前进逐步回归的方式检验已选入的变量并剔除不显著的变量。输出结果：游憩型、娱乐型和社交型活动为因变量的回归模型中均纳入了单一的预测变量，运动型、技艺型和知识型活动未保留任何自变量。其中，游憩型为因变量的模型保留自变量个人条件阻碍，R^2 为 0.01；娱乐型为因变量的模型保留自变量个人

① 李卫飞：《在华留学生户外休闲障碍研究》，《电子科技大学学报（社科版）》2015 年第 17 卷第 2 期，第 107—112 页。

条件阻碍，R^2 为 0.02；社交型为因变量的模型保留社会支持阻碍，R^2 为 0.02。由于其他社会成员的共同参与和支持是社交型活动的主要特征，故容易受社会支持阻碍的影响；而参与游憩型和娱乐型活动则强调个体内在动机和条件的重要作用。因此，引导大陆学生参与社交活动并提升其自身的技能、兴趣和心理状态以顺利参与娱乐游憩活动，或为辅助其融入当地社会、获得愉悦的有效途径。

表 6：休闲阻碍与休闲活动类型的回归分析结果

因变量	自变量	非标准化		标准化	t	$P>\|t\|$
		回归系数	标准误	Beta		
游憩型	个人条件阻碍	-0.08	0.04	-0.12	-2.13	0.03
娱乐型	个人条件阻碍	-0.14	0.06	-0.12	-2.17	0.03
社交型	社会支持阻碍	-0.12	0.05	-0.14	-2.45	0.02

四、结论与启示

（一）结论

（1）台湾高校大陆学生表现出较高程度的休闲参与。其在台的月休闲支出较高，休闲时间较为充足；大陆和台湾朋友是在台大陆学生的主要休闲伴侣；朋友是影响大陆学生休闲的主要关键人物；娱乐型、游憩型和知识型活动是最受大陆学生欢迎的休闲活动类型。

（2）台湾高校大陆学生的休闲阻碍呈现为三因子结构；个人条件阻碍、社会支持阻碍和结构性阻碍分别对应或从属于 Crawford 等 (1991)① 提出的个人内在阻碍、人际间阻碍和结构性阻碍，休闲阻碍三因子在非西方情境中的适用性在本研究中得到支持。然而，与以往跨境学生休闲阻碍的研究结论恰恰相反，陆生在台求学期间保持更低的休闲阻碍水平，且“社会支持阻碍”在制约陆生休闲的因素中强度最小。

（3）台湾高校大陆学生参与的休闲活动类型受具体阻碍类型影响，具体表

① D. W. Crawford, E. L. Jackson & G. Godbey, “A Hierarchical Model of Leisure Constraints”, *Leisure Sciences*, 1991, 13(4):309-320.

现为个人条件阻碍负向影响游憩型和娱乐型活动，社会支持阻碍负向影响社交型活动。

（二）启示

尽管台湾当局尚未松绑对大陆学生实施的歧视性政策，但研究表明与其他跨境求学群体在休闲方面遭受的社会排斥问题不同，在台湾求学的大陆学生休闲阻碍并不明显。这一方面说明在民间层面大陆学生能够充分融入和适应台湾社会，这是两岸关系和平发展和两岸人民共同努力的结果；另一方面指出了大陆学生赴台湾地区求学不同于出国留学的特殊性，说明暂时的差异和冲突无法掩盖两岸人民同属一家人的客观事实。

不可否认，两岸和平统一是多维度的交流融合过程。当前已有学者从社会融入指标体系、[①]价值观社会化[②]或制度供给[③]等顶层设计视角回顾两岸交往进展并提出对策。然而两岸交往亦包括自下而上的过程，在两岸官方对话中断的情形下，民间交往尤为重要。过去无论是不同群体间的社会融合，还是个体的社会化研究，都很少就休闲的价值展开讨论。休闲活动具备实现群体认同的社会功能，亦是两岸青年共享的议题和“共有知识”。[④]作为两岸民间互动交流最活跃的群体，大陆学生在台湾地区充分参与休闲的实践意义在于：一方面，从休闲活动中汲取两岸共同的文化智慧和精神信仰；另一方面，发挥其作为两岸关系和平发展的桥梁纽带作用，让两岸青年在日常活动中沟通、交流、扩大共识，共同推进海峡两岸和平统一。有鉴于此，大陆有关部门或可从台籍学生乃至全体在陆台胞的休闲生活切入，搭建两岸民众互动的休闲平台，以最大化“群体接触效益”。[⑤]

---

① 陈超、蔡一村、张遂新：《“实用主义的过客”：台湾青年在大陆社会融入的指标建构与现状评估》，《台湾研究集刊》2018 年第 1 期，第 15—25 页。

② 刘国深：《两岸和平发展价值观社会化探析》，《台湾研究集刊》2012 年第 6 期，第 7—13 页。

③ 唐桦：《两岸青年交流的制度化研究》，《台湾研究集刊》2015 年第 5 期，第 25—31 页。

④ 唐桦：《两岸青年交流的制度化研究》，《台湾研究集刊》2015 年第 5 期，第 25—31 页。

⑤ 艾明江、位鸣玉：《大陆青年学生在台湾的社会交往现状分析——基于大陆“交换生”群体的实证调查》，《台湾研究集刊》2014 年第 2 期，第 40—47 页；龙丁江、陶印华：《日常休闲对流动儿童社会融合的影响》，《当代青年研究》2016 年第 6 期，第 71—76 页。

台湾青年与“太阳花学运”

——基于政治机会结构理论的视角*

刘伟伟　吴怡翔**

引言

“服贸协议”全称《海峡两岸服务贸易协议》，是《海峡两岸经济合作框架协议》（ECFA）后续所签订的子协议之一。“服贸协议”涵盖行业广，开放力度大，但协议的签署阻碍重重。“太阳花学运”是指自 2014 年 3 月 18 日开始的台湾大学生占领“立法院”的运动，旨在反对 3 月 17 日国民党“立委”张庆忠在“立法院”宣布通过“服贸协议”的行为。3 月 30 日又有十多万学生和市民游行示威。这场运动一直持续至 4 月 10 日，以学生退出“立法院”、“服贸协议”暂停审议为结点。本次“学运”是近十年来台湾规模最大、影响最广的学生运动。

政治机会结构理论滥觞于美国学者艾辛杰（1973），他发现抗议活动的发生率与市民对当地政体的影响力相关。到了 20 世纪 80 年代后期，政治机会结构在塔罗的倡导下变成一项专门的理论，他对政治机会结构给出了一个简洁的定义：政治机会结构指的是那些比较常规的、相对稳定的（但又不是永久的）、能

* 本文发表于《台湾研究集刊》2016 年第 2 期。基金项目：上海政法学院“一带一路与欧亚安全”创新性学科团队建设项目；上海政法学院青年科研基金项目（2015XQN05）。

** 作者简介：刘伟伟，男，上海政法学院国际事务与公共管理学院讲师，政治学博士；吴怡翔，女，上海政法学院国际事务与公共管理学院学生。

本文曾在“第十届中国青年政治学论坛”（华东政法大学，2015 年 9 月）宣读，感谢中国政法大学庞金友教授的点评，感谢复旦大学王军洋博士允许引用其工作论文。

改变人们社会运动参与度的政治环境。具体来说，包括四个基本结构要素：第一，政体的开放度扩大；第二，旧的政治平衡被打破；第三，政治精英的分裂；第四，社会上有势力的团体结成同盟。① 根据王军洋等总结：抗议的政治机会结构路径利用的是组织系统内部存在的张力，通过寻求内部同盟来实现行动诉求上的策略，该路径所隐含的前提是政府对抗议保持基本的宽容度，抗议的公开性在一定程度上是允许的，而且行动本身存在类似于“人民依法表达合理诉求”的合法属性，同时从政府角度而言，对此类诉求的满足有助于强化政府的合法性。②

本文试图在探讨“太阳花学运”时，还原客观细节，运用政治机会结构进行分析，以期对“学运”前后的发展脉络有全面清晰的把握。

一、台湾学生运动的历史沿革

台湾自 20 世纪 70 年代起就经历了多次学生运动。因此，在分析本次“学运”之前有必要对台湾历次学生运动做一次回顾，以了解本次“学运”所处的台湾民主化之后整体的政治和社会背景。

表 1：台湾历次学生运动

时期	学运名称	简介
威权统治时期	保钓运动（1971.4—6）	近千名台大学生前往美日大使馆前抗议美国把钓鱼岛作为琉球群岛的一部分归还日本
	李文忠事件（1986.5）	李文忠及其支持者为争取台大学生会主席“普选”而进行的一系列活动，包括静坐、游行、请愿与绝食抗议等
开启民主化之后	“野百合学运”（1990.3）	对台湾政治制度产生不满，近 6000 名大学生于“中正纪念堂”静坐抗议，提出“解散‘国民大会’”“废除临时条款”“召开‘国是会议’”以及“政经改革时间表”等诉求

① 赵鼎新：《社会与政治运动讲义》，北京：社会科学文献出版社，2006 年，第 195—196 页。

② 王军洋、Lynette Ong：《议题与抗争路径：来自国外中国抗争文献的考察》，待刊稿，作者提供。

续表

时期	学运名称	简介
首次政党轮替之后	“新野百合学运”（2004.4—5）	质疑2004年“总统”选举不公，抗议陈水扁在“3·19”枪击案未交代真相，多名学生于“中正纪念堂”静坐抗议
	“野草莓学运”（2008.11—2009.1）	因警方在执行时任海协会会长陈云林赴台进行第二次“陈江会谈”的维安任务时高度戒备，学生认为此举是对基本人权的侵犯，并以静坐及示威游行方式抗议
	反媒体垄断运动（2012.9—2013.1）	以维护台湾新闻自由，反对媒体垄断（旺旺中时并购中嘉案、壹传媒并购案），要求制定“反媒体垄断法”为主要诉求

资料来源：作者自制

政治文化是特定时期流行的一套政治态度、信仰和感情。[①]本次“学运”与历次学运一脉相承，都受到民主化之后台湾政治文化的影响。具体而言，有两点值得关注：

一是转向“后物质主义”价值观，即在经济和政治制度相对成熟的社会中，人们更注重非物质的价值满足和自我表达。与物质主义相比，后物质主义更加注重政治参与。走上民主化道路后的台湾逐渐摆脱威权体制的桎梏，尤其在2000年首次政党轮替之后，环境、社区、劳工、教育的改革运动层出不穷。台湾青年渴望成为影响社会发展进程的“第三种力量”，通过多种方法表达利益诉求。

二是认同观念的转变，即对大陆的认同发生从“我群”到“他者”的转变。根据台湾政治大学选举研究中心的调查显示，1992年至2014年，台湾民众对于“台湾人”的认同度一路攀高，已超过60%。[②]这是李登辉—陈水扁时期推行的“本土化”和“去中国化”的政策的影响所致。

政治文化的转向是“太阳花学运”发生的社会基础。但是本次“学运”也有其特殊的背景和原因，下文将具体分析。

① ［美］加布里埃尔·阿尔蒙德、［美］小鲍威尔：《比较政治学：体系、过程与政策》，曹沛霖等译，北京：东方出版社，2007年，第26页。

② 台湾政治大学选举研究中心：《台湾民众“台湾人”/“中国人”认同趋势分布（1992—2014.6）》，资料来源：http://esc.nccu.edu.tw/course/news.php?Sn=166，最后访问日期：2015年7月20日。

二、“太阳花学运”概况

（一）“学运”发展脉络

本次“学运”大致可以分为扩大、激化和收尾三个阶段，分别以3月17日晚通过协议、3月23日马英九首度正式回应以及4月1日“学运”陷入僵局为标志。

表2：“太阳花学运”大事表

3月17日	国民党“立委”张庆忠以逾期审查为由，宣布“服贸协议”通过“审查”并改由“院会”“备查”
3月18日	台湾清华大学学生陈为廷、台湾大学研究生林飞帆带领发起包围“立法院”活动，由此拉开了“太阳花学运”的序幕。
3月21日	“立法院院长”王金平拒绝出席马英九召开的院际会议
3月22日	“行政院院长”江宜桦与学生谈判破局
3月23日	马英九首度正式回应，拒绝撤回“服贸协议”；当晚“反服贸”团体冲入“行政院”，江宜桦宣布强制驱离
3月29日	马英九回应学生诉求，提出让步，承诺会将“服贸协议”监督条例法制化，但拒绝撤回“服贸协议”；晚间抗议学生呼吁民众在3月30日举行游行示威
3月30日	“反服贸”团体在凯达格兰大道游行示威
4月1日	“立法院”外出现“反反服贸”行动，“学运”陷入僵局
4月6日	王金平首度进入“立法院”，希望学生离开会场，允诺学生在“两岸协议监督条例草案”“立法”前，将不召集“两岸服务贸易协议”相关党团协商会议，亦即先“立法”再谈“服贸”审议。
4月7日	学生宣布4月10日下午6点退场

注：表格为作者自制，资料来自中时电子报[①]

（二）主要诉求

尽管抗议学生的诉求随着“学运”的推进有所变化，但是其核心诉求有以下两点：

一是退回“服贸协议”。这是抗议学生最先提出的诉求之一，也贯穿整

① 台湾“中央社”：《反服贸学运大事记》，中时电子报，2014年4月7日，http://www.chinatimes.com/cn/realtimenews/20140407005452-260407，最后访问日期：2015年3月22日。

个“学运”。马英九当局态度坚决，一再强调坚决不退回协议。原因在于作为ECFA后续所签订的协议之一，若要退回，相当于亦不承认ECFA，而ECFA是双方都已经认可的协议，这将对台湾当局的信誉造成极大的损害，今后将难以再签订自由贸易协定，更遑论加入跨太平洋经济伙伴协议（TPP）与区域全面经济伙伴关系（RECP）。

二是先建立“两岸协议监督机制”，再审查“服贸协议”。该机制应符合五大原则，即“公民能参与、人权有保障、资讯要公开、政府负义务、国会要监督”。对此，马英九3月29日明确表示，支持两岸协议监督机制的法制化，但对于已经签署并且送到“立法院”审议的协议，可以同时进行审查，并行不悖，以免再走委员会项目报告或召开公听会的回头路。①

（三）争议焦点

1. 协议性质的争议

学生的诉求与台湾当局之所以会产生如此明显的分歧，是因为对于涉及两岸协议的相关法律制度就相当不完善，性质定位模糊，审查程序存在歧义，为“学运”的爆发埋下了一颗定时炸弹。

首先，台湾现行的法律并未对两岸协议的性质做明确的规定，在立法实践中台湾各机构对其性质的定位也是莫衷一是，各有各的解释，使得台湾在对“服贸协议”究竟应该送“立法院”“审查”还是“备查”上产生分歧。二者仅一字之差，但法律效果完全不同。“备查”是指下级政府或机关间就其全权处理的业务依法完成法定效力后，陈报上级政府或主管机关知悉。也就是说，“服贸协议”在送交“立法院”之前就已经发生法律效力，“备查”仅起到通知的作用。“审议”则是指就一定事项作充分详细评议，听取相对机关主旨说明并进行质疑、讨论、表决等一切行为的程序。②也就是说，“服贸协议”在送交之前还没有任何法律效力，即被“审议”的对象必须未发生法律效力。显然，台湾的立法机构与行政机构存在分歧。尽管早在2013年6月25日，“立法院”就作出结论，即“服贸协议”应接受立法机构的逐条“审查”，但“行政院”在6月

① 陈立宇:《马英九承诺：当局支持两岸协议监督机制的法制化》，中新社台北3月29日电，资料来源：http://www.chinanews.com/tw/2014/03-29/6008511.shtml，最后访问日期：2015年4月10日。

② 季烨:《台湾立法机构审议两岸服务贸易协议的实践评析》，《台湾研究集刊》2014年第2期。

27日仍核定将协议送立法机构“备查”。

其次，关于“服贸协议”是否应进行逐条审查，分歧巨大。台湾海基会副董事长兼秘书长高孔廉表示，删改部分协议条文就是废除协议，不能对条文进行选择性同意，逐条表决不合理。①海峡两岸基金会董事长林中森也认为，否决协议的任何一点就等于否决全部，会导致重新谈判的结果。②但是民进党意在强调“服贸协议”必须要经逐条审查，“立法院”要对民意负责。岛内也有许多学者纷纷表示既然都能够在“立法院”进行审查，自然是可以修改的，否则就是架空“国会”。

2. 经济冲击的争议

“服贸协议”的纷争最初始于台湾个别经济业者的反对。2013年6月20日，台湾知名印刷出版人士郝明义在公开发表致马英九的公开信《我们剩不到二十四小时了》，以两岸“服贸协议”开放出版业和印刷业将给台湾印刷业造成巨大冲击为由，呼吁台湾当局暂停签署。③

表3：“服贸协议”的主要内容

	台湾对大陆开放	大陆对台湾开放
商业服务	电脑、租车、平面广告、印刷业	印刷业（但大陆居主导）
通讯	快递、一般网络	网购业者可在福建设点（持股不超过55%）
建筑	营造、装修业	台资入股业者可在大陆投标工程
零售	批发（农产品除外）、零售业务	在大陆据点未逾30家的台湾零售业可独资登陆
环保	污水、摒弃业处理物	环保业
医疗	安养中心	台资可独自在大陆设医院
旅游	餐厅、观光社可来台设；可在台最多设置3家旅行社	旅游业

① 王宗铭：《高孔廉：服贸协议删改就等于废除》，中评社2014年6月26日台北报道，资料来源：http://www.crntt.com/doc/1026/0/0/2/102600287.html，最后访问日期：2015年6月15日。

② 王宗铭：《林中森谈服贸：“立院”否决等于要重新谈判》，中评社2014年7月3日台北报道，资料来源：http://www.crntt.com/doc/1026/1/1/9/102611990.html?coluid=7&kindid=0&docid=102611990&mdate=0703182035，最后访问日期：2015年3月23日。

③《我们剩不到24小时！郝明义撰文：出版业将产生质变》，台湾东森新闻网2013年6月21日台北报道，http://www.ettoday.net/news/20130621/227894.htm，最后访问日期：2015年4月8日。

续表

	台湾对大陆开放	大陆对台湾开放
娱乐、文化活动	游乐园、运动场馆（高尔夫球场除外）	音乐厅、剧场、运动场馆（高尔夫球场除外）
运输	货运、缆车可来台设点，可在台设客运转运站	台资可入股大陆长途公路客运 49%
金融	银联可来台设点	在上海、福建、深圳各设一家全照合资券商，台资可占 51%
其他	洗衣、美发、线上游戏（限研发制作）业	商标代理

注：表格来自搜狐财经网[①]

“服贸协议”并未偏向大陆，甚至对台有更多的优惠政策。之所以会激起台湾民众抗议之声的原因在于大陆与台湾是两个力量悬殊的经济体以及近年来台湾持续低迷不振的“闷经济”。据台湾经济研究院的调查数据显示，[②]从总体上看台湾经济远远没有达到经济危机之前的水平。特别是，若开放大陆经营，那么无论是从技术还是资金方面，台湾的小型服务业都将面临严峻的挑战。

此外，2013 年台湾 20—24 岁青年的失业率高达 13.75%；而失业周数也从原来的 20 余周上升至 30 余周。[③]面对严峻的经济形势，台湾青年普遍存在焦虑和浮躁的情绪。签订“服贸协议”意味着未来的竞争将会愈加残酷，尤其是就业竞争，这使得他们存在一种“相对剥夺感”的心理。

但台湾岛内另一种声音认为反对“服贸协议”就是“自绝后路”，是在“自我边缘化”，与经济全球化和区域经济一体化的趋势格格不入。马英九也表示，台湾地区目前仅有 7 个自由贸易协定，其中只有 3 个贸易伙伴，远远落后于韩国、日本、大陆以及新加坡。若退回协议，台湾必将失去很多机遇。台达电子创始人郑崇华也表示，“服贸协议”将带来两岸更加公平、互利的竞争，如果“服贸协议”被政治争议无限期延宕，这种“封闭”发展的态度，将使台湾企业

① 《海峡两岸服务贸易引发争议》，搜狐财经网，资料来源：http://business.sohu.com/s2014/fmxy/，最后访问日期：2015 年 5 月 25 日。

② 台湾经济研究院，资料来源：http://www.tier.org.tw/

③ 卓文娟：《台湾学生为何“反服贸”》，《海峡科技与产业》2014 年第 4 期。

丧失更多机会。[①]

从以上对于本次“学运”的主要介绍，可以大致了解学运发生的始末、抗议团体的主要诉求以及争议的焦点。此次“学运”之所以成为台湾近十年来影响力最大的社会运动，与台湾的政治环境、经济环境等密不可分。同时，台湾青年也抓住了政治机会促成和推动“学运”发生、发展。

三、“太阳花学运”的政治机会

本次“学运”的政治机会结构包括三点：第一，政党斗争激化创造政治机会；第二，新媒体扩散抗议机会；第三，学生领袖抓住机会组织抗议团体。

（一）政党斗争激化创造政治机会

塔罗曾指出，高层精英的分化为缺少资源的团体进行集体行动提供了刺激。[②]就此次“学运”而言，政党斗争体现在国民党党内以及国民党和民进党两党之间。政党斗争激化是“学运”发生的最重要的政治机会。

马英九和王金平是台湾地区领导人和台湾地区立法机构的负责人，也是国民党党内高层，是本次“学运”中的关键人物。两人之间的矛盾由来已久，在这一轮博弈中，王金平和抗议学生成了最大的赢家。

首先，马王两人在本次“学运”中的分裂自 3 月 21 日王金平拒绝出席马英九召开的“院际会议”开始，并在“学运”初期避不见客。王金平的消极不作为使得抗议学生在短短一周内就初具规模，而国民党却失去了控制局面的最佳时机。其次，王金平在学运期间曾六度召集“朝野”协商讨论服贸僵局，在 3 月 27 日的第三次邀请“朝野”协商时，王金平表示“方法我来想”，尽管几度协商均以破局收场，但是却体现出其有意绕开国民党进行解决的心态。4 月 6 日王金平首次现身“立法院”，由于他并没有像江宜桦一样动用警力驱逐学生，因此学生对他的到来没有表现出抵触的情绪。王金平希望学生离开会场，并表示接受学生的另一个条件，即先通过“两岸协议监督法”，再逐条审查“服贸协

① 赵磊：《台达电子创始人郑崇华：“反服贸”将使台企丧失更多商业机会》，《中国经济周刊》2014 年 5 月 26 日。

② ［美］西德尼·塔罗：《运动中的力量：社会运动与斗争政治》，吴庆宏译，南京：译林出版社，2005 年，第 105 页。

议”，这一表态解救了“学运”在末期已陷入进退两难境地的学生，但并未事先通知国民党。抗议学生于第二天（4月7日）便宣布将于4月10日退场，直接为本次“学运”画上句点，结束学生占领“立法院”的混乱局面。王金平的这一系列举动让国民党措手不及，始终处于尴尬和被动地位，大大伤害了国民党和马英九的形象，但对他自己却并未减分。

纵观首次政党轮替之后的历次台湾学运，几乎每一次牵涉到民进党和国民党的利益纠纷，本次“学运”也不例外。早在2013年6月21日两岸签订协议的当天，民进党就召开记者会明确表示反对“服贸协议”，之后又以阻碍议事议程或以消极不作为的方式阻挠协议的通过。2013年6月27日“服贸协议”送交至“立法院”后，在七八月份的“朝野”协商中，国民党同意民进党提出的对“服贸协议”进行逐条、逐项审查的要求，并商定在对协议进行实质审查之前要举行16场公听会。但是，民进党除了违例抢话筒、放歌曲、抢主席台之外基本没有进行过实质讨论。直至2014年3月10日才完成最后一场公听会，“服贸协议”才得以进入实质审查阶段。

为了尽快通过协议，3月17日，国民党“立委”张庆忠以逾期审查为由，仅用30秒便宣布“服贸协议”通过。由于彼时国民党在台湾立法机构所占席位超过半数（65/112），并且马英九当局在没有兑现对“服贸协议”进行实质审查的承诺之前就仓促地“打包”通过协议，这样的程序激化了党争和“学运”的爆发。

民进党之助推本次“学运”的原因在于台湾自民主化以来形成的政党互动模式，即由于规则的缺失以及族群矛盾的长期存在，以消灭对方为目的的政治斗争成为政党互动的基本模式，“冲突—妥协—规则重构”成为政党政治变迁的基本路径。① 这种零和博弈导致以民进党代表的绿营和以国民党代表的蓝营分化严重。出于2014年底台湾“九合一”选举以及夺回2016年台湾地区执政权的政治考量，民进党紧紧咬住“服贸协议”这一议题，并不断为其增加各种筹码以达到压倒国民党的目的，而抗议学生也利用民进党提供的物质以及精神支持迅速壮大抗议队伍。

自“学运”发生以后，民进党采取多种行动以示对抗议团体的支持。3月18日晚时任民进党主席苏贞昌、前主席谢长廷、游锡堃深夜前往台湾立法机构

① 陈星:《论台湾政党体制的制度化问题》,《台湾研究集刊》2013年第4期。

发表谈话以进行声援，蔡英文也通过 Facebook 以示支持；3 月 21 日，民进党主席苏贞昌发起民进党“反服贸抗争”、党公职人员及民众包围“立法院”行动，蔡英文、谢长廷、游锡堃、高雄市长陈菊、台南市长赖清德等均从中南部赶到台北参与。[①] 除此之外，多位民进党党内要角多次出现在抗议现场，并静坐以示支持。民进党还在抗议现场设立“守护学生指挥所”，给予学生以信息、设备与物质支持。

民进党在为抗议学生直接提供物质支持以外，也注重通过实施青年政策从精神上笼络学生。本次“学运”的几位骨干或是曾在蔡英文竞选总部工作过，或是蔡英文“小英教育基金会”[②] 的追随者。学生代表大多都有绿营背景，除了曾经为蔡英文竞选工作过的陈为廷和林飞帆，还有李登辉办公室主任王燕军的儿子王云祥，民进党前“立委”赖劲麟的女儿赖品妤等等。尽管“学运”声称拒绝政党和政治人物的介入，但却接受民进党的支援。他们的言行，未必受民进党或者蔡英文的直接策划，但是却可以看出民进党或蔡英文近年来政治路线的痕迹。

（二）新媒体扩散抗议机会

舆论在社会运动中不仅仅是传输口号的工具，舆论同样也在塑造着社会运动。本次“学运”与历次台湾学运的最大不同点在于媒介运用更加多样化，根据台北大学社会学系所做的调查，在“学运”现场有 87.3% 的参与者的信息来自 Facebook，网络新闻占 71.5%，大型网络论坛占 53.7%，电视媒体则为 43.8%。[③] 可见，新舆论媒介是一股强大的整合力量，因为零散的讯息不会自动成为动员符号，需要具体的媒介把他们转入斗争框架，[④] 它使众多的受众之间能够建立起信息量大、覆盖范围广的“弱连接网络”，即每个人都可以作为一个潜在的信息节点、传播者和参与者。[⑤] 具体来看，抗议学生对于新媒体的运用主

---

① 沈建华：《从台湾“太阳花学运”看两岸关系的挑战》，《现代台湾研究》2014 年第 3 期。

② 民进党前主席蔡英文于 2012 年建立的为维持政治能见度、整合挺蔡势力、保持与社会各阶层联系的政治平台，主要活动事项包括举办研讨会、开展基层“关怀”活动及经营网络论坛。

③ 陈婉琪：《谁来“学运”？“太阳花学运”参与者的基本人口图像》，资料来源：http://twstreetcorner.org/2014/06/30/chenwanchi-2/，最后访问日期：2015 年 6 月 20 日。

④ ［美］西德尼·塔罗：《运动中的力量：社会运动与斗争政治》，吴庆宏译，南京：译林出版社，2005 年，第 164 页。

⑤ 信强：《新媒体在“太阳花学运”中的动员与支持作用》，《台湾研究集刊》2014 年第 6 期。

要体现在以下三个方面：

一是积极掌握解释“服贸协议”的话语权。抗议学生从2013年“服贸协议”签署之后就利用新媒体散布主张，传播关于“服贸协议”的负面信息，通过分享机制大量转发，引起广泛的讨论。这使抗议学生在对协议的话语权和解释权上占了上风，若没有深厚的舆论土壤，本次“学运”很难一触即发。

二是形成高效的动员网络。在3月17日通过“服贸协议”的当晚，“黑色岛国青年阵线”立即在Facebook中发布了“‘服贸协议’粗暴闯关，人民包围立法院”的信息，号召民众在3月18日包围“立法院”，打响“太阳花学运”的第一枪。随着“学运”的推进，新媒体所发挥的作用越来越明显。学生在“立法院”内架起名为“Ustream”的影像直播平台，将占领“立法院”的细节传送到Facebook、Youtube等社交平台中，引发了百万的在线观看量，激活潜在的人际关系网络。此外，学生还通过网络即时通讯工具Line传递讯息，短短几天之后就由400余人发展到一万余人，后又从“立法院”走到了凯达格兰大道，3月30日约有十万余名台湾民众参加凯达格兰大道的游行。

三是维持“学运”的开展。3月24日，台湾的网络募款平台“FlyingV”在短短三小时就得到了3621位人士的捐款，共筹得633万元新台币。一些“学运”支持者甚至出资在台湾《苹果日报》中刊登“反服贸”的头版广告，3月29日，该广告又登上《纽约时报》的国际版。这些举动不仅扩大了外界对于“学运”的关注度，也拓宽了筹资筹物的渠道。

通过抗议学生的一系列举动可以看出，他们在扩散“反服贸”议题的过程中将新媒体运用得淋漓尽致，它既是“学运”组织者的重要动员手段，也是“学运”参与者获取信息的主要途径。在它的推波助澜下，“学运”才得迅速铺开，在短时间内就获得前所未有的关注度。

不过，碎片化的互联网信息有时并不能展现出事件的原貌。自2013年7月开始，小英基金会的成员之一，台湾大学经济系教授郑秀玲制作了《黑箱服贸自救宝典》等，统称为“反服贸懒人包”，号称三分钟就能了解“服贸协议”。① 一时间，许多平时不关心政治的少男少女们纷纷转帖各种形式的“反服贸懒人包”。许多“懒人包”带有明显的主观色彩，在以不同的叙事方式转述后的事件往往失去其本来面貌，使得宣扬“服贸协议”将会“破坏民主”“造成贸易不平

① “懒人包”最初起源于美国的Newsy网站，其特点是将某个新闻事件所涉及的报道进行整合梳理，将关键的新闻链接以及信息整理罗列出来。

等”的信息被大量复制并流传于网络，而且被当成权威的参考资料，以讹传讹。很多参加运动的学生表示自己就是通过“懒人包”了解“服贸协议”，绝大部分人没有看过协议原文。

新媒体之所以能够唱主角，与马英九当局的政策解读不够有关。“服贸协议”全文长达48页，4章24个条文，涉及的行业广泛，需要有一定专业知识背景的人才能理解，就连亲民党主席宋楚瑜也表示，即便他，在仔细阅读协议条文的情况下也好不容易才理解协议。[①] 从表面上看，马英九当局确实采取了一系列措施向民众传达讯息，江宜桦就表示，签署“服贸协议”前，“立法院”召开了3场项目会议，“朝野”“立委”都有人参加，产业沟通会也开了110场。签署后，除“立法院”开了20场公听会外，全台也举办了逾千场说明会。[②] 但是从效果来看，这些会议并不具有充分的协商性、公开性。例如在2013年7月23日举行的有关“两岸服贸协议对台湾照顾与健康医疗冲击影响”公听会中，主管单位与社会各方各说各话，几乎没有交集。[③]

（三）学生领袖抓住机会组织抗议团体

在社会运动中，有计划、有组织的集体行动是进行持续抗争的条件。这种具有目的性的集体行动是不可能自发产生的，必然是拥有统一的领导核心。古斯塔夫曾经指出，只要有生物聚集在一起……都会本能地让自己处在一个领头的统治之下……他的意志是群体形成意见并取得一致的核心。[④] 这个“领头”在很大程度上掌握了话语权，决定了抗议群体想要表达的核心利益。尽管本次“学运”中出现了一些诸如在“立法院”内打砸、喝酒等失控的现象，但“学运”的主线依然没有偏离轨道，这场“运动”在以林飞帆和陈为廷为代表的学生领袖的组织下一步步推进。

---

① 黄文杰：《宋楚瑜谈服贸：我没有用“黑箱”这两个字》，中国评论新闻2014年5月10日桃园报道，资料来源：http://www.crntt.com/doc/1031/7/8/5/103178506.html?coluid=0&kindid=0&docid=103178506，最后访问日期：2015年6月1日。

② 陈立宇：《江宜桦：很多关于服贸的网络讯息都是谣言》，中国新闻网2014年3月22日台北报道，资料来源：http://www.chinanews.com/tw/2014/03-22/5982437.shtml，最后访问日期：2015年4月17日。

③ 黄筱筠：《柯建铭：中共可能用国家资源“歼灭”台湾》，中国评论新闻2013年7月23日台北报道，资料来源：http://www.crntt.com/doc/1026/4/3/2/102643256.html?coluid=7&kindid=0&docid=102643256&mdate=0723122751，最后访问日期：2015年5月2日。

④ ［法］古斯塔夫·勒庞：《乌合之众：大众心理研究》，冯克利译，北京：中央编译出版社，1998年，第97页。

陈为廷，台湾清华大学学生。从“野草莓运动”开始，陈为廷几乎参加了所有岛内的重大社会运动，包括“反学费调整方案”“华隆罢工事件”等，逐渐成为“学运领袖”，曾痛骂时任“教育部长”蒋伟宁。此外，他还担任了2012年“大选”蔡英文杨长镇苗栗联合竞选总部青年后援会会长，是“黑色岛国青年阵线”[①]的组织者之一。林飞帆，台湾大学政治研究所研究生，曾是2012年“大选”蔡英文宜兰竞选总部“青年军”的成员，为“黑色岛国青年阵线”“反媒体巨兽青年联盟”“ECFA学生监督联盟”的召集人以及“两岸协议监督联盟世代正义小组”成员，参加过“野草莓学运”“反国光石化游行”“反媒体垄断大游行”等。

近年岛内各个重大的社会运动都有他们的身影，并非“政治雏鸟”。林飞帆从大二开始就关注大陆资本收购台湾媒体等议题，并思考大陆资本进驻对台湾造成的影响，其对“服贸协议”的关注自2013年ECFA签署就已经开始了，并于2013年成立“黑色岛国青年阵线”，通过社交媒体持续发表“反对服贸协议”的言论，逐步激发潜在的支持者。两位“学运骨干”可谓深谙领导“学运”之道，从言行举止甚至是着装打扮，都是一副资深“学运领袖”的样子。林飞帆所穿的绿色风衣和黑框眼镜一度成为学生间流行的装扮；陈为廷在3月27日学生占领“行政院”失败后所发表的演讲中泪洒全场，其哽咽演讲的画面也一度占据各大媒体的头版头条，极具“感染力”。他们成立了“学运”的指挥组、媒体组、资讯组，甚至成立了医疗团队，“学运”的组织架构井然有序。每一组都有专业成员，例如媒体组就有各种外语专业的人才将每日的新闻稿译成八种不用的语言传达至全世界。正是为对该议题有着持续的关注度以及自身丰富的组织、领导“学生运动”的经验，“学运”专业化程度远超从前。

此外，他们轮流指挥现场人员与场外联系，在关键的时间点上代表抗议团体发表声明，直接或者间接推动“学运”进程。

表4：学生领袖在“学运”中的主要活动

3月17日	两人号召民众3月18日包围“立法院”
3月18日	两人带领学生占领“立法院”
3月19日	两人召开记者会提出三项诉求

① 又称“黑岛青”，成立于2013年9月，是由台湾多所大学学生跨校成立的反对服贸协议的社团，也是“太阳花学运”的主要领导组织。

续表

3月21日	未获马英九当局回应，林飞帆号召民众包围各地国民党党部
3月23日	林飞帆代表抗议团体提出四项诉求
3月27日	学生占领“行政院”被强制驱离，局面恶化。林飞帆宣布3月30日凯达格兰大道大集结
4月7日	在与抗议学生进行商议后，两人宣布4月10日退场

在抗议学生与马英九当局的攻防战之间，两人始终发挥着积极的作用。其中有三个关键事件值得关注。一是3月18日两人带领抗议团体占领“立法院”，迈出了“学运”的第一步；二是3月23日代表抗议团体提出四项诉求，明确抗议团体的核心诉求，坚定立场，凝聚团体力量，“学运”发展进入新阶段，即学生于3月27日占领“行政院”，受挫后再次号召民众于3月30日在凯达格兰大道进行集会，这一波的游行声称有近30万民众走上街头，是本次“学运”的高潮，这无疑对马英九当局造成了巨大的冲击，使得马英九先前强硬的态度也有所缓和，表示有条件地接受学生的诉求；三是在“学运”进行的两周之后，在抗议局面始终无法突破的情况下，两人发挥出了主要的作用，通过稳定军心、倾听“学运”内部不同的声音，使“学运”后期没有走向崩溃，并做出“学运”已经取得阶段性胜利的论断，决定于4月10日退场，使“学运”不至于无休止地进行下去。从“学运”的爆发到高潮再到最后的收尾，林飞帆等学生领袖始终扮演着核心角色，组织“学运”的开展。

四、余论

本文以“太阳花学运”作为分析对象，以政治机会结构作为分析工具，讨论了在整个“服贸协议”的签署过程以及后续的审查过程中政治机会是怎样产生的，台湾青年如何抓住这些政治机会使得“太阳花学运”迅速铺开。

首先，回顾台湾历次的学生运动，探讨民主化之后台湾政治文化的变迁，表明本次“学运”与之前的学运一脉相承。其次，梳理“学运”发展的始末，介绍“学运”中的关键事件和关键人物，以及抗议学生的主要诉求和双方争议的焦点，了解了“学运”的全貌。最后，本文将本次“学运”的政治机会结构分为以下三点：第一，政党斗争激化创造政治机会；第二，新媒体扩散抗议机会；第三，学生领袖抓住机会组织抗议团体。总之，台湾当局的政策解读不力给新媒体唱主角创造了机会，国民党内部以及国民党与民进党的党争激化给学生运动创造了机会，在所谓“训练有素”的学生领袖带领下，一场声势浩大的“学运”就此产生。

科技赋权与协作参与：科技网络社群在社会运动中的动员过程

——以台湾地区 g0v 网络社群为例 *

艾明江 **

一、问题的提出

近年来，随着网络与信息通讯科技的发展，传统社会运动开始转为“网络社会运动”。① 互联网的到来挑战了社会运动中“集体行动的逻辑”，一种源于技术与社群化革命的“链接行动的逻辑”正在重塑社会运动。② 在我国台湾地区，互联网技术以及社交媒体在政治社会事件中的参与日益活跃，并呈现出前所未有的影响力。“技术使公民社会集体行动成为可能。”③ 从 2007 年的“乐生运动”④ 到 2008 年的“野草莓”运动⑤，互联网都成为社会运动强有力的动员工具，尤其

* 本文发表于《台湾研究集刊》2019 年第 3 期。基金项目：国家社科基金“台湾社会运动进程中网络社群对青年学生的民意动员研究”（17BXW074）。

** 作者简介：艾明江，男，中共厦门市委党校统战理论教研部副教授，博士。

① Manuel Castells. *Networks of Outrage and Hope: Social Movements in the Internet Age*. Cambridge, UK; Malden, MA: Polity Press,2012.

② W. Lance Bennett & Alexandra Segerberg. “The Logic of Connective Action: Digital Media and the Personalization of ContentiousPolitics”, *Information, Communication & Society* ,2012, 15(5): 739–768.

③ ［美］贝斯·西蒙·诺维克:《维基政府：运用互联网技术提高政府管理能力》，李忠军等译，北京：新华出版社，2010 年 11 月，第 37 页。

④ 黄哲斌:《公民新闻的网络实践——以乐生疗养院事件为例》，台湾政治大学硕士论文，2009 年。

⑤ 谢合胜:《在线共识动员研究——以 2008 年野草莓学生运动为例》，台湾铭传大学硕士论文，2010 年。

在 2014 年“太阳花”运动中，年青一代对网络科技的纯熟运用，已经展现出强大的威力。①

与台湾地区以往的社会运动相比，互联网时代的新社会运动有着显著的网络技术特征。个体化网民不仅可以直接通过新媒体与网络技术分享和扩散信息，以新媒体为聚集平台的网络社群更是发挥着强大的组织动员功能，诸如以批踢踢实业坊（PTT）、脸书（Facebook）、推特（Twitter）、Google+ 等为代表的网络社群长期聚集着一大批忠实用户，成为所谓的“乡民”“粉丝团”等社交网络群体。在社会运动事件中，参与者大规模使用社交媒体工具进行联系，也运用了大量的实时通讯工具以及数字信息串联技术。例如在“太阳花”运动中，网络社群成员通过 Facebook 散布消息，使用 BBS 平台集结，对“立法”机构议事现场进行实时影像或文字直播，使用 Google 文件云端编辑平台扩散汇整参与社会运动现场所需的物资讯息，网络媒体通过 Google Hangout 进行实况在线论坛转播讨论，通过 iReport 公民新闻平台对国际社会直接发送社会运动报道等。因此，本文的研究问题主要集中在两个方面：在社会运动的爆发与推进中，科技网络社群的动员模式有何特征；产生于新媒体平台的科技网络社群如何参与和推进社会运动。

近年来台湾地区社会运动中，以 g0v（中文名为“零时政府”，下文简称“g0v”）为代表的科技网络社群开始发挥重要作用②从网络技术协调、组织与传播的层面，全面参与了“太阳花”运动。g0v 网络社群成立于 2012 年，是由一群台湾地区网络工程师、NGO（非营利性组织）工作人员、传媒工作者、学者、黑客等组建的科技网络社群。③该网络社群主张“用数字世代”的思维，以“开放原始码”号召公众以网络世代新模式进行协作，运用科技力量促进官方信息透明化。g0v 网络社群以“草根、科技、开放”的精神，通过开发便于民众参与的信息平台及工具，协助民众监督官方、关注公共议题。g0v 网络社群发动的专案如“线上国台客语辞典萌典”“政府预算视觉化”“政治献金群众外包数位化”“政策法规平台 vTaiwan”“割阑尾计划”等。g0v 网络社群还积极介入政

① 张文生：《2008 年以来台湾社会运动的政治化倾向》，《台湾研究集刊》2015 年第 6 期，第 6 页。

② 从 g0v 的社群规模及专案成果来看，g0v 网络社群已经成为全球前三大“公民科技社群”，活跃度与欧洲 OKFN 、美国 Code for America 并驾齐驱，在台湾社会具有广泛影响力。

③ g0v 网络社群的成立源于岛内网络技术人员对台湾当局“经济动能推升方案”中广告内容的不满，g0v 社群从预算可视化互动网站开始，旨在打造推动开放数据、公民协作的信息系统。

治社会事件，例如“洪仲丘事件”、“太阳花运动”、八仙尘爆、高雄气爆信息整合等，均发挥了重要的作用。因此，本文就主要围绕 g0v 网络社群的组织结构与运作机制，来分析科技网络社群在岛内社会运动中的动员过程。

二、文献综述与研究理论

（一）文献回顾

在传统的社会运动理论研究中，McAdam 等人总结出三个相当重要的因素，分别是政治机会、动员结构、框架过程。① 一些经验性研究也都支持这些因素与社会运动动员机制之间有着密切的关联。② 如果说传统社会运动是通过政治动员及科层式组织来带动动员工作，那么新社会运动的组织架构多比较松散、非正式和小规模，③ 而且强调非正规的网络联系及草根式的参与。新社会运动不以严密统筹方式动员民众，而主要通过网络关系来联系参与者。④

近年来国外的社会运动或政治抗议中，民众大量运用社交媒体为代表的网络媒体进行大规模议题扩散和社会动员。⑤ 在“阿拉伯之春”，⑥ 西班牙“愤怒者

① D. McAdam, D. McCarthy & M. Zald (Eds). *Comparative Perspectives on Social Movements: Political Opportunities, Mobilizing Structures, and Cultural Framing*, Cambridge: Cambridge University Press, 1996.

② D. Rucht. “The Impact of National Contexts on Social Movements Structure”, in *Comparative Perspective on Social Movements: Political Opportunities, Mobilizing Structures and Cultural Framing,* Cambridge: Cambridge University Press, 1996.

③ B. Klandermans & S. Tarrow. “Mobilization into Social Movements Synthesizing European and American Approaches”, From *Structure to Action,* Greenwich, CT: JAI Press,1988, pp.1-40； H. Johnston. “New Social Movements and Old Regional Nationalism”, In E. Larana, H. Johnston and J. Gusfield (eds), *New Social Movements, From Ideology to Identity*, Philadelphia: Temple University Press, 1994, pp.186-276.

④ D. Della Porta, M. Diani. *Social Movements: An Introduction,* Oxford: Basil Blackwell,1999.

⑤ A. Robertson. "Connecting in Crisis: Old and New Media and the Arab Spring", *The International Journal of Press/Politics*, 2013, 18(3):325-341； M. Lim. "Many Clicks but Little Sticks: Social Media Activism in Indonesia", *Journal of Contemporary Asia*, 2013, 43(4):636-657; D. K. K. Leung & F. L. F. Lee. "Cultivating an Active Onling Counterpublic:Examining Usage and Political Impact of Internet Alternative Media", *The International Journal of Press/Politics*, 2014, 19(3):340-359.

⑥ H. H. Khondker. "Role of the New Media in the Arab Spring", *Globalizations,* 2011, 8(5):675-679； Z. Tufekci & C. Wilson. "Social Media and the Decision to Participate in Political Protest: Observations from Tahrir Square", *Journal of Communication,* 2012, 62(2): 363-379.

运动”,[1]美国“占领华尔街”运动,[2]英国“占领大学”示威[3]等多起社会运动中,社交媒体显示了惊人的动员效果。社交媒体对传统社会动员带来了巨大挑战,借助互联网技术与传播工具,网络动员有了新的变化,有必要建构新的集体行动理论。[4]关于社交媒体在社会运动中的动员机制,主要存在几种代表性观点:第一,信息扩散推动社会动员。网络与各种数字社群分享工具,让信息传播成本大幅降低。[5]社会运动媒合新信息传播科技,能够降低参与门槛、提高个人参与意愿,扩大集体行动规模。[6]大量实例研究发现,新数字通讯工具大幅降低参与成本,使得公共参与行动与社会改变成为可能。[7]同时,互联网扩散的大量信息能产生对社会成员的行为传染、[8]信息暴露,[9]或行为示范,[10]维持社会参与以及巩固议题认同。[11]第二,人际互动网络推动社会动员。分享被视为社交媒体改变社会运动最重要的特征之一。[12]相关研究发现,在社交媒体讨论社会运动的互动中,使用者会不断在朋友中进行重复传播,促使传播对象形成一种网

---

① S. Gonzalez-Bailon, J. Borge-Holthoefer & Y. Moreno. "Broadcasters and Hidden Influentials in Online Protest Diffusion", *American Behavioral Scientist,* 2013, 57(7):943-965.

② M. D. Conover, C. Davis, E. Ferrara, K. McKelvey, F. Menczer & A. Flammini. "The Geospatial Characteristics of a Social Movement Communication Network", *Plos One,* 2013, 8(3).

③ Y. Theocharis. "Cuts, Tweets, Solidarity & Mobilisation: How the Internet Shaped the Student Occupations", *Parliamentary Affairs,* 2012, 65(1):162-194.

④ W. Lance Bennett & Alexandra Segerberg. *The Logic of Connective Action: Digital Media and the Personalization of Contentious Politics*, New York: Cambridge University Press, 2013.

⑤ Clay Shirky. *Here Comes Everybody: The Power of Organizing Without Organizations*,New York: Penguin, 2008.

⑥ R. K. Garrett. "Protest in an Information Society: A Review of Literature on Social Movements and New ICTs", *Information, Communication & Society*, 2006, 9(2):202-224.

⑦ Jennifer Earl & Katrina Kimport. *Digitally Enabled Social Change: Activism in the Internet Age*, Cambridge, MA:MIT Press, 2011.

⑧ R. Lippitt, N. Polansky & S. Rosen. "The Dynamics of Power: A Field Study of Social Influence in Groups of Children", *Human Relations,* 1952, 5(1): 37-64; P. V. Marsden & N. E. Friedkin. "Network Studies of Social Influence", *Sociological Methods & Researc,*1993, 22(1):127-151.

⑨ J. A. Kitts. "Mobilizing in Black Boxes: Social Networks and Participation in Social Movement Organizations", *Mobilization,* 2000, 5(2):241-257.

⑩ D. Smilde. "A Qualitative Comparative Analysis of Conversion to Venezuelan Evangelicalism: How Networks Matter", *American Journal of Sociology,* 2005 ,111(3):757-796.

⑪ D. McAdam & R. Paulsen. “Specifying the Relationship Between Social Ties and Activism” , *Social Movements: Reading on Their Emergence, Mobilization, and Dynamics*, Los Angeles, CA: Roxbury Publishing Company, 1997, pp.145-157.

⑫ W. L. Bennett & A. Segerberg. "The Logic of Connective Action: Digital Media and the Personalization of Contentious Politics", *Information, Communication & Society,* 2012, 15(5):739-768.

络化的群集结构，推动信息在群体中的分享与重复传播。[①]第三，社交媒体改变了传统的动员结构与参与结构。互联网推动社会运动行动者掌握了加速意见表达与动员机会的资源。[②]网络已经成为社会运动行动者的新式传播资源。[③]此外，还有研究从情感动员、[④]符号共享[⑤]等角度来分析社交媒体的动员机制。

近年来，在台湾地区社会运动事件中，社交媒体在网络动员的力量持续增强,已经成为一股强大的力量。[⑥]不论是环境保护运动,[⑦]还是地方环境治理[⑧]都出现了社交媒体的动员身影。基于新媒体而聚集的网络社群已经成为台湾地区社会运动中新的动员结构,[⑨]研究发现,在台湾地区 PTT 中成立的"乡民救灾团"网络社群就发挥了巨大的社会动员效果，[⑩]新闻 E 论坛、公民新闻平台等一大批网络社群更是凭借创新的技术工具推动了社会运动的发生。[⑪]刘嘉伟发现，网

① S. Gonzalez-Bailon, J. Borge-Holthoefer & Y. Moreno. "Broadcasters and Hidden Influentials in Online Protest Diffusion", *American Behavioral Scientist,* 2013, 57(7):943-965.

② P. Norris. *Democratic Phoenix: Reinventing Political Activism*, Cambridge, UK: Cambridge University Press, 2002.

③ D. Centola. "The Spread of Behavior in an Online Social Network Experiment", *Science,* 2010, 329(5996):1194-1197.

④ Nadya A.Calderon，Brian Fisher，Jeff Hemsley et al.Mixed Initiative Social Media Analytics at the World Bank: Observations of Citizen Sentiment in Twitter Data to Explore "Trust" of Political Actors and State Institutions and Its Relationship to Social Protest, *IEEE International Conference on Big Data*, 2015:1678 - 1687.

⑤ Paolo Gerbaudo. "Protest Avatars As Memetic Signifiers: Political Profile Pictures and the Construction of Collective Identity on Social Media in the 2011 Protest Wave", *Information Communication□ Society*, 2015, 18(8):916 - 929.

⑥ 郑国威:《台湾社会媒体与网络动员（2009—2011）》,《台湾社会研究季刊 》(台北) 2011 年第 85 期，第 451—482 页。

⑦ 陈平轩:《从网络到街头：反国光石化的动员经验、成效与反省》,《台湾社会研究季刊》(台北) 2011 年第 85 期，437—450 页；王维菁、马绮韩、陈钊伟:《因特网时代的社会运动：以台湾环境运动组织为例》,《信息社会研究》(台北) 2013 年第 25 期，第 1—22 页。

⑧ 张惠堂、李威翰:《网络社群参与地方公共事务之研究：以观新藻礁生态保育议题为例》,《中国行政评论》(台北) 2015 年第 21 卷第 3 期，第 49—76 页。

⑨ 萧远:《因特网如何影响社会运动中的动员结构与组织型态？——以台北"野草莓学运"为个案研究》,《台湾民主季刊》(台北) 2011 年第 3 期，第 45—85 页。

⑩ 卢沛桦:《网络动员与青年公民参与：以 PTT 乡民救灾团为例》，中华传播学会暨第四届数位学术研讨会，2010 年 7 月 3—5 日，台湾中正大学。

⑪ 刘时君:《政治抗议事件中的媒体创新使用与实践，以"太阳花"运动为例》，台湾政治大学硕士论文，2015 年；陈楚洁:《公民媒体的构建与使用：传播赋权与公民行动——以台湾 PeoPo 公民新闻平台为例》,《公共管理学报》,2010 年第 4 期，第 111—121 页。

络技术的运用有助于社会资本的扩大，从而推动了台湾地区社会运动的爆发。[①]陶振超考察台湾地区社会运动发现，社交媒体构建了一种“网络机会模式”，形成了信息在社交媒体中的大众传播，从而促进了社会运动的发生。[②]陈婉琪等人则发现在“太阳花”运动中，社交媒体的使用者更愿意参与社会运动。[③]陈蕾发现，在“洪仲丘事件”中，社交媒体带来的科技赋权有效促成了社会运动的发生。[④]

相比台湾学者，大陆学术界主要探讨了台湾地区新媒体对社会运动的影响以及介入过程。马锋以“太阳花”学运为例，从动员结构、政治机会结构和动员动能维持三方面，讨论了网络的社会动员和组织能力。[⑤]刘伟伟、吴怡翔从政治机会结构的视角认为，以社交媒体为代表的新媒体为台湾地区社会运动爆发提供了某种政治机会。[⑥]信强、金九汎提出“太阳花”运动的组织者和参与者广泛利用新媒体传播工具来发布和散播反对意见，建构“反服贸”集体意识，建立动员网络，推动了“太阳花”运动的展开。[⑦]蔡一村、陈超提出在“太阳花”运动期间，“台大新闻 e 论坛”和“g0v 零时政府”是以技术模块中的形式发挥了重要的传播扩散与技术支持作用，推动大量民众成为社会运动参与者。[⑧]

从现有研究成果来看，学术界都对社交媒体在社会运动中的动员过程进行了大量研究，相当多的研究都是以 Facebook、Twitter 等大众化社交媒体为研究对象，针对台湾地区的研究成果也都基本停留在 Facebook、PTT 等岛内较为流

① 刘嘉伟：《网络传播科技对于兰屿反核废运动之社会资本的动员与凝聚》，台湾交通大学传播研究所学位论文，2013 年。

② 陶振超：《社交媒体的动员力量：网络机会模式之观点》，《新闻学研究》（台北）2017 年第 131 期，第 49—86 页。

③ 张恒豪、黄树仁：《台湾网络社会运动时代的来临？“太阳花”运动参与者的人际连带与社群媒体因素初探》，《人文及社会科学集刊》（台北）2016 年第 28 卷第 4 期，第 467—501 页。

④ 陈蕾：《科技赋权下的社会运动：以社群网站中“洪仲丘事件”公民参与为例》，台湾政治大学创新研究学术研讨会，2014 年。

⑤ 马锋：《从台湾“反服贸学运”看网络的社会动员》，《中国青年研究》2014 年第 2 期，第 74—78 页。

⑥ 刘伟伟、吴怡翔：《台湾青年与“太阳花”学运——基于政治机会结构理论的视角》，《台湾研究集刊》2016 年第 2 期，第 10—18 页。

⑦ 信强、金九汎：《新媒体在“太阳花学运”中的动员与支持作用》，《台湾研究集刊》2014 年第 6 期，第 16—24 页。

⑧ 蔡一村、陈超：《角色与惯习——“3·18 反服贸运动”中的多元运动者》，《台湾研究集刊》2017 年第 3 期，第 12 页。

行的大众化社交媒体，① 且多数研究都论及新媒体对台湾地区社会运动的影响，探讨新媒体的技术运用策略。② 除了个别网络社群被提及外，一些发挥了重要作用的科技网络社群没有受到足够的重视，也较少深入探讨这些科技网络社群在社会运动中独特的运作机制。多数研究成果都将社交媒体在社会运动中的动员视角聚焦于信息扩散、信息连接、信息暴露等方面，较少从协作参与的角度来进行论述。因此，本文选择个案分析的角度深入分析台湾地区科技网络社群在社会运动中的动员过程，尝试从协作参与的角度在一定程度上弥补既有研究视野的不足。

（二）研究理论

在组织理论中，巴纳德的“协作系统组织”理论强调任何一个组织都是一个协作系统，虽然它是由个人组成，但个人只有通过与他人的协作才能发挥作用。协作系统有三个协作要素：明确的协作意愿、协作的共同目标以及良好的信息交流。③ 信息交流的作用在于沟通协作意愿和共同目标两个要素的联系，使它们成为一个动态发展的过程。巴纳德进一步认为，组织不论大小，其存在和发展都必须具备这上述三个条件。

本文借用巴纳德的“协作系统组织”理论来分析科技网络社群构建的协作化网络。科技网络社群是在互联网虚拟空间中构建的非正式社群组织，与正式组织一样，网络社群的协作系统也是基于协作意愿、共同目标以及良好的沟通。同时，信息技术与新媒体传播工具的“赋权”又强化了网络社群的信息沟通功能。因此，运用巴纳德的“协作系统组织”理论能帮助进一步理解科技网络社群是如何构建出高度协作化的虚拟社群组织，从而得以实施有效的网络社会动员。

从协作系统组织的类型来看，台湾地区 g0v 是一个高度专业化的科技网络社群，它依靠特有的社群意识、科技工具而构建出具有高度协作化的社群组织。

① 陈雅玫：《学生脸书使用与政治参与：以“太阳花学运”为例》，《中国行政评论》（台北）2016 年第 4 期，第 61–91 页；小野等：《从我们的眼睛看见岛屿天光：“太阳花”运动，我来，我看见》，台北：有鹿文化，2014 年 5 月；黄厚铭主编：《婉君你好吗？ ：给觉醒乡民的 PTT 进化史》，新北：群学出版有限公司，2016 年 3 月。

② 汪子锡：《化民主的政策营销挑战分析：以“反服贸”学生运动新媒体运用为例》，《中国行政评论》（台北）2014 年第 20 卷第 2 期，第 73—106 页。

③ ［美］C.I. 巴纳德：《经理人员的职能》，孙耀君等译，北京：中国社会科学出版社，1997 年 10 月，第 67—73 页。

基于这种协作化网络，依靠科技赋权的 g0v 能够一方面依靠社群成员的凝聚力构建网络社群成员的集体行动，同时，g0v 提供各种技术平台以及技术工具将网络社群打造成与民众高度连接的协作化网络，通过技术支持与信息供给，推动大量民众在线上与线下参与社会运动。可以看出，g0v 网络社群在社会运动中起到的不是传统动员组织的情感动员和资源动员作用，而是成为沟通与信息的供给方，从而弥补了当代网络动员中匮乏的中间协作力量。

三、g0v 社群的协作网络

g0v 网络社群不是一个严格意义上的正式组织，但依靠其内部较为一致的社群意识，较高的成员参与能力以及专业的技术协作平台，g0v 在内部成员中构建出一种具有广泛社群合作意识的内部结构，这也使得 g0v 能够在凝聚社群成员的基础上，初步发挥其协作系统的功能作用。

（一）网络社群的成员结构

网络社群是一个虚拟社区，它是“一群人由电子媒体相互沟通形成的一种社会现象”，[①] 也是一群有共同兴趣、背景相同的人，因互动所凝聚的团体。[②] 在互联网时代，网络社群通过各类社交媒体以及网络应用平台联结在一起，在建立的网络社群中，每个用户的行为都有相同而明确的目标和期望。“源自于计算机中介传播所构建的虚拟空间，是一种社会的集合体，当聚集足够数量的群众，在网络上进行了足够的讨论，并付出足够的情感，以发展人际关系的网络时，虚拟社区因而形成。”[③] 这也能看出，虽然网络社群没有组织化的行动章程来规范成员的意识，但依靠较高的自主意识以及共同目标已经使得网络社群具有了一些正式组织的结构特征。

从网络社群的一般类型来看，基本可以分成两类：一类是网友借助社交媒

① P. J. Boczkowsk. "Mutual Shaping of Users and Technologies in a National Virtual Community", *Journal of Communication,* 1999, 49(2):86-108.

② J. Hagel III & A. G. Armstrong. *Net Gain: Expanding Markets Through Virtual Communities.* Boston, MA: Harvard Business School Press, 1997; A. R. Dennis, S. K. Pootheri & V. Natarajan. "Lessons From the Early Adopters of Web Groupware", *Journal of Management Information Systems*, 1998,14.

③ H. Rheingold. *The Virtual Community: Homesteading on the Electronic Frontier,* MA: Addison-Wesley, 1993.

体平台而构建的网络社群，它们不存在实体性的组织，其社群活动具有较强的自发性；一类是实体组织在社交媒体中构建的网络社群，其社群活动具有较强的组织性。从社群成员的来源来看，g0v 网络社群最初由志同道合的台湾地区年轻网友聚集而成，主要人员有工程师、设计师、媒体人、NGO 从业者、公务员等，大约 50 多人，其中四成是技术人员，六成则是具备文字、影像、设计等各种专长的成员、议题关心者以及非政府组织成员等。由于主要依托社交媒体平台或网络工具而存在，g0v 社群并没有实体组织，严格意义上，它连组织都不是，而只是一个分布式的社群。[①] 作为一个技术型网络社群，g0v 网络社群成员的网络使用能力较强，可以通过打造新的网络工具与新媒体平台来推动社会运动的舆论传播。在多次社会运动事件中，g0v 网络社群就运用科技力量，整合在线社群的专长与线下团体的资源，为社会运动的发生发展起到了推波助澜的作用

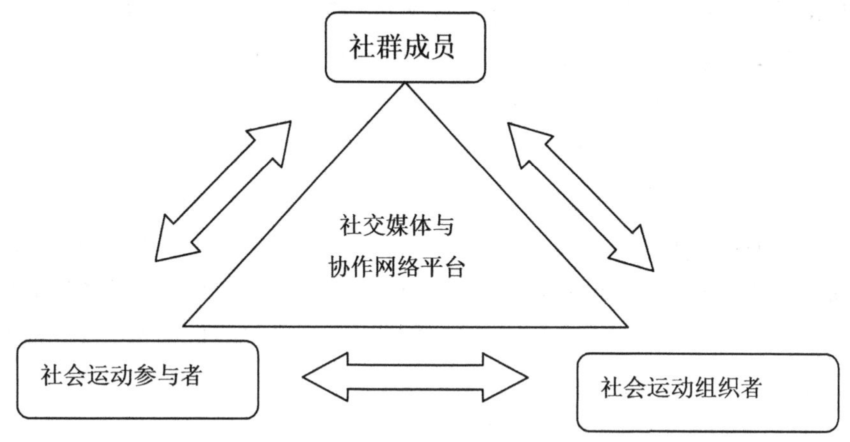

图：g0v 的网络社群结构

（二）网络社群的参与意识

g0v 网络社群不像传统的社会组织那样拥有特定的组织领导者、核心组织人员以及垂直化的组织体系，相反，g0v 网络社群内部是一个非正式的社群结构，不存在严格等级制的领导体系。正是基于这个非组织化特征，g0v 网络社

① 洪贞玲：《我是公民，也是媒体》，台北：大块文化出版股份有限公司，2015 年 5 月，196 页。

群更加强调社群成员的自主参与能力和相互间的协作配合。在长期的社群活动中，社群成员的社会关系网络变得较为紧密，成员之间普遍建立了良好的互动关系。个人提案、其他人共同参与协作的社群行动形式，使得一旦有重大政治社会事件，很容易在 g0v 网络社群成员之间引发关注，发起行动后，就能迅速获得其他成员积极响应。这意味着对于 g0v 网络社群而言，由于成员公共参与意识以及技术能力都较强，减少了额外的组织动员成本。借助互联网社交平台以及信息技术工具，依靠社群成员的积极参与，就很容易将分散在各个领域的力量迅速汇聚起来。

不仅如此，g0v 社群成员普遍思维较为积极活跃，热衷社会事务，拥有长期参与网络社群活动的经验，而且能熟悉使用社交媒体工具进行社群连接。g0v 的介入实现了技术力量对社会运动进程的推动，他们开发了便于公民参与的资讯平台及工具，协助公民监督政府、关注公共议题。[①] 这意味着，作为一个协作型网络社群，g0v 的社群成员尽管不属于一个特定的组织系统，但由于社群成员基本都具有较高的社群参与意识，且较为认同 g0v 主张的社群理念，例如坚持推动资讯开放、推动社会监督政府等，使 g0v 能够获得大批社会人士的支持，也使得网络社群能够依靠社群成员发动广泛的集体行动。

政党或社运团体可以依靠强烈的政治理念和意识形态进行高效的组织化动员，相对而言，g0v 网络社群成员的意识形态理念较弱，对意识形态也持较为开放的态度。g0v 是一个开放空间，广纳各种意识形态，成员抱持不同立场，坐落在不同的政治光谱上。[②] 从 g0v 网络社群成立的理念以及参与活动来看，g0v 网络社群的发起人与负责人始终公开否认持有特定的政治立场。这些都表明，在宣扬所谓技术中立的掩盖下，g0v 获得了部分岛内民众特别是青年人的认同与支持。当然从实际上来看，g0v 网络社群并不是单纯的网络技术提供者，而是一个存在意识形态色彩的网络社群，其中不乏认同民进党政治理念的成员。从“洪仲丘事件”到“太阳花”运动，g0v 网络社群与民进党以及持“台独”立场的社运组织保持了一定的互动关系。

① 《走进台湾“零时政府”，他们改变了什么？》，https://theinitium.com/article/20160601-taiwan-g0v/，2018-12-05。

② 洪贞玲：《我是公民，也是媒体》，台北：大块文化出版股份有限公司，2015 年 5 月，第 199 页。

（三）网络社群的协作系统结构

与传统社会组织不同，g0v 网络社群的内部结构是一个“去中心化”的社群网络，它构建的是一种协作网络平台，并不需要接受任何人的命令或指挥，而是在提出倡议的基础上，由各个分散的成员在协作网络平台上实现共同参与和行动，因此，这也构建出 g0v 网络社群的相互协作文化。“这是一个‘去中心化’的网络组织，每一个人在这个组织中，并没有上下阶级之分。”[①] 在长期的实践中，g0v 网络社群的内部结构是依靠信息来进行网络化沟通的扁平化结构，在长期推动台湾地区数据开放的过程中，逐步形成了相互协作、沟通的社群结构与文化。2012 年底，g0v 网络社群开始使用 Hackpad 线上协作平台，不需要社群内部实施自上而下的命令或指挥，社群成员可以自发进行倡议，自由提案并且自行找人参与，然后在协作平台上实现信息分享以及行动合作。这种彼此协作的社群文化也构建起 g0v 网络社群更为扁平化的协作型结构。由于不存在等级化的组织关系，g0v 网络社群成员之间更容易构建出相互平等的社群合作关系。

四、g0v 社群的协作功能

在台湾地区多起重大社会运动事件中，g0v 网络社群作为能够汇合组织者与参与者的技术协作平台，依靠强大的科技赋权，从网络的基础建设到信息对外传递、组织协同合作的运行模式，让社会运动具备了强大后盾，也让 IT 人才在社会运动中发挥了专业技能价值，[②] 从而实现了组织者与参与者的互动连接，最终促使网民从“键盘侠”变成实际行动的参与者。

（一）建立网上协作平台

在社会运动中，对于分散组织而言，由于没有真正核心的人物，组织成员不一定清楚他人的工作内容。这种情境下，如果有载体或平台，就可以将事件、

① 黄彦棻:《学运背后的 IT 推手：g0v “零时政府”》，http://www.ithome.com.tw/tech/86462，2018-12-05。

② 李建兴:《IT 人支持太阳花学运前线大作战》，https://www.ithome.com.tw/tech/86460，2018-12-05。

状态、问题和需要讨论的事项记录下来，这将有助于组织沟通。[①]g0v 网络社群就从技术层面提升了社会运动的协同性问题。在 2014 年“太阳花”运动期间，由于现场参与人数众多，要实现对社会运动的组织化动员，就首先需要进行即时性协调与沟通。因此，g0v 网络社群迅速建立了一系列协同工具，诸如 IRC、GitHub、Hackpad[②] 等都是依靠互联网技术的信息工具。通过这些技术支持，大大提升了社会运动组织者以及参与者的协调沟通效率。

以 Hackpad 为例，g0v 网络社群广泛运用 Hackpad 进行在线共同笔记、多人协作，主要是让参与者利用以及整合社会运动中产生的各种数据，从而能够互相协调事务。作为一个允许多人同时编辑的共笔平台，Hackpad 直接在浏览器上进行编辑、写作，实时预览，内建简易编辑器，会对每个人新增、修改或标注的段落进行记录，并可以轻松回复到某个版本，甚至类似维基百科，使用者能把页面直接内嵌到其他地方。使用者可以用 Google 或 Facebook 账号登入，登入后可直接新增或修改。在右上角有订阅、设定和编辑功能选项。使用者也可在文件中附带影片或录音文件网址路径，提供观看或下载。通过使用共笔平台，成员间可以同时实现多个信息的相互分享，极大地推动了信息的即时性传播。同时，使用者可以订阅共笔内容，在第一时间获得相关信息。 在“太阳花”运动中，g0v 网络社群就通过搭建 Hackpad 共笔平台，推动了 1500 名参与“太阳花”运动的志工实现了对信息的协同编辑，不仅提供了大量的信息资源，而且在参与者之间进行相互协调，有效配合了“太阳花”运动的发展。[③]g0v 网络社群还运用 Hackfoldr[④] 平台将分散在各处的直播、物资需求表、文字转播整合汇集，运动组织者可以及时进行人员排班、物质协调，并能在第一时间发动线下民众前往现场支持。

---

① 李建兴:《IT 人支持太阳花学运前线大作战》，https://www.ithome.com.tw/tech/86460，2018-12-05。

② IRC 为互联网中继聊天工具，用户可以在平台就某一话题进行交谈或密谈。GitHub 是一个面向开源及私有软件项目的托管平台。Hackpad 是一种在线文件协同编辑工具，可提供多人同时参与发布、编辑。

③ 《协调 1500 学运志工背后的关键工具：Hackpad 共笔服务》，https://www.ithome.com.tw/news/86022，2018-12-05。

④ Hackfoldr 是由 g0v 社群自制的建立目录 / 入口服务，其中一些 Hackfoldr 项目用到 Hackpad，直播频道则是嵌入 Youtube 或 Ustream，地图则是使用 Google Maps，并用到 Google Docs 来分享人力物资需求，从而将众多资源整合起来。

（二）提供技术支持

在整个“太阳花”运动期间，作为网络技术的保障组织，g0v 网络社群为“太阳花”运动提供的技术支持主要体现在以下三个方面：

1. 提供网络直播环境

在台湾地区的传统社运现场，新闻传播往往借助 SNG 转播车来实现信号传送。但是在“太阳花”运动爆发时，由于电视媒体最初对运动并没有给予广泛的报道，且多数岛内主流媒体站在官方立场，难以满足公众对“太阳花”运动的信息需求，而新媒体则担负起信息传播者的角色。要使用新媒体进行信息传送，必须具备相应的硬件环境与技术条件。对此，g0v 网络社群在第一时间架设了 Wimax 行动无线网络基地台，建立起 60M/15M 的双向专线，并将拉进议场的有线网络扩增成无线网络，从而使现场人员以及外围人员都可以使用无线上网服务进行网络直播。技术配合使“太阳花”运动得以长时间持续。这充分表明，社会运动的爆发不仅依赖于组织者的动员组织，也需要各种资源的有效配合与支持。

2. 给予现场技术支援

在“太阳花”运动爆发前，g0v 网络社群即已卷入“反服贸”运动，所有相关“脸书粉丝页”的管理者几乎都是 g0v 网络社群成员，g0v 网络社群还创办并经营了“反黑箱服贸”的 Facebook 粉丝页，并制作了相关文宣品、海报。此外，g0v 网络社群还在现场建置无线网络、保障网络畅通，由专人将 PA 设备全部输送到大会现场，并号召业界 50 位 PA 控制人员到现场布线和轮班，实现了议场内的广播直接传送到外场，[①] 确保了现场广播传输信号的稳定。g0v 网络社群还积极帮助架设户外投影机、布置光纤网络、利用网络串联起青岛路、济南路两站的现场群众、进议场设定网络并值班、确保通讯稳定、管理“反黑箱服贸协议粉丝页”，并在网络直播中提供服务视觉和听觉障碍者的转译。这些技术性保障活动都直接影响着“太阳花”运动的场内场外连接，确保了“太阳花”运动的持续。

3. 推动信息公开化

g0v 网络社群的原有专长就是推动官方原始数据的开放，以所谓专案的形式将原始数据转换成为公众可以获取有效信息的文字、图片等。“太阳花”运动

---

① 《“太阳花学运”：科技创新应用总整理》，https://g0v.hackpad.tw/IuhVXDtMmWS，2018-12-05。

期间，g0v 社群对台湾当局关于“服贸”的资讯进行了整合梳理以及解释，在第一时间推出了网络服务，即“你被服贸了吗？”网站。在这个网站，使用者只要输入企业名称或经营项目，就可以查询到“服贸协议”中与该行业相关的条文，并能具体了解该条文规定对从业者造成的影响。[①] 如此一来，民众就可以非常便捷地了解与“服贸”相关的政策资讯。“g0v 有这个系统的启用展现其社群的力量，它能迅速整合资源，将政府复杂的资讯转化为简单易读的形式，并使用‘对使用者友善’的界面，让每位民众都可以在这个平台上轻松地找到自己所需的资料，减少因为资源不对等造成的伤害，达成开放透明的目的。”[②] 通过搭建传播科技平台，g0v 网络社群推动了信息公开化、透明化，使公众能够在第一时间获得更多信息资讯，也为社会运动提供了必要的信息保障。

（三）构建新的资讯通道

作为科技网络社群体，g0v 网络社群为“太阳花”运动搭建了全方位的信息传播网络。“太阳花”运动爆发后，g0v 网络社群成员就在 Hackfoldr 上发起议题，第一时间在“立法院”架设摄影机，通过 Ustream 平台[③] 进行网络现场直播，其速度甚至超过了传统电视媒体。现场直播使“太阳花”运动的抗议场面迅速地大面积传播，组织者得以进行社会动员，号召民众前往现场支援。同时，直播设备的架设，也使得民众和现场人员的情感紧密联结，线上民众与现场人员情感共鸣，极大提升了民众前往现场的动力。线上科技传播平台成功推动了线上民众持续关注并亲身参与社会运动。

g0v 网络社群充分发挥了科技网络社群的技术优势，通过设置新的信息传播平台，来实现对“太阳花”运动中各种信息的汇流、整合与传播。g0v 网络社群以 Hackpad 为基础构建了提供直播社会运动的信息入口网站，即 g0v.today，将分布网络各处的直播频道、在线情报汇聚一处，[④] 构建起强有力的直播环境与信息入口。通过这个平台，人们可以直接使用 Ustream 收看影音转播、文字转播以及新闻整理，并通过 Hackflodr 共笔服务进行文字直播。这种网络科

---

① “你被服贸了吗”平台网址：http://tisa.g0v.tw/。

② 洪贞玲：《我是公民，也是媒体》，台北：大块文化出版股份有限公司，2015 年 5 月，第 193 页。

③ Ustream 是一个通过互联网进行个人在线直播的音视频广播平台。

④ 《激情抗争！占领“立法院”后的科技支持运用》，《科技新报》（台北），2015 年 2 月 15 日。

技平台的运用极大地推动了“太阳花”运动的社会影响，不仅打破了原来传统主流媒体对信息传播的垄断，也让官方机构对各种科技传播平台发出的信息扩散难以有效控制。

表：g0v 网络社群在“太阳花”运动中负责和参与的科技传播平台

科技传播平台	功 能
Skywatch 直播系统	通过使用 Skywatch 网络摄影机，与云端串流播放技术，架设云端监视器做实时转播及录像存证。
4am.tw 网站	以广告形式在《纽约时报》发布“反服贸”事件信息，并让阅读者看完广告后能取得更多信息。
用时间轴看《苹果日报》“反服贸”新闻	阅读者可按时间序列阅读《苹果日报》关于“太阳花”运动的文章。
“服贸跑马灯”	编排所有“服贸”相关新闻，并增添了 Facebook 上贴文者的批注。
“服贸东西军”	将 Facebook 上关于“服贸“新闻，分类整理为支持“服贸”和反对“服贸”，细分出“反对黑箱服贸”“支持速过服贸”等六种面向，阅读者可以轻松掌握不同意见。

资料来源：作者自制

（四）积极寻求外界的支持与合作

g0v 作为一个科技网络社群，其技术优势受到了其他社会组织的认可。传统社会组织往往缺乏足够的资源、技术以及人才来经营网络社群，一旦出现技术性问题，往往需要及时寻求 g0v 网络社群的协助。由于 g0v 网络社群是一个小众化的科技网络社群，成员规模较小，难以满足社会运动的要求，在社会运动中需要主动寻求其他社会组织或人士的协助，这就产生了 g0v 网络社群与其他社会组织的合作参与问题。“太阳花”运动期间，g0v 网络社群就与“3621”团队、“太阳花学运粉丝团”等组织合作，设计了国际化的英文网站，即 4am.tw 网站（http://4am.tw/）。该网站第一天就获得了 50 万浏览量，取得了一定的国际舆论影响。g0v 网络社群还因管理“反黑箱服贸协议粉丝页”，和“反黑箱服贸协议民主阵线”建立了密切联系。可以看出，g0v 网络社群并非单独行动，而是积极与其他组织展开合作，从技术、传播的层面协助其他社会组织共同推动社会运动，通过技术输出的形式给社会运动提供技术保障。

结语

本文通过对台湾地区 g0v 网络社群的个案考察发现，借助互联网技术的科技赋权，科技网络社群在台湾地区社会运动中构建了以信息技术为基础的协作参与网络，主要借助数字协作平台与网络通讯工具，不仅有效构建起一个高度协作化的网络社群，也依靠以信息技术为基础的协作平台有效串联了组织者与参与者，使社会运动的动员以及沟通成本大幅降低。科技网络社群实施的动员机制不同于一般社交媒体的信息传播及分享，主要不是依靠信息话语以及情感诉求来直接实施社会运动，而是给组织者与参与者提供一个基于中介的技术传播平台，让组织者与参与者能够主动通过技术传播平台搭建协作化动员网络，从而实现大规模集体动员。当然，实现协作化网络达成社会运动的重要条件在于具有一个能推动网络参与的社会环境，从台湾地区 g0v 的个案研究可以发现，该网络动员机制与台湾地区较为成熟的社会参与环境密切相关。因此，本文研究结论是否对其他地区研究具有参考价值，还需要更多的实证研究进行证实。除了 g0v 网络社群外，“太阳花”运动还出现了类似“新闻 e 论坛”“google+”等一大批发挥了重要作用的网络社群，g0v 与这些网络社群在社会运动中的动员机制存在哪些异同，也是以后研究需要关注的重点。